喰い尽くされるアフリカ

THE LOOTING MACHINE

欧米の資源略奪システムを
中国が乗っ取る日

トム・バージェス
Tom Burgis

山田美明［訳］

集英社

目次

喰い尽くされるアフリカ
欧米の資源略奪システムを中国が乗っ取る日

＊編集の都合上、原著の本文の一部を割愛いたしました。

アフリカ大陸に埋蔵されている主な資源

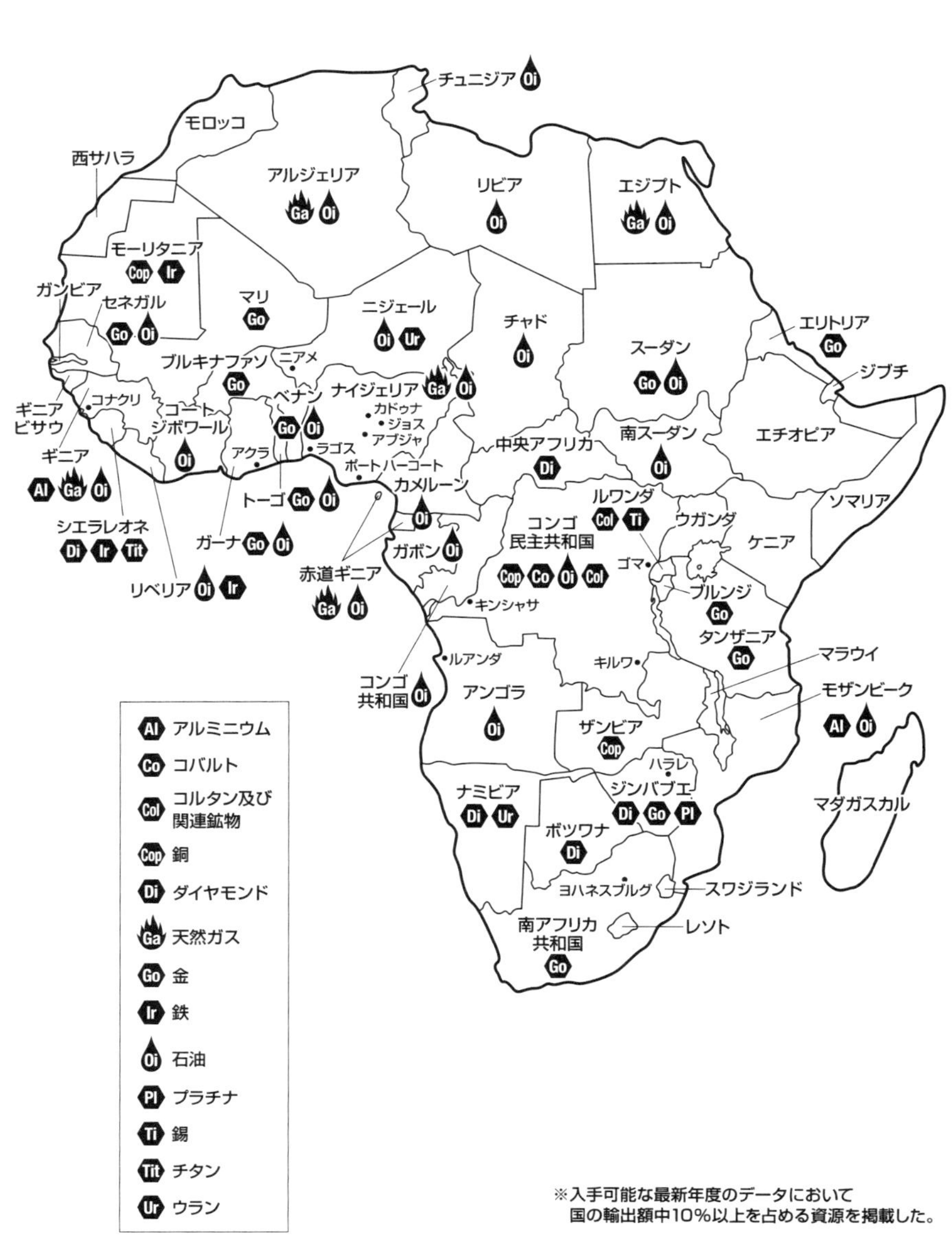

※入手可能な最新年度のデータにおいて
国の輸出額中10％以上を占める資源を掲載した。

喰い尽くされるアフリカ

欧米の資源略奪システムを中国が乗っ取る日

母と父、そして二人のキッチンテーブルに

はじめに

二〇一〇年の暮れごろから、私の体の具合が悪くなった。吐き気が治まらない。最初は、数か月前に選挙の取材に行ったギニアでマラリアにかかったか、胃腸を侵す悪い菌でも拾ったのかと思った。しかし、しばらくしても吐き気は一向に消えない。当時、フィナンシャル・タイムズ紙のアフリカ西部特派員として、ナイジェリアの大都市ラゴスで仕事をしていた私は、一週間ほどの休暇のつもりでイギリスに戻った。帰国すると医師に胃カメラで診《み》てもらったが、何も見つからない。やがて私は、眠ることもできなくなった。さまざまな物音にびっくりしたり、急に涙が止まらなくなったりするのだ。休暇の終わりに、空港までの電車の中で読む新聞を買いに行こうとしたが、脚ががくがくしていうことをきかない。結局私は、休暇を延長して別の医師に診てもらった。するとその医師は、精神科医を紹介してくれた。その精神科医のところへ行き、原因不明の症状に悩まされ、途方に暮れていることを説明していると、なぜか涙が出てきた。自分でも訳がわからないまま、すすり泣いていた。精神科医の見立てによると、私は重度のうつ病だった。すぐにでも精神科病棟に入ったほうがいいと言われ、その場で抗不安薬のジアゼパムや抗うつ薬を処方された。そして入院して数日すると、このうつ症状とともに、もう一つのものが私を苦しめ始めた。

一八か月前、私はラゴスからジョスへ取材に行った。ジョスはナイジェリアの都市で、イスラム教徒が多い北部とキリスト教徒が多い南部の境にある。そこで、対立する住民の間で暴動が発生したという。私がジョスの外れの村に到着したのは、暴徒が家々に火を放った直後だった。中には住民がいた。もちろん子供や幼児もだ。私は写真を撮り、死体を数え、記事を書いて送った。この殺《さつ》戮《りく》の原因を突き止めようとしたが、数日後には別の仕事のため、その場を離れた。それからの数か月間は、遺体の映像が頭に浮かぶたびに、本能的にその映像を頭から追い出し、見ないようにしていた。

このジョスの亡霊が、病院のベッドの端に現れたのだ。井戸に詰め込まれた女性たち、首の骨を折られた老人、それに赤ん坊だ。亡霊たちは、一度現れるとそのまま居座った。そこで精神科医は、軍で働いた経験のあるセラピストとともに（二人とも、ものわかりがよく親切だった）、心的外傷後ストレス障害（ＰＴＳＤ）の治療に取りかかった。ＰＴＳＤについては、自身も怖《おそ》ろしい体験をしたことがあるという私の友人が、わかりやすいたとえ話で説明してくれた。その話によれば、人間の脳は、ゴルフのパットの練習に使う簡易ホールのようなものだという。ボールは普通、スムーズにカップに落ちる。あらゆる経験は次から次へと処理されて、記憶の彼方へと落ちていく。しかし、交通事故や暴行や残虐行為など、重大な精神的打撃を受けると、ボールはカップに落ちない。脳の中を騒々しく動き回り、ダメージを与える。不安がふくれ上がり、そのことだけしか考えられなくなる。その経験の生々しい鮮やかな映像が蘇《よみがえ》ってくる。それは、何の理由もなく不意に現れることもあれば、その映像を連想させるものが引き金になることもある。私の場合は、映画の暴力シーンや炎が引き金になった。

それでも、家族や友人がしっかりと私を支えてくれた。幸いにも入院して六週間が過ぎたころ、寒々しいユーモアで笑わされたこともあった。BBCでウィリアム王子とケイト・ミドルトンの結婚式の模様が中継されたときに、司会者がこう言ったのだ。「視聴者のみなさんはきっと、この場面を目にした場所を一生忘れることはないでしょう」すると、病棟のロビーで放送を見ていた依存症やうつ病の患者たちが、一斉に皮肉めいた笑い声を上げ、画面に向けてさまざまな野次を飛ばした。

PTSDの治療は単純だが、かなりの荒療治だ。たとえばクモ恐怖症の治療の場合、まずはクモの絵、次いでクモのビデオを見せ、それから本物のクモを見せて、最終的にはタランチュラに触れるようにする。それと同じように、私もジョスの記憶に真正面から立ち向かわされた。まず部屋を、心を落ち着かせるアロマで満たす。カモミールの香りと、昔のざらざらした日焼け止めクリームのようなにおいだ。どちらも幸せだった幼年時代を思い出させる。その中で私は、自分が目撃したことを思い出し、書き留めていった。紙を濡らすほど涙が流れてくると、セラピストが優しく励ましてくれた。そしてその作業が終わると、自分が書いたものを声に出して読み上げた。それを来る日も来る日も繰り返した。

すると少しずつ恐怖は薄れていった。そして罪悪感が残った。自分は、ジョスの殺戮で亡くなった多くの人々と同じように苦しまなければならないと思った。同じ形でではないにせよ、同じ程度に苦しまなければいけない、と。死んだ人々に対して、自分が生きていることが償いきれないほどの負い目となった。しかしそれから数か月してようやく、私はある疑問に答えを出すことができた。もし自分が、ジョスでの殺戮行為について裁判にかけられたとしたら、私の想像の中に出てくる厳格な裁判官はともかく、私と同じような立場の陪審員は私を有罪とするだろうか？　おそらく有罪にはしないだろう。そう考えられるようになると、亡霊は消えた。

しかし、それで完全に罪悪感が消えたわけではない。私は以前、ジョスの暴動は「民族間の対立」が引き起こしたものだと報道した。実際、そのとおりではある。しかし、何を巡っての対立なのだろう？　一億七〇〇〇万人のナイジェリア国民は、ほとんどが極貧状態にある。しかしナイジェリアという国は、少なくともある一面だけを見れば、信じられないほど裕福でもある。原油の輸出により、毎年数百億ドルもの利益を生み出しているのだ。

私はやがて、アフリカの辺鄙《へんぴ》な村で起きた殺戮と、裕福な世界の人々の快適な暮らしとをつなぐ糸があることに気づいた。その糸はグローバル経済を通じ、紛争地帯から、権力や富が集中するニューヨークや香港やロンドンへとつながっている。その糸をたどってみようというのが本書の内容である。

誰もがフォークの先にあるものを見つめる、あの凍りついた瞬間

——ウィリアム・バロウズ『裸のランチ』

序章

富の呪い

天然資源に恵まれた国々に暮らす人々の大半は貧困に苦しんでいる。アフリカも例外ではない。エコノミストはこの現象を「資源の呪い」と呼んでいる。フィナンシャル・タイムズ紙特派員としてアフリカに赴任した著者は、「資源の呪い」の実態に加え、資源に依存しているアフリカ諸国で行われている組織的な略奪について取材を始めた。

「世界の金融の交差点」と記された旅行者用の案内標識のそばに立つニューヨーク証券取引所。その向かい側、ウォール街二三番地に、堂々たる石造りの建物がある。立派なたたずまいは、その建物を建てたある銀行家の力をまざまざと見せつけている。ある銀行家というのは、アメリカの大資本家J・P・モルガンである。このビルは、モルガンが自分の銀行の拠点として一九一三年に建てたものだ。ビルの外観は、ハリウッド映画でもよく知られている。二〇一二年の映画『ダークナイト　ライジング』で、ゴッサムシティの証券取引所として使われたのだ。しかし、二〇一三年末に私が訪れたときには、赤いカーペットは薄汚れ、大西洋から吹き込んでくる霧雨に濡れていた。かつて巨大なシャンデリアがきらめいていた内部は荒れていた。金属製の門は閉ざされており、汚れたガラスを通して見えるものといえば、数本の蛍光灯、ベニヤ板で覆われた階段、それに赤く光る「出口」の表示ぐらいだ。

しかし、これほど荒廃しているにもかかわらず、ウォール街二三番地はいまだにエリートの象徴である。変わりゆくグローバル経済のゲームの勝者だけが、これを手にできる。この建物を現在所有している人物を調べると、香港の高層ビルの一〇階のオフィスにたどり着く。かつてイギリス軍の兵舎があったクイーンズウェイ八八番地は、鏡張りの高層ビルが並ぶ複合施設パシフィック・プレイスに姿を変えた。太陽光がビルに反射し、金融街の上でぎらぎらと輝いている。一階は豪勢なショッピングモールとなっており、アルマーニ、プラダ、シャネル、ディオールなどの店舗が軒を連ねる。エアコンがきいていて、外のじめじめした湿気もここまではやって来ない。七つ並ぶ高層ビルのうち、いちばん高いビルの上層階には高級ホテルのアイランド シャングリ・ラ 香港が入っており、一泊一万ドルでスイートルームを提供している。

そんな中にあって、その一〇階のオフィスはほとんど目立たない。そこを本拠地として、あるいは企業グループの登記住所として使用している男女もまた同様である。この企業グループは、その足跡を追っている人々から非公式に「クイーンズウェイ・グループ」と呼ばれている。[1] このグループは、秘密のオフショア会社を含む複雑な企業ネットワークを通じ、モスクワやマンハッタン、北朝鮮やインドネシアで事業を展開している。そのビジネスパートナーには、中国の国有企業、ＢＰやトタルなどの欧米の石油企業、スイスを拠点とする巨大商社グレンコアといった名前が並ぶ。ただし、クイーンズウェイ・グループの資産や力のもとになっているのは主に、アフリカの大地に眠る天然資源だ。

ニューヨークのウォール街二三番地からも香港のクイーンズウェイ八八番地からも同じく一万一〇〇〇キロメートルほど離れたところに、もう一つ高層ビルがある。アフリカ南部の国アンゴラの首都ルアンダの中心部に、大西洋の波が打ち寄せる湾を見下ろすように、二五階建ての金色のビルがそびえている。正式名称はＣＩＦルアンダ・ワンだが、地元ではトム＆ジェリー・ビルと呼ばれている。二〇〇八年に完成した際に、外壁にそのアニメーションが映し出されたからだ。ビルの中には、ダンスルーム、シガー・バー、そして、海底の巨大油田から原油を採掘する外国の石油企業のオフィスがある。

がっしりした体格の警備員が見張っている入り口の上には、三つの旗が翻っている。第一の旗はアンゴラの国旗、第二の旗はアンゴラで勢力を増しつつある中国の国旗である。中国は、アンゴラに道路、橋、鉄道を気前よく提供している。その見返りにアンゴラは、中国が輸入する石油の七分の一を供給しており、それが中国の猛烈な経済成長を促進している。どちらの旗にも共産主義の黄色の星印があるが、最近では両国の指導者は、社会主義的な政権運営のかたわら、信じられないほどの個人財産を築き上げている。

第三の旗は国旗ではなく、このビルを建てた企業の旗だ。白地に「ＣＩＦ」というグレーの文字が並んでいる。ＣＩＦとは中国国際基金（China International Fund）のことだ。クイーンズウェイ・グループの謎に満ちた多国籍ネットワークの中では比較的、表舞台に出ることの多い企業である。これらの旗は三つ合わせて、新たに生まれた帝国の象徴となっている。

二〇〇八年、私はフィナンシャル・タイムズ紙の特派員として、南アフリカ共和国のヨハネスブルグに赴任した。そのころの南アフリカは好況に沸き返っていた。いや、それまではと言ったほうがいいかもしれない。南アフリカや近隣諸国が豊富に抱える天然資源の価格が、二〇〇〇年代に入ってから絶えず上昇を続けていた。中国やインドなど、急成長を遂げている国々が、いくらでも天然資源を欲しがったからだ。一九九〇年代、プラチナ一オンス（およそ二八・三五グラム）の平均価格は四七〇ドルだった。(2) また、銅一トンは二六〇〇ドル、原油一バレルは二二ドルだった。それが二〇〇八年になるころには、プラチナは三倍の一五〇〇ドル、銅は二・五倍の六八〇〇ドルになっていた。原油は九五ドルと四倍以上になり、二〇〇八年七月のある日には一バレル一四七ドルを記録した。だが間もなく、アメリカの金融システムが崩壊した。その衝撃は世界中の経済に波及し、天然資源の商品価格は急落した。遠く離れた国の銀行家が無茶をしたせいで、アフリカ経済の生命線である資源収入が危機に陥ったのだ。企業幹部や大臣、解雇された鉱山労働者はなす術《すべ》もなく事態を見守るしかなかった。ところが中国など一部の国は、それでも成長を続けた。数年のうちに商品価格は金融危機以前のレベルに戻った。景気が回復したのである。

私は一年にわたりアフリカ南部を行き来し、選挙や政変、汚職裁判、貧困対策、ヨハネスブルグに拠点を置く巨大鉱業企業の資産について報道した。二〇〇九年にはナイジェリアのラゴスに移り、紛争の危険をはらむ西アフリカ諸国を二年間取材した。

アフリカの貧困や紛争の原因については、数多くの説が唱えられている。しかしその多くは、サハラ砂漠以南のアフリカ四八か国、九億人の人々を一くくりに考えている(3)。一部の学者は、植民地化によりアフリカが荒廃し、世界銀行や国際通貨基金（ＩＭＦ）の独断的な命令により被害がさらに悪化したと主張する。また別の学者は、アフリカ人はきわめて「部族的」であり、腐敗や暴力に走りやすい傾向があるため、自らを統治する力がないと説く。あるいは、アフリカはさほど問題なく統治されているのに、刺激的な記事を求めるジャーナリストや、支援者の気を引こうとする慈善団体が、アフリカのイメージをゆがめているのだという人もいる。こうした原因の分析と同じように、提唱される対策もまた多種多様だ。中には相反する対策さえある。政府支出を削減して民間企業を活躍させる、軍隊の改革や「よい統治《ガバナンス》」の促進や女性の地位向上に取り組む、支援金を注ぎ込む、市場を開放してグローバル経済にアフリカを引き込む、などだ。

ところが、裕福な国が景気後退に苦しんでいたころ、評論家や投資家、専門家などが、アフリカは逆に成長していると主張し始めた。商業指標によれば、商品相場の急騰による経済革命のおかげで中流階級が成長し、紛争や衝突が減り、携帯電話や高価なウィスキーの消費が大きく増えたという。しかし、こうした明るい分析は、アフリカのごく一部の地域にしか当てはまらない。私が実際に訪れてみると、ナイジェリアの石油産業の本拠地であるニジェール川のデルタ地帯は油まみれになっていた。鉱物が豊富なコンゴ民主共和国（アフリカにはコンゴ民主共和国とコンゴ共和国がある。本書では以下、コンゴ民主共和国を「コンゴ」、コンゴ共和国を「コンゴ共和国」と表記する）の東部地域は戦場と化していた。私はやがて、アフリカの貴重な天然資源は、アフリカを救うどころか、アフリカに呪《のろ》いをかけているのではないかと考えるようになった。

二〇年以上にわたりエコノミストたちは、天然資源がどうしてアフリカに害をもたらしているのかを明らかにしようとしている。コロンビア大学のマカータン・ハンフリーズ、ジェフリー・サックス、ジョセフ・スティグリッツは、二〇〇七年の著作でこう述べている。「矛盾しているように聞こえるかもしれないが、石油などの天然資源の発見や採掘により富もチャンスも増えるものと期待されたにもかかわらず、こうした資源は、バランスの取れた持続可能な発展を促進するどころか、むしろ妨げている場合がほとんどである」[4]コンサルティング会社マッキンゼー・アンド・カンパニーのアナリストによれば、貧困に苦しむ人々の六九パーセントは、石油や天然ガス、鉱物資源が経済的に重要な役割を果たしている国で暮らしている。また、こうした国の一人あたりの平均収入は、世界平均をはるかに下回っているという[5]。実際、天然資源だけを見ればきわめて恵まれた国に暮らす人々の大半が、明日をも知れない生活をしている。世界銀行によれば、一日一・二五ドル未満で暮らす貧困者の割合は（国ごとにそれだけの額で何が買えるのかを調べ、調整を施している）、ナイジェリアで六八パーセント、アンゴラで四三パーセントに達している。ちなみに、アフリカの石油・天然ガス生産量の第一位がナイジェリア、第二位がアンゴラである。また、ザンビアとコンゴの国境周辺は、アフリカ有数の銅産出地帯となっている。だが両国の貧困率を見ると、ザンビアが七五パーセント、コンゴが八八パーセントに及ぶ。比較のためにほかの国の貧困率を挙げておくと、インドは三三パーセント、中国は一二パーセント、メキシコは〇・七パーセント、ポーランドは〇・一パーセントだ。

エコノミストはこの現象を「資源の呪い」と呼んでいる。もちろん、アフリカにしろほかの地域にしろ、それだけで紛争や飢餓が蔓延《まんえん》している理由を説明することはできない。たとえばケニアなど、資源産業がさほど重要な地位を占めていないアフリカ諸国でも、汚職や民族対立はある。逆に、資源が豊かな国が必ずしも呪われる運命にあるというわけでもない。ノルウェーを見るといい。しかしたいていの場合、石油産業や鉱業など、資源産業が経済を支配している国は、好ましくない状態に陥る。資源の売買によりドルが流入してくると、経済そのものがゆがんでしまうのだ。そもそも、政府が天然資源から得る収入は、いわば不労所得である。政府は単に、外国の企業が原油を汲《く》み上げたり鉱石を採掘したりする許可を与えているだけだ。この種の収入は「資源レント」と呼ばれるが、健全な管理が行われることはなく、国家を支配する人々が勝手に使える資金を大量に生み出す。極端な場合になると、統治者と国民との社会契約さえ破綻させてしまう。支配階級の人間はもはや国民に課税して政府の資金を集める必要がないため、国民の同意を取りつける必要もなくなってしまうからだ。

このように天然資源で利益を上げている政府は、国民に対する借りがないため、政府の利益になることに国の収入を費やす傾向がある。そのため、教育支出は減り、軍事予算がふくらむ。[6]また、資源産業には汚職がつきものだ。泥棒政治が幅をきかせる。一度権力の座につけば、そこを離れようとはしない。その結果、大量の資源収入に基づいた経済は、独裁政治を生み出す。大統領在職期間が世界一長い人物の上位四人は、いずれも石油や鉱物資源に恵まれたアフリカの国の支配者である。具体的には、赤道ギニアのテオドロ・オビアン・ンゲマ、アンゴラのジョゼ・エドゥアルド・ドス・サントス、ジンバブエのロバート・ムガベ、カメルーンのポール・ビヤだ。この四人の在職期間を合計すると一三六年になる。

石油で財を成したロシアの新興財閥《オリガルヒ》や、数世紀前にラテンアメリカの金銀を略奪したスペインの征服者を見ても明らかなように、資源レントは少数者の手に富や権力を集中させる。そのため、「生き残りをかけた熾烈《しれつ》な戦い」を生み出す。これは、西アフリカの国連高官として、さまざまな政変の仲裁役を務めてきたアルジェリアの政治家サイード・ジニットの言葉だ。[7]生き残りとは、そのレントの分け前を獲得することである。獲得できなければ死ぬほかない。

この資源の呪いは、アフリカに限ったことではない。だが、世界でもっとも貧しいと同時に、おそらくもっとも資源が豊かであるこのアフリカにおいて顕著に表れている。

アフリカは、世界の人口の一三パーセントを占めている。それにもかかわらず、世界の国内総生産（ＧＤＰ）の二パーセントしか占めていない。しかしアフリカには、世界の原油の一五パーセント、世界の金の四〇パーセント、世界のプラチナの八〇パーセントがある。アフリカ大陸がほかの大陸ほど調査が進んでいないことを考慮すれば、それ以上の石油や鉱物が眠っている可能性さえある。[8] アフリカには、世界最大のダイヤモンド鉱山がある。ウラン、銅、鉄鉱石、ボーキサイト（アルミニウムを作るのに利用される）など、火山性の地質が生み出すありとあらゆる鉱物の大規模な鉱床がある。ある試算によれば、世界の炭化水素資源および鉱物資源のおよそ三分の一がアフリカにあるという。[9]

内情をよく知らない人は、アフリカに援助しても無駄だと言う。いくら支援をしても、それをがつがつ飲み込むばかりで、その見返りにグローバル経済に貢献することはないと主張する。しかし、そんな人には資源産業をもっとよく見てほしい。アフリカとほかの世界との関係が、違った形で見えてくるはずだ。二〇一〇年にアフリカから輸出された燃料や鉱物資源の総額は、三三三〇億ドルに上る。これは、アフリカへの支援額の七倍以上に当たる（汚職や脱税によりアフリカから流出した膨大な資金はここには含めていない）。[10] だが、こうした資源を供給するところと消費するところでは、かなりの生活格差がある。その格差を見れば、石油や鉱物資源の取引でどちらが得をしているかがわかる。大半のアフリカ人がいまだにぎりぎりの生活をしている理由もそこにある。たとえば、女性が出産時に死亡する割合を見ると、フランスは砂漠国家ニジェールの一〇〇分の一である。だがフランスは、その経済を支える原子力発電の燃料であるウランを、主にこのニジェールから輸入している。また、フィンランド人や韓国人の平均寿命は八〇歳ほどである。両国の経済は、フィンランドはノキア、韓国はサムスンといった巨大企業に支えられている。どちらも世界有数の携帯電話メーカーだ。その携帯電話のバッテリーの製造に欠かせない鉱物の世界有数の鉱床がコンゴにあるが、この国では五〇歳過ぎまで生きられれば運がいいほうだ。

アフリカの石油や鉱物は世界のあちこちに運ばれていく。主に北アメリカやヨーロッパだが、最近は中国も増えてきた。しかし全体的に見ると、アフリカの天然資源はグローバル市場に流れ、ロンドンやニューヨーク、香港を拠点とするトレーダーが価格を決める。そのため、南アフリカが金の輸出を減らしたり、ナイジェリアが石油の輸出を減らしたり、コンゴが銅の輸出を減らしたりすれば、世界中で価格が上がる。もちろん、貿易ルートが変わることはある。たとえば、最近アメリカではシェールオイルの生産が増えたため、ナイジェリアからアメリカへ向かう石油の量が減り、その分アジアへ向かう石油の量が増えている。しかし、世界全体の石油供給量に占めるアフリカの石油の割合を考えると、自分の車にガソリンを満タンに入れた場合、一四回に一回は、アフリカの原油から精製したガソリンを入れている計算になる。[11] 同様に、携帯電話の五台に一台は、コンゴ東部の荒れ地で産出されたタンタルの小片を使用している。

アフリカは、天然資源が過度に豊富なだけではない。天然資源に過度に依存している。IMFは、輸出の四分の一以上を天然資源に頼っている国を「資源の豊かな」国と定義している。こうした国は、資源の呪いに陥りやすい国でもあるのだが、アフリカの実に二〇以上の国がこれに当てはまる。[12] 輸出に占める天然資源の割合は、ヨーロッパで一一パーセント、アジアで一二パーセント、北アメリカで一五パーセント、ラテンアメリカで四二パーセントだが、アフリカでは六六パーセントに及ぶ。旧ソビエト連邦よりやや多く、中東よりやや少ない値である。[13] 実際、ナイジェリアでは輸出の九七パーセント、アンゴラでは輸出の九八パーセントを、石油と天然ガスが占めている。残りの大部分はダイヤモンドである。[14] 二〇一四年後半、天然資源の価格が下がり始めると、アフリカの資源国家があまりに資源に依存しすぎていたことが浮き彫りになった。こうした国は、好況時に度の過ぎた支出や借り入れをしていた。そのため資源レントが急落する見込みが高まると、国の財政の不安定さが露呈することになった。

資源の呪いとは、こうした目に見えない力が生み出す不運な経済現象だけに留《とど》まらない。現在、資源に依存しているアフリカ諸国では、組織的な略奪が行われている。その犠牲になっている人も、その利益を手にしている人もはっきりしている。アフリカ南部での略奪は一九世紀に始まった。ヨハネスブルグの開拓地の近くでダイヤモンドや金が発見されると、それに刺激され、ヨーロッパ列強から開拓者、使節、鉱山労働者、商人、傭兵《ようへい》がアフリカにやって来た。彼らは豊かな鉱物資源を求め、海岸から大陸内部へと分け入り、大西洋岸から奴隷、金、ヤシ油を運び出した。二〇世紀の半ばになると、ナイジェリアで発見された石油も国外へ運び去られた。やがてヨーロッパ列強による植民地支配が終わり、アフリカ諸国は独立を勝ち取ったが、資源産業を牛耳《ぎゅうじ》る巨大企業がアフリカから離れることはなかった。現在では、新たな時代の始まりを告げるさまざまな技術革新が行われている。化石燃料が地球に与える脅威についても理解が進みつつある。それでも、アフリカに豊富に存在する主要資源は、グローバル経済の主役であり続けている。

数多くの裕福な多国籍企業から成る石油産業・鉱業のリーダーたちは、自分たちが悪いことをしているとは考えたがらない。むしろ、いいことをしているのだと考えている場合もある。世界最大の鉱業企業ＢＨＰビリトンの最高経営責任者アンドリュー・マッケンジーは、二〇一三年にロンドンのローズ・クリケット・グラウンドで開催された夕食会の席で、鉱業界の指導者五〇〇人を前にこう述べた。「世界のＧＤＰの半分は、資源に支えられています。いや、全部が資源に支えられていると言っていいでしょう。私たちの仕事の崇高《すうこう》な目的はそこにあります。私たちが経済を成長させれば、数十億人とは言いませんが、数百万人を貧困から救い出せます(15)」

採掘と略奪は違う。略奪することなどまったく考えていない鉱業企業や石油企業もある。私が実際に会って話を聞いたこうした企業の幹部、地質学者、投資家の多くは、崇高な目的に貢献しているのだと信じている。自分たちの取り組みがなければ事態はもっと悪くなるだろうと、もっともらしい主張をする人もいる。それは、天然資源を利用して国民を貧困から救い出そうと努力しているアフリカの政治家や公務員にも当てはまる。しかし、アフリカを略奪しているシステムは、こうした人々の力よりも強い。

略奪のシステムは近代化されている。かつては銃で脅し、アフリカの住民から土地や金やダイヤモンドを奪う協定に強引に署名させていた。ところが現在では、年商数千億ドルの石油企業や鉱業企業が法律家の一団を派遣し、アフリカの各国政府に欲深な条件を押しつける。こうして税金逃れをして貧しい国から利益をしぼり取るのだ。以前の列強諸国に代わり、多国籍企業、アフリカの支配者層、その仲介人から成るネットワークが密かに幅をきかせている。このネットワークは、国家権力と企業の力を結びつけるが、どこの国にも支えられていない。むしろ、このグローバル化の時代に成長してきた多国籍エリートと結びついており、自分たちの富を増やすことだけを考えている。

［原注］

（1）この名称は、世界に力を広げつつある中国について研究するため、アメリカ議会に設けられた委員会の研究者が命名した。初出は以下の論文である。Lee Levkowitz, Marta McLellan Ross and J. R. Warner, 'The 88 Queensway Group: A Case Study in Chinese Investors' Operations in Angola and Beyond', US-China Economic and Security Review Commission, 10 July 2009, http://china.usc.edu/App_Images/The_88_Queenswa

y_Group.pdf（訳注：リンク切れ、以下のサイト参照。http://origin.www.uscc.gov/sites/default/files/Research/The_88_Queensway_Group.pdf）クイーンズウェイ・グループを構成する人物や企業自身は、この名称を使用していない。つまり正式なものではなく、この企業グループに対する非公式な略称である。

（2）これらの商品価格は、世界銀行のデータをもとに、各年の名目価格を二〇一〇年のドルの価値に換算し直したものである（Global Economic Monitor（GEM）Commodities, World Bank, http://databank.worldbank.org/data/views/variableselection/selectvariables.aspx?source=global-economic-monitor-(gem)-commodities.）。原油の価格は、石油産業の主要指標の一つとされるブレント原油の価格を掲載している。

（3）特に明記しないかぎり、本書でいう「アフリカ」とは、サハラ砂漠以南のアフリカを指す。北アフリカ諸国の歴史や経済は、サハラ以南の国々の歴史や経済とは大きく異なるため、本書では北アフリカ諸国を除外する（スーダンはこの両者の間に位置し、国連は北アフリカに、世界銀行などはサハラ以南アフリカに分類している。後者の場合、サハラ以南アフリカは四九か国となる）。また、本書で「資源」という場合、石油や天然ガスなどの化石燃料、鉱物や貴金属を指し、農産物は含まない。

（4）Macartan Humphreys, JeffreyD. Sachs and Joseph E. Stiglitz, *Escaping the Resource Curse*（New York: Columbia University Press, 2007）, 1.

（5）Richard Dobbs, McKinsey Global Institute, *Reverse the Curse: Maximizing the Potential of Resource-Driven Economies*（New York: McKinsey and Company, December 2013）, 5, www.mckinsey.com/insights/energy_resources_materials/reverse_the_curse_maximizing_the_potential_of_resource_driven_economies.

（6）資源収入が入り始めると、国民所得に占める教育支出の割合は減る傾向にある。中等学校への入学率も女子の就学率も同様である。石油輸出国はほかの国に比べ、軍事支出が二〜一〇倍多い（Humphreys, Sachs and Stiglitz, *Escaping the Resource Curse*, 10-13.）。

(7) 二〇一〇年五月に著者がサイード・ジニットに行った電話インタビューによる。

(8) World Bank, 'Concept Note for a Trust Fund Proposal for the Legal and Local Sustainable Local Development Aspects and Transparency of Extractive Industry Development', 5 October 2012, http://siteresources.worldbank.org/WBEUROPEEXTN/Resources/268436-1322648428296/8288771-1326107592690/8357099-1349433248176/Concept_Note_Trust_Fund_Proposal.pdf.

(9) Ecobank, 'Six Top Trends in Sub-Saharan Africa's（SSA）Extractives Industries', 23 July 2013, www.ecobank.com/upload/20130813121743289489uJudJb9GkE.pdf.

(10) これらの数字は、サハラ以南アフリカだけでなく、アフリカ大陸全体の数字である（Merchandise Trade, World Trade Organization, www.wto.org/english/res_e/statis_e/its2011_e/its11_merch_trade_product_e.htm; OECD, Stats, http://stats.oecd.org/qwids/#?x=2&y=6&f=3:51,4:1,1:1,5:3,7:1&q=3:51+4:1+1:1+5:3+7:1+2:262,240,241,242,243,244,245,246,249,248,247,250,251,231+6:2003,2004,2005,2006,2007,2008,2009,2010,2011,2012.）。

(11) アメリカのエネルギー情報局によれば、二〇一二年にサハラ以南アフリカで生産された液体燃料は、世界で生産された液体燃料の七パーセントに当たる。以下の資料をもとに著者が算出した。International Energy Statistics, http://www.eia.gov/cfapps/ipdbproject/IEDIndex3.cfm?tid=5&pid=53&aid=1.

(12) Charlotte J. Lundgren, Alun H. Thomas and Robert C. York, 'Boom, Bust, or Prosperity? Managing Sub-Saharan Africa's Natural Resource Wealth'（Washington, DC: International Monetary Fund, 2013）, www.imf.org/external/pubs/ft/dp/2013/dp1302.pdf; Oxford Policy Management, 'Blessing or Curse? The Rise of

Mineral Dependence Among Low- and Middle-Income Countries', December 2011, www.opml.co.uk/sites/opml/files/Blessing%20or%20curse%20The%20rise%20of%20mineral%20dependence%20among%20low-%20and%20middle-income%20countries%20-%20web%20version.pdf.（訳注：リンク切れ、以下のサイト参照。http://www.eisourcebook.org/submissions/13255235560PMBlessingorcursereport2011.pdf.）

(13)前記（10）の World Trade Organization の二〇一〇年のデータによる。ここでいうアフリカとは、アフリカ大陸全体を指す。

(14)ナイジェリアのデータは、以下の資料をもとに著者が算出した。Nigeria, International Monetary Fund, www.imf.org/external/pubs/ft/scr/2014/cr14103.pdf, p. 25. アンゴラのデータは、以下の資料をもとに著者が算出した。Angola, International Monetary Fund, www.imf.org/external/pubs/ft/scr/2014/cr14274.pdf, p. 31.

(15)Andrew Mackenzie, Speech to the Melbourne Mining Club dinner, London, 6 June 2013, www.bhpbilliton.com/home/investors/reports/Documents/2013/130606%20-%20Andrew%20Mackenzie%20%20Melbourne%20Mining%20Club%20Speech%20final.pdf.（訳注：リンク切れ）

第1章

フトゥンゴ

アンゴラでは、アンゴラ解放人民運動（MPLA）が支配する共産主義政府と、欧米が支持するアンゴラ全面独立民族同盟（UNITA）が長年内戦を繰り広げてきたが、2002年にようやく終結した。MPLAの戦費を支えたのは、アンゴラの大地と海底に眠る巨大な油田だった。MPLAの指導者ドス・サントスは1979年から大統領の地位に居座っており、"フトゥンゴ"と呼ばれる大統領の取り巻きと家族は、戦費調達のために作り出した石油利権システムを土台に、特権を私物化し続けている。筆者は取材の結果、この"フトゥンゴ"を現在支えている、ある中国企業に行き着く。

アンゴラの大統領府と海岸沿いのスラム街の間には、両者を隔てるように険しい斜面がある。そこを流れ落ちていくのは、恐怖政治と下水だけだ。スラム街のシカラは、三〇年近く続いた内戦から逃れてきた難民でふくれ上がり、首都ルアンダの主要湾岸道路の外側に広がっている。定期的に海から嵐がやって来て、がたがたの住居の合間を駆け抜けていく。入り江を定期的に行き来しているボートの乗客は、海面から立ち上る悪臭に慣れてしまっているようだ。

だが、アンゴラが世界に紹介したいのはこんなところではない。二〇〇二年に内戦が終結して以来、人口二二〇〇万人のこの国は、世界でも類を見ないほど急速な経済成長を遂げた（中国を超えるほどの成長率を示したこともある）。かつての地雷原は、道路や鉄道に姿を変えた。冷戦時代最悪の代理戦争により破壊された国土を再建する数十億ドル規模の取り組みの一環である。現在アンゴラは、ナイジェリア、南アフリカに次ぎ、サハラ以南アフリカで三番目の経済大国になった。首都のルアンダはここ数年、シンガポール、東京、チューリッヒを抜き、世界で物価の高い都市のトップにランクインしている。シカラの近辺などにあるきれいな五つ星ホテルでは、さほど豪華でもないサンドイッチが三〇ドルもする。寝室が三つある家具なしの最高級マンションは、毎月の家賃が一万五〇〇〇ドルである。(1) 高級車の販売店は、ＳＵＶ車の修理に大忙しだ。こうした車の持ち主の収入は、渋滞する大通りにできた穴が埋められるよりも速いペースで増えている。シカラからボートに乗ってすぐのイーリャ・デ・ルアンダは、浜辺の街路にバーやレストランが立ち並ぶ人気スポットになった。エリートの子供たちがそこでヨットを降り、一本二〇〇〇ドルもするドンペリニヨンを補充している。

　鉄道も、ホテルも、経済成長も、シャンパンも、すべてアンゴラの大地および海底の下に眠る石油に由来する。先ほど述べた恐怖政治もそうだ。

　一九六六年、当時石油産業を支配していたセブン・シスターズと呼ばれる七つの巨大石油資本の一つ、ガルフ・オイル（現シェブロン）というアメリカの石油会社が、カビンダで巨大な油田を発見した。カビンダとはアンゴラの飛び領土で、本国との間には隣国コンゴの細長く延びた領土が挟まっている。アンゴラでは、一九七五年にポルトガルから独立を果たすと内戦が勃発した。アンゴラ解放人民運動（ＭＰＬＡ）が支配する共産主義政府は、この石油収入を元手に、欧米が支援するアンゴラ全面独立民族同盟（ＵＮＩＴＡ）と戦った。一九九〇年代に入り、アンゴラの沖合に新たな巨大油田が発見されると、内戦の当事者はおろか、両者を支援する外国までが、その利権を巡って争う事態に発展した。そのため、一九八九年にベルリンの壁が崩壊しても内戦は続き、アンゴラにようやく和平が訪れたのは、ＵＮＩＴＡの指導者ジョナス・サヴィンビが死んだ二〇〇二年だった。それまでに、およそ三六〇万人が命を落とした。

　ＭＰＬＡは、戦争を遂行するために作り上げた石油利権システムがほかにも利用できることに気づいた。アンゴラの事情に詳しいリカルド・ソアレス・デ・オリヴェイラは言う。「一九九〇年代初め、ＭＰＬＡの支配層はマルクス主義の仮面を脱ぎ、我先にと縁故資本主義（政府官僚や大企業との縁故がビジネス成功の決定的要因となる資本主義経済）に走った」(2)こうして大統領の取り巻きたちは、「権力を私物化」し始めた。この大統領を取り巻く数百の家族は、旧大統領官邸の名称フトゥンゴ・デ・ベラスにちなみ、〈フトゥンゴ〉と呼ばれている。

ソ連仕込みのMPLAの指導者ジョゼ・エドゥアルド・ドス・サントスは、一九七九年から大統領の地位を独占している。この大統領の家族を始め、独立後の数多くのエリート、軍司令官、MPLAの指導者層など、政治的にも経済的にも力を持つ人々が、アンゴラの富を自分のものにした。大統領の娘イザベル・ドス・サントスは、アンゴラやポルトガルで金融事業からテレビ事業まで手がけている。二〇一三年一月、フォーブス誌は彼女を、アフリカで最初の女性億万長者と紹介した。

こうしてアンゴラの石油産業は、戦争資金を調達する手段から、平時にエリート層に利益を提供する手段へと変わった。この仕事を成し遂げたのが、愛嬌《あいきょう》のある笑顔ときちんと刈りそろえたひげが特徴的な、がっしりとした丸顔の男、マヌエル・ヴィセンテである。ある友人は、彼のことを「コンピュータのように数字に強い男」と言う。そんな頭脳に恵まれたヴィセンテは、若いころから小中学生の家庭教師をして貧しい家計を補い、家族を支えた。それから整備工の見習いとして働いた後、電気工学を勉強した。ルアンダに暮らす慎ましい靴職人の父と洗濯作業員の母に育てられたヴィセンテは、やがてドス・サントスの妹と結婚し、大統領と姻戚《いんせき》関係を結んだ。ほかのMPLA幹部がアゼルバイジャンの首都バクーやモスクワで勉強してアンゴラに戻り、茂みの中でUNITAと戦う一方、ヴィセンテはインペリアル・カレッジ・ロンドンで、石油産業に関する知識や英語に磨きをかけた。そして故国へ戻ると、石油業界の出世階段を昇り始めた。内戦が終盤に差しかかった一九九九年には、ドス・サントスからソナンゴルの経営を任された。ソナンゴルとは、アンゴラの国有石油会社である。アンゴラの事情に詳しいパウラ・クリスティーナ・ホキによれば、「大統領が支配・操作している影の政府」の「経済の主な原動力」だという。[3]
ヴィセンテはソナンゴルを大規模な事業に組み込んだ。イギリスのＢＰやアメリカのシェブロンやエクソンモービルなど、アンゴラ沖の油田開発に数百億ドルを注ぎ込んでいる石油メジャーに対し、自社に有利に商談を進めた。難しい交渉だったにもかかわらず、アンゴラはその交渉力でメジャーを圧倒し、ヴィセンテは大企業の幹部からも一目置かれる存在となった。どの企業よりもアンゴラで原油を産出しているフランスの石油企業トタルのアフリカ開発生産部門を統轄するジャック・マロー・デ・グロットは言う。「それでも私たちにとってアンゴラは成功の地です[4]」
ヴィセンテの監督のもと、石油生産はおよそ三倍になり、今では一日二〇〇万バレルに迫るほどの石油を汲み上げている。世界で産出される石油五〇バレルにつき一バレル以上がアンゴラの石油という計算になる。こうしてアンゴラは、石油の輸出量でナイジェリアとアフリカ第一位の座を争うまでになった。中国への石油供給国としてサウジアラビアに次いで第二位となったばかりか、ヨーロッパやアメリカにも大量に輸出している。ソナンゴルは、外国企業が行う石油事業に資本参加し、その収益を利用して、不動産、医療、金融、航空など、国内経済の隅々にまで触手を伸ばしていった。今では、プロサッカーチームまで所有しているほどだ。その本部があるルアンダ中心部の超現代的な高層ビルのロビーは大理石で覆われ、座り心地のよさそうな椅子が、原油や契約を求めて世界各地からやって来る使者を待ちかまえている。だが、このビルの上層階に行ける者はほとんどいない。ともに仕事をしているある外国人は、この企業を「笑顔のないクレムリン」と呼ぶ。二〇一一年、ソナンゴルは三四〇億ドルの収益を上げた。アマゾンやコカ・コーラの収益に匹敵する額である。

　アンゴラでは石油は、輸出の九八パーセント、政府収入のおよそ四分の三を占める。石油はまた、フトゥンゴの生命線でもある。二〇一一年、ＩＭＦがアンゴラの国民経済計算を調べたところ、二〇〇七年から二〇一〇年までの間に、三二〇億ドルの行方がわからなくなっていることが判明した。アフリカには、この額よりもＧＤＰの少ない国が四三もあることを考えてもらいたい。これはつまり、アンゴラ経済が一年に生み出す額の四分の一が失われた計算になる。[5] 失われた額の大半は、ソナンゴルの帳簿外支出によるものと考えられるが、四二億ドル分は使途がまったくわからない。

　マヌエル・ヴィセンテは、フトゥンゴの略奪システムを発展させると、政権の内なる聖域に入り込んだ。すでにＭＰＬＡの政治局員だった彼は、瞬《またた》く間に経済調整を担当する特別ポストを手に入れ、その後、副大統領に任命された。それも、ソナンゴルの責任者の立場を維持したままである。ヴィセンテは、街中にあったソナンゴルの本部を離れ、植民地時代にポルトガル人が建てた、アカシアに囲まれた丘の上の官庁街シダージ・アルタにオフィスを移した。現在そこは、フトゥンゴの中枢となっている。

　フトゥンゴも中国の指導者同様、資本主義を受け入れながら、政治権力を手放そうとしない。ドス・サントスが有権者から大統領としての信任を得たのは、大統領に就任してから三三年後の二〇一二年になってからだ。それも、自分が有利になるよう投票を操作しての結果である。大統領を批判する者や異議を唱える者は、拘束され、暴行され、拷問にかけられ、処刑される。[6] アンゴラは警察国家というほどではないが、恐怖を感じる場面は至るところにある。諜報《ちょうほう》機関の長官が追放され、飛行機事故に見せかけて殺される。反体制活動家たちが待ち伏せされて襲われる。誰もが、自分も一歩間違えばその標的になることを知っている。警察官があちこちに立って目を光らせているのだ。盗聴されている可能性もあるため、誰も電話では話したがらない。

二〇一二年二月一〇日金曜日の朝、石油業界はあるニュースで持ちきりとなった。テキサス州の採掘会社コバルト・インターナショナル・エナジーが、衝撃的な掘削結果を発表したのだ。アンゴラの海底を、エベレスト山の半分ほどの高さに匹敵する深さまで掘削したところ、「世界有数」の油田を掘り当てたという。きわめて将来性豊かな油田を発見したコバルトは今や、自社でその原油を汲み上げることもできれば、どこかの石油メジャーに採掘権を売って相当な利益を上げることもできる。ニューヨーク株式市場の取引が始まると、コバルト株は急騰した。一時は三八パーセントも上昇した。株価が二〜三パーセント以上動くことなど滅多にないこの市場では驚くべき上昇幅である。その日の終わりには、コバルトの市場価値は一三三億ドルとなった。前夜から四〇億ドルの増加である。

コバルトの創業者であり会長兼最高経営責任者であるジョー・ブライアントにしてみれば、先史時代の地質調査に基づいた賭けがみごとに当たったといったところだろう。一億年前、アメリカ大陸とアフリカ大陸は一つにつながっていた。それが、その後の地殻変動で二つに分かれた。だから、大西洋を挟む両大陸の海岸線はよく似ているのだ。二〇〇六年、石油企業数社がブラジル沖の海底下にある厚い岩塩層を掘削したところ、大量の原油が見つかった。同じような岩塩層はアンゴラ沖にも広がっている。そこでブライアントは、地質学者の意見も聞き、アンゴラ沖の岩塩層の下にも同じ宝の山が眠っているのではないかと考えた。

当時アンゴラでＢＰの石油事業の責任者として働いていたブライアントは、まずフトゥンゴに取り入った。広い人脈を持つアンゴラの事情通はこう話す。「ジョー・ブライアントは、あっという間に権力中枢に入り込んだよ。仲よくやっていくための話し方を知っていたんだ」「居丈高《いたけだか》」なフランスの企業幹部とは違い、友好的にふるまったのだ。二〇〇五年、ブライアントは独立を決意すると、ＢＰの掘削責任者を引き抜いてコバルトを創業し、アメリカ石油産業の本拠地であるヒューストンにオフィスを構えた。後に当時を回想してこう述べている。「私たちは文字どおり、何もないところから、世界最大級の企業と勝負しようとしていたんだ」(7)

会社には十分な資金を持つ支援者が必要だったが、ブライアントはそれをウォール街で見つけた。ゴールドマン・サックスのトレーダーは長らく商品市場に携わっているうえ、鋭敏な頭脳を持つ同社の投資銀行家たちは資源企業グループの合併買収を間近に見ている。ここでコバルトに出資すれば、ゴールドマン・サックスは傘下に石油会社を持つことができるのだ。結局ゴールドマン・サックスは、潤沢な資金を持つアメリカの二つの未公開株式投資会社、カーライルとリヴァーストーンとともに、コバルトに五億ドルを出資した。

二〇〇八年七月、コバルトは、アンゴラ沖の岩塩層下に油田があるという仮説を検証するため、掘削権の交渉に乗り出した。するとアンゴラ側は条件を提示してきた。わずかしか出資はできないが、この事業の準パートナーとして、アンゴラのあまり知られていない企業二社を加えてほしいという。表面的にはこの要求は、アンゴラ国内の石油産業発展の足掛かりを得るという政府の目標と一致している。何しろ石油産業は、アンゴラの輸出収入のほぼすべてを生み出しているにもかかわらず、アンゴラの全雇用の一パーセントしか提供していないのだ。こうして二〇一〇年、コバルトは事業主として、この事業に四〇パーセント出資する契約に署名した。そのほかの出資額は、国有石油会社のソナンゴルが二〇パーセント、現地の民間企業ナザキ・オイル・アンド・ガスが三〇パーセント、同じくアルペル・オイルが一〇パーセントである。やがて掘削調査が本格的に始まった。コバルトの地質学チームは、世間を驚かせる発見をする前から、このアンゴラの油田有望地を「ゴールド・ダスト（砂金）」と呼んでいたという。(8)やがて発見が公《おおやけ》になり、コバルト株が急騰すると、ゴールドマン・サックスが所有する同社の株の価値は、二七億ドルに達した。コバルトはこれまでのオフィスを離れ、同じくヒューストンの石油メジャーのオフィスに程近いところに、燦然《さんぜん》と輝く新たな本部を建てた。このコバルト・センターのジョー・ブライアントのオフィスを訪れたことのある人の話によれば、そこから見える市街の眺めは格別らしい。地元の不動産業者は言う。「コバルトは、ヒューストンでは知らない人のいないサクセスストーリーになるよ」(9)

だがここに一つ問題があった。コバルトは明らかにしていないが（コバルトは知らないと主張している）、パートナー企業のナザキ・オイル・アンド・ガスの株主には、アンゴラでもっとも影響力のある男三人が密かに加わっている。その三人とは、まずはマヌエル・ヴィセンテだ。コバルトとの契約時、ヴィセンテはソナンゴルの責任者として、利権の分配や契約の内容を決められる立場にあった。ほかの二人も、ほぼ同等の権力を持っている男たちだ。一人は、レオポルジノ・フラゴーゾ・ド・ナシメント、通称ジノと呼ばれる元軍司令官で、電気通信から石油取引に至るまでさまざまな事業に携わっている。もう一人は、二〇一〇年にそのジノを自分の顧問に任命した男、マヌエル・エルデル・ヴィエイラ・ジアス・ジュニア将軍、通称コペリパである。コペリパと対立しているフトゥンゴのある有力者の話によれば、コペリパが失墜する日が来れば「これまでしてきた悪事のせいで市民に八つ裂きにされるだろう」という。大統領府の情報局長を務めるコペリパは、あらゆる手段を駆使してフトゥンゴを警護する保安サービスを取り仕切っており、一部からは「オ・シェフィ・ド・ボス（ボスの中のボス）」と呼ばれている。[10] 内戦中は、諜報機関の長官を務め、ＭＰＬＡの武器調達を取りまとめていたという。[11] 最近では「ビジネス軍人」の最右翼として名を成し、安全保障機関の重鎮である立場を利用し、ダイヤモンドや石油など、利益が見込めそうなあらゆる分野の株を取得している。この三人が、フトゥンゴの営利事業の中核を形成しているのである。

アメリカの企業が外国政府の権力の私物化に関与することを禁じる海外腐敗行為防止法は、一九七七年から存在する。この法律は一九九八年に改正され、アメリカで事業を行う企業はすべて、ビジネスのために外国公務員に金品を提供してはならないことになった。これは、企業にも企業の役員にも適用される。しばらくはこの法律も、必ず守らなければならない決まりというよりは、尊重すべき理念という意味合いが強かった。ところが二〇〇〇年代後半になると、この法律の執行機関である司法省（刑事事件を扱う）と証券取引委員会（民事事件を扱う）が、熱心に取り締まりを始めた。両機関が大企業を追及すると、ＢＡＥシステムズ（イギリスの軍事・航空宇宙関連企業）やロイヤル・ダッチ・シェル、ハリバートンの以前の子会社であるケロッグ・ブラウン・アンド・ルートが、海外腐敗行為防止法違反、もしくはその関連法違反を認めた。罰金として返還された不正利得は、合計で一〇億ドルを超える。しかしこれほどの大企業になると、それぐらいの額ではびくともしない。

石油企業や鉱業企業は、ほかの分野の企業に比べ、海外腐敗行為防止法や類似の法律にかかわる事件の対象になることが多い。[12] 実際、ハリバートンやシェルは、どちらもナイジェリアで贈賄《ぞうわい》を行っていた。企業は、特定の鉱区の掘削権をできるだけいい条件で獲得しようとする。一方、サハラ以南アフリカの資源国家の住民は、資源企業が自国に支払ってくれるレントを獲得できれば（実入りのいい土地の門番になることができれば）、それが富を得るいちばんの近道になる。

外国企業が運営する石油事業や鉱山事業に関連して現地の役人に利益を提供しようとする場合、現金を詰め込んだスーツケースを手渡すのがいちばん手っ取り早い。だが、もっと洗練された方法もある。それは、現地の企業を使う方法だ。石油や鉱山の事業が提案されると、採掘や掘削を行う外国企業と共同で、現地の企業に出資させる。たいていは資源産業において大した実績もない企業だ。こうした企業の中には、本当に地元の実業家が所有している会社もある。だが、それが単なるダミー会社である場合も多い。ダミー会社を所有しているのは、油田や鉱山の権利を自由にコントロールできる役人であり、その影響力を駆使して利益の分け前にあずかろうとしているのだ。後者だった場合、外国の石油企業や鉱業企業は、自国の腐敗行為防止法に抵触するおそれがある。しかし、ダミー会社の実質的な所有者は、何層もの企業秘密のベールに覆われ、隠されている場合が多い。そのため、外国の資源企業は、海外への投資を行う際には、事前に〝デュー・ディリジェンス〟（対象企業に対する調査活動）を行う。現地のパートナー企業の実質的な所有者を調べるのである。だが元一流投資銀行家の話によると、こうしたデュー・ディリジェンスは、「汚職を否定する論拠」として都合よく利用されることがあるという。もちろん、デュー・ディリジェンスの結果、パートナー企業が怪しいと判断し、きわめて有望な取引をあきらめてしまう場合もないわけではない。しかし実際のところ、汚職リスクに関して集めたデュー・ディリジェンスの情報は、決定的な証拠に欠ける場合が多い。そのため、プロジェクトを進めるべきかどうかを決めるのは企業次第ということになってしまう。

二〇〇七年、コバルトはアンゴラでの事業を具体的に進めるにあたり、アメリカの二つの有名法律事務所ヴィンソン・アンド・エルキンズとオメルベニー・アンド・マイヤーズを雇い、デュー・ディリジェンスを行わせた。どのような企業であれ、パートナーとなる企業の情報に触れることができるのは当然のはずだが、アンゴラでは企業情報を取得するのは容易なことではない。私はナザキの登記資料を入手したが、そこにはあの三人の名前はどこにも見当たらない。しかし手がかりはあった。ある資料に、ナザキの七人の株主の一人、および同社の指定管理人として、ジョゼ・ドミンゴス・マヌエルという名前がある。別の石油ベンチャー企業の株主リストに、ヴィセンテやコペリパやジノとともに名を連ねている人物である⒀。企業がそれに気づけば、ナザキと事業を始めることにためらいを覚えるかもしれない。ナザキの株主の一人と、フトゥンゴのもっとも影響力のある三人との間に、明らかなつながりがあるからだ（フトゥンゴに詳しい二人の人物から聞いた話によると、ジョゼ・ドミンゴス・マヌエルはかつての軍の高官であり、コペリパの仲間として知られているという）。怪しい要素はもう一つある。ナザキの七人の株主のうち、六人は個人だが、もう一つはグルーポ・アクアトロ・インテルナシオナルという企業である。アクアトロの登記資料を見ても株主は記載されていないが、実際にはヴィセンテ、コペリパ、ジノの三人らしい。

アンゴラ側からコバルトにナザキをパートナーにしてほしいという申し出があってから二年後の二〇一〇年、アンゴラの反汚職活動家ラファエル・マルケス・デ・モライスがあるレポートを公表した。それによれば、ヴィセンテ、コペリパ、ジノこそ、アクアトロの真の所有者であり、つまりはナザキの所有者であるという⒁。そのレポートにはこう記されている。「彼らの取引には、公務と私事の区別が認められない」だが、ナザキは略奪システムの一歯車に過ぎない。つまり、「アンゴラの権力者が手にした利益は少数者の間で分配されるだけで、多くの国民は依然として貧しいまま」なのである。(15)

コバルトが確認できなかったと主張しているナザキの実態を知っていたデュー・ディリジェンスの調査員が、少なくとも一人はいる。その人物を、ここではジョーンズと呼ぶことにしよう。二〇一〇年の前半にこのジョーンズは、世界有数の企業情報調査会社コントロール・リスクスと一連のメモを交わした。当時この会社は「ベニハナ」というプロジェクトを実施していた。フロリダを拠点とする和食レストランチェーンにちなんで名づけられたこのプロジェクトの目的は、ナザキを詳しく調べることにある。そこで、長年アンゴラで情報収集活動をしていたジョーンズに情報を求めると、彼は、アンゴラではMPLAや実業界のエリートに利益を提供しなければ、石油利権は手に入らないと述べた。そして、ナザキの背後にいる人物の一人としてコペリパの名前を挙げた。このメモには、デュー・ディリジェンスを依頼したクライアントの名前はない（このような場合、フリーランスの調査員は一般的に、誰の依頼で仕事をしているのか明かさない）。コバルトもコントロール・リスクスも、このクライアントがコバルトなのかどうか答えることを拒否している。しかし、このような情報のやり取りがあったことは間違いない。私の知るかぎり、ナザキとフトゥンゴの関係をかぎつけた調査報告が少なくとももう一つはある。(16)

コバルトは結局、アンゴラとの契約を進めた。ちなみに、国際NGOトランスペアレンシー・インターナショナルが二〇一〇年に発表した腐敗認識指数では、アンゴラは一七八か国中一六八位という透明性の低さである。コバルトの話では、パートナー企業の正体については何も知らなかったという。だが、このパートナー企業には、資源産業における実績がまるでない。しかも、ルアンダの裏通りに住所登録されているが、私が二〇一二年に確認しに行ったところ、その住所を探し当てることはできなかった。

やがてアメリカ当局が、アンゴラにおけるコバルトの事業について正式な調査に着手した。しかし、それでもコバルトは、何もかも公明正大に行われていると主張した。だが、その月の初めに大西洋岸沖で油田を発見したことは鳴り物入りで公表したにもかかわらず、その調査については株主への年次報告書で明らかにしただけだった。「ナザキは、当局の申し立てに対して書面で何度も否定している」コバルトは株主にそう語り、さらにこう述べた。「コバルトはこうした申し立てについて広範な調査を実施しており、アンゴラでの活動が、海外腐敗行為防止法を含め、あらゆる法律に則《のっと》っていることを確信している」それから二か月後、私はジョー・ブライアントに書簡を送り、この申し立てについて尋ねてみた。するとコバルトの弁護士が、さらに踏み込んだ回答を返してきた。「コバルトでは広範な調査を継続的に行っているが、アンゴラ政府高官、すなわちヴィセンテ、コペリパ、ジノが（中略）ナザキの所有者であるという申し立てについては、信頼に足る証拠が見つかっていない」そしてさらに、数か月前の油田の大発見に触れ、こうつけ加えている。「成功には当然、数多くの困難が伴う。事実無根の申し立てに対応するのも、そんな困難の一つに過ぎない」

だが問題は、こうした申し立てが事実無根ではないことだ。さまざまな資料や聞き取り調査から、ヴィセンテ、コペリパ、ジノがナザキの所有者であることは明らかだった。私はこの三人にも書簡を送り、その証拠を提示した。すると、ヴィセンテとコペリパはほとんど同じ回答を送り返してきた。その中で彼らは、自分たちもジノも実際にアクアトロを所有していること、つまりナザキの株を密かに持っていることは認めたが、それは何ら悪いことではないと主張していた。「該当するアンゴラの法律を常に尊重しており、違法な株主利益を得るために職権を濫用《らんよう》して不正な取引をしたわけではない」だが、いずれにせよ持ち株は「すでに手放した」という。アメリカの法律によりコバルトがアンゴラから撤退することになっても、コペリパやヴィセンテに影響はない。コバルトの後釜《あとがま》におさまろうとする企業はほかにいくらでもある。(17)

ルアンダの丘の上にある大統領府の中に、マヌエル・ヴィセンテのオフィスはある。そこに聞こえてくるのは、部屋を快適な二一度に保っている空調設備の音、それに早朝から外で建物のメンテナンスを行っている労働者のハンマーの音だけだ。外では、メルセデス・ベンツとトヨタのランドクルーザーが待機している。副大統領が、敷地を取り囲む背の高い赤褐色の塀《へい》の外へ出かけるときにはこれに乗り、道路を我が物顔で走っていくのである。オフィスのベージュ色の壁には、ドス・サントスの金縁の肖像写真が掛かっている。

やがてそこへ、しゃれたスーツを身につけたヴィセンテが現れた。朝のジョギングを終えて、清々《すがすが》しい顔をしている。二か月前、私はこの男を、いかがわしい石油取引で利益を手にしていると報道した。ヴィセンテはその報道に腹を立てていたかもしれないが、現れたときの表情には、そんな様子は微塵《みじん》もなかった。実際ヴィセンテは、恥ずかしいことは何もしていないと述べた。(18)そもそも、自分がソナンゴルの責任者でありながら、外国企業のパートナーとなる現地企業の株主でもあれば、両者の利害が衝突するはずだ。だがヴィセンテは、誰にも有無を言わさぬ権限を持ち、アンゴラの石油業界について圧倒的な知識を持っているにもかかわらず、アクアトロがナザキの株を所有していたことを知らなかったという。そのため「一連の報道で」自分がナザキの株を所有していることが明らかになると「それを手放す」ことにし、自分が所有していたナザキの株は前年に「清算」してしまったらしい。「現在の私は、ナザキの取締役でもありませんし、ナザキから直接利益を受け取ることもありません」

ヴィセンテの姿勢は、本質的にコバルトと同じだ。石油取引について不都合なことがあれば、それは知らなかったと言う。ヴィセンテは、ジョー・ブライアントのことは「よく知っている」と述べた。二人の関係は、コバルト創業の数年前、ブライアントがアモコで働いていたころから続いている（アメリカの石油会社アモコは一九九八年、ＢＰと合併した）。それほどの関係であれば、ヴィセンテたちがナザキの株を極秘に所有していたかどうか、ブライアントは簡単に確認できたはずだ。ヴィセンテに直接、噂《うわさ》が本当かどうか尋ねさえすればいい。私はヴィセンテに、この件についてブライアントと話をしたか聞いてみた。だが答えは「ノー」だった。

フトゥンゴのメンバーは、石油事業で個人的な利益を上げるとともに、国のものになった石油収入を、政権を維持するために利用している。アンゴラの二〇一三年の予算を見ると、国防や治安維持に一八パーセント、医療に五パーセント、教育に八パーセントが割り当てられている。つまり軍事支出は、医療支出と教育支出の合計の一・四倍に及ぶ。ちなみにイギリスの軍事支出は、医療支出と教育支出の合計の四分の一である。アンゴラは、一九八〇年代のアパルトヘイト時代の南アフリカよりも、軍事に予算を割《さ》いている。当時の南アフリカは、自国で盛り上がる抵抗運動の弾圧や、近隣諸国の紛争への介入により、軍事支出が増大していたが、アンゴラはそれを超えているのである[19]。

アンゴラ政府は貧困者の救済措置として、燃料補助金を気前よくばらまいている。だが実際のところ、車を買えるほど裕福な人か、燃料輸入が許可されるほど政界とつながりのある人しか、この助成金の恩恵は受けられない。アンゴラ政府はまた、石油で得たドルを利用し、二〇一二年までの一〇年間に毎年一五〇億ドルずつ、道路や住宅、鉄道、橋の建設に注ぎ込んでいる。人口二二〇〇万人の国にしては膨大な額である。その結果、確かに道路状況はよくなり、鉄道は内陸部までゆっくりと延びつつある。しかし、このような集中的な建設には大規模な横領がつきものだ。リベートは、最終的な建設コストの四分の一以上に上ると推計される[20]。さらに、この資金の大半は、石油を担保にした中国からの融資によるが、そのほとんどは、コペリパ将軍が数年前から運営している事務所が手配している。アンゴラの有名な反汚職活動家エリアス・イザーキは言う。「アンゴラは新たな顔を見せつつある。しかしそこに新たな魂が宿っていると言えるだろうか？[21]」

アンゴラの支配層が市民への義務を怠《おこた》っているのではないかと私が述べると、マヌエル・ヴィセンテはしきりにそのようなイメージを訂正しようとした。「言っておきますが、政府は貧困撲滅にきわめてまじめに取り組んでいますよ。私たちは真剣です。政府の仕事も、政府の責任もよくわかっています[22]」どうやらヴィセンテが心のどこかで、国民の生活を向上させたい、少なくともそう努力していると思われたいと考えていることは確かなようだった。「私はクリスチャンです。周りの人に食べるものがなくても自分さえよければいいとは思いません。それでは心が休まりませんよ」

貧困には二つの対処法がある。食べものを分け与えるか、見て見ぬふりをするかだ。これまでのフトゥンゴを見るかぎり、後者を選んでいるとしか思えない。

大統領府に至る坂道と海に挟まれたシカラは、以前は静かな漁村だったが、やがて内戦を逃れてきた人々がそこで暮らすようになり、今では人であふれ返っている。アントニオ・トマス・アナは、一九七七年からシカラに住んでいる。エトナという名前で知られる、アンゴラの有名な芸術家である。軽量のコンクリートブロックで囲まれた屋外の工房で、助手がのみと木槌《きづち》を使ってアカシアの幹を削っている。ソナンゴルの本部のロビーには、エトナのトレードマークとも言える堂々たる木彫りの像が飾られている。

シカラの六万五〇〇〇人の住民の中には、エトナのほか、軍当局者もいれば、月に五〇〇〇ドル稼ぐプロの写真家もいる。それほど稼いでも、物価が異常に高いルアンダではあまり役に立たない。だがこの写真家は、二五年前に買った波形トタン造りの掘っ立て小屋を、角張った丈夫な建物に改修した。今ではその周りを孫たちが遊び回っている。しかし二〇一二年六月、その家も、エトナの工房も、エトナが建設しつつある図書館も含め、シカラの建物はすべて取り壊されることになった。これは防災がどうこうという話ではない。

ほかに選択肢があれば、快適でもなければチャンスがあるわけでもないシカラで暮らそうとする人はほとんどいないだろう。二〇〇八年の選挙の際、与党は電気を引くと約束したが、ほとんど実現しなかった。二〇一二年の選挙の際にも水道を引くと公約していたが、それもほとんど空《から》約束に終わっている。しかし、それでもシカラは、独自の暮らし方が確立された、独自の仲間意識を持つ共同体である。ルアンダの総人口は五〇〇～八〇〇万人だが、その四人に一人は、ムセキと呼ばれるスラムに暮らしていると思われる。中には、ごみの山の上で心もとない生活を送っている悲惨なスラムもあるが、シカラなど中心部に近いスラムには利点がある。ルアンダの商業地区のすぐ近くなので、正規・非正規を問わず仕事があるのだ。

　エトナほどの資産があれば、容易にスラムを出ることもできる。だがエトナは、スラムの生活を向上させることばかりを考えている。「再建しなければいけないのは道路や歩道じゃない。人の心だ」私が工房に話を聞きに行くと、エトナが言った。[23] 午後の日差しにさらされていても、彼の赤いシャツは色あせていない。近くでは、若者たちがサッカーのテーブルゲームに興じている。エトナはこの忙《せわ》しげなスラムを手で指し示して言った。「これも文化の一部、国の一部なんだよ」しかし、シカラは間もなく消える運命にある。住民は否応《いやおう》なく、ルアンダの外れに造成された新たな街に移住させられる。シカラの周辺には、早くもその地区を奪い取ろうと、新しい高級ホテルや、アメリカの石油会社のまばゆいオフィスが立ち並んでいる。かつて魚料理の店やバーでにぎわっていた浜辺はフェンスで仕切られ、開発業者が来るのを待っている。

　政府当局は、移住先ではこれまでよりいい生活が待っていると宣伝する。だが、私が話を聞いたシカラの住民は、その言葉をほとんど信じていない。すでに三〇〇〇〇人ほどが追い払われた。中には警察に捕まえられ、家財道具と一緒に無理やりトラックに詰め込まれた人もいる。何を言っても聞き入れてもらえないのだ。政府は、スラムを一掃するためなら暴力に訴えることも辞さない。ヘリコプターで軍隊を派遣し、夜明けに立ち退きを迫る。[24] しかしエトナは、自分の番が来たら抵抗するつもりだという。「こちらが主張しなければ、ザンゴに連れていかれてしまう」

　ザンゴは、ルアンダ中心部から南へ二〇キロメートルほど行ったところにある。そのあたりでは首都の家並みもまばらになり、黄土色の低木が茂っている。ここに造成された街と北部に造成された同じような街とで、アンゴラのスラム住民が新たな生活を始めることになっている。役人に話を聞くと、ザンゴは約束の地なのだという。「これまでよりも立派な家に移住させようとしているんです」大統領府の貧困削減課の責任者ローザ・パラヴェラは言う。(25)「シカラには基本的なサービスもありません。犯罪があるだけです」

シカラの住み心地がよくないのは、政府が怠慢だからだ。それはともかく、ザンゴのほうがシカラよりいいとは決して言えない。ザンゴに引っ越した後に、シカラと同程度の基本サービスを受けられるのであれば、まだ運がいいほうだ。(26)これまで住んでいた家よりずっと狭い家に引っ越さなければならない場合もある。航空写真で見ると、この新たな街はまるで捕虜収容所だ。ずんぐりした住宅が、きちんと列を作って並んでいる。シカラの掘っ立て小屋よりはるかにみすぼらしい家まである。何とか生活していこうとする者は、ザンゴから都心まで通って働いているが、出勤は夜明けのかなり前、帰宅は真夜中になるため、子供の世話はおろか、十分に寝る時間さえない。ザンゴに引っ越したのに、すぐにシカラに戻ってしまった者もいるが、これはずいぶん勇気のいる行動である。シカラは、恐るべき治安責任者コペリパ将軍が指揮を執る情報局の管轄内にあるからだ。

ザンゴからルアンダ中心部に向かう道路は途中、目に見えない境界線を横切っていく。アンゴラ人の大多数が暮らす世界と、石油経済が生み出した豊かな別世界とを隔てる境界線である。

キランバは、何もなかったところに中国の企業が三五億ドルをかけて造成した、まばゆいばかりに輝く新たな街だ。私たちの車が、曲がりくねった長い車道に沿ってその街の入り口に近づいていくと、当直の門衛が威嚇《いかく》するように闊歩《かっぽ》している。ボトル一本分の水が買えるほどの金を渡すと、門衛は私と同行者を中へ入れてくれた。中の雰囲気はどこか薄気味悪かった。大惨事に見舞われて人っ子一人いなくなってしまった街のようだ。からからに乾いた空気を動かすものは何もない。五階から一〇階建てのパステルカラーのまばゆいアパートが、手入れの行き届いた緑地と電柱とともに、地平線の彼方まで平行に列を成して並んでいる。道路は絹のように滑らかだ。アンゴラ一走りやすい道路だと言っていい。南アフリカのきわめて裕福な地区を除けば、これほどの街はアフリカでこれまで目にしたことがない。「裕福なホワイトカラーの犬小屋」と詩的に揶揄《やゆ》されることもある、ゲートとフェンスに囲まれた街である。

この新たに完成した住宅設備は、一戸一二万〜三〇万ドルで販売されている。対象は、ルアンダ中心部の雑踏から離れて暮らせるほど裕福な人たちだ。この二万戸のアパートが並ぶキランバにはもう人が住み始めていると言われているが、それらしい気配はない。何しろアンゴラの人口のほぼ半数が、国際的な貧困ラインである一日一・二五ドル未満の生活をしている。こうした人々がキランバにアパートを購入しようとすれば、いちばん安いアパートでもおよそ二六〇年かかる計算になる。[27]大統領がここを公式訪問してから、この価格はやや下がった。それでも、そこに住めるのはきわめて裕福な人たちだけだ。

やがて、小型トラックが視界に入ってきた。青い作業着にヘルメットをかぶった中国人労働者の一団が乗っている。アフリカにおける中国の建設プロジェクトはいつもそうだが、このキランバも、中国の資金と中国の労働力で造られている。中国はこうした援助と引き換えに、天然資源（この場合はアンゴラの石油）を入手する権利を確保しているのだ。キランバの入り口の上には、中国の国旗とアンゴラの国旗がはためいている。この街は、中国のアフリカ事業における目玉プロジェクトであり、まだ建設中だった二〇一〇年には、習近平がこの地を視察している。習近平が国家副主席から国家主席になる三年前のことだ。巨大な看板には、金融、資源開発、建設など幅広い事業を手がける中国の国有コングロマリット、中国中信集団公司（ＣＩＴＩＣ）がこの街を建設したと謳《うた》われている。だが建設の監督は、ここでもソナンゴルが担当していた。アパートの販売管理は、デルタ・イモビリアリアという企業に外注しているが、この会社もやはり、ヴィセンテやコペリパの企業帝国を構成する一企業と言われている。二人は、政府の権力を利用して利益を着服できる絶好の立場にいる。コバルトの石油事業で極秘に株を持っていた事例と同じである。前述の反汚職活動家ラファエル・マルケス・デ・モライスに言わせれば、キランバは「アフリカの腐敗の格好のモデル」なのだという。(28)

ラッパーのエスプロジヴォ・メンタルは、眉間《みけん》にしわを寄せ、左手でマイクを握り、右手で空気を切り裂きながら、激しい口調でラップを歌う。パブリック・エネミーなどのプロテスト・ラップのアーティスト同様、この男も、権力者の不正を攻撃することを生業《なりわい》としている。手足のひょろ長い体にパーカをまとい、これまでひそひそとしか話せなかったアンゴラ政府への文句を、大きな声で表現力豊かに歌い上げる。『貧しいってどんな気分』『庶民の反応』『自由になろう』といった曲は、富と権力を独占する支配層へのカウンターパンチだ。

二〇一二年五月の火曜日、アンゴラの若者一〇人が、政治意識の高い新世代のあるラッパーの家に集まった。エスプロジヴォ・メンタルもその中にいた。彼らは以前にも小規模だが一致団結したデモを組織し、政府を驚かせたことがあった。そのときはフトゥンゴの権力掌握に抗議し、当局と小競り合いを起こしたが、警察に解散させられていた。

その家が襲撃されたのは、それが初めてというわけではない。だがその日も、反政府分子をさらに痛めつけてやろうと、一五人の男が夜の一〇時過ぎに突如現れた[29]。ドス・サントスが圧倒的な勝利を収める予定の選挙が三か月後に迫っている。石油で得た利益をばらまくだけでは、公然とドス・サントスに反旗を翻す人々を懐柔《かいじゅう》できない。男たちはドアを蹴破って家の中になだれ込み、そこに集まっていた人々を鉄棒や手斧《ておの》で押さえつけ、体を切り裂き、腕の骨を折り、頭蓋骨を砕いた。ひととおり仕事を終えると、彼らは瞬く間にランドクルーザーで走り去った。この襲撃を伝えたある記事によれば、そのランドクルーザーは警察の車だという。襲撃したのが政府支持の民兵組織の人間だった証拠である。その目的は、投票前に有権者に恐怖を植えつけることにあった。

その襲撃で死者は出なかった。だが数週間後にエスプロジヴォ・メンタルに連絡を取ると、重傷を負った腕はまだ治療中だった。私たちは、ルアンダの人通りの多いロータリーでこっそり会う約束をした。しかし待ち合わせの時間から三〇分ほどすると彼から電話があり、また入院しなければならなくなったという。だが後に、電話でこう話してくれた。「以前は抗議するにも方法がわからなかった。でも、僕らも成長している」

実際、選挙前には反政府デモがいくつか行われた。はるか遠くのアフリカ北部では、「アラブの春」と呼ばれる革命が進行していた。だが、エスプロジヴォ・メンタルたちが磐石《ばんじゃく》の政権に対し、それほどの規模での抵抗を望んでいたのであれば、デモは失敗に終わったというほかない。政党が利用できる選挙運動資金の法的な上限額は、二〇〇八年の議会選挙の際には一二〇万ドルだったが、今回は九万七〇〇〇ドルに減額された。だがＭＰＬＡは、この選挙運動に七五〇〇〇万ドルもの資金を注ぎ込んだと言われる[30]。

ＭＰＬＡは、戦時中に拠点としていた海岸沿いの都市で厚い支持を受けている。また、内戦で深い心の傷を負った人々の中には、いくら腐敗しているとはいえ、現政権に投票するほうが、戦争に舞い戻るリスクが少ないと考える人もいる。それに政府は、選挙結果を成り行きに任せるようなことはしない。メディアを牛耳り、選挙を実施する機関を手先に運営させ、野党の政治家を抑え込み、敵に圧力をかける。実際、選挙機関はコペリパが掌握し、三六〇万人が投票できないようにしていた。ＭＰＬＡが獲得した票数に匹敵する人数である(31)。その結果ＭＰＬＡの得票率は、二〇〇八年の選挙に比べて九ポイント下がったものの七二パーセントに達し、地すべり的な勝利を収めた。新たな選挙制度では、勝利した党の候補者名簿の筆頭の人物が大統領になる。こうして、三〇年以上政権を掌握していたドス・サントスが、今後も国を支配する権限を持つことになった。だが信頼のおける世論調査によれば、支持率はわずか一六パーセントだという(32)。

アメリカ当局がコバルトの海外腐敗行為の調査を始めてから二年半後の二〇一四年八月、コバルトが声明を発表した。それによると証券取引委員会が、コバルトに対する民事訴訟を起こす可能性があると通知してきたという(33)。その場でジョー・ブライアントは、「弊社はこの件について、これまでも証券取引委員会に十分に協力してきたが、今後も引き続き協力するつもりだ」と述べたが、委員会の判断は「誤り」であり、今後もアンゴラの油田開発は続けると主張した。本稿執筆時点では、まだ訴訟手続きは取られておらず、コバルトは一貫して不正行為を否定し続けている。コバルト株はこれまでも、アンゴラの怪しいパートナー企業のニュースが表面化すると一〇億ドルの損失を出し、芳《かんば》しくない掘削結果が報告されるとさらに価値を低下させていた。今回の証券取引委員会からの警告を受け、株価はさらに一〇パーセント下がった。

だがコバルトの創業者たちは、すでに相当な利益を生み出していた。正式な調査が始まったことをコバルトが明らかにした二〇一二年二月から、コペリパやヴィセンテがナザキの株を所有していることを私に認めた四月までの間に、ブライアントはコバルト株八六万株を売り、二四〇〇万ドルを手にした。また、調査が始まってから二〇一三年末までの間に（この時期にコバルトは、メキシコ湾の油田も発見していた）、ゴールドマン・サックス、カーライルとリヴァーストーン、それにもう一つアメリカの著名な未公開株式投資会社ファースト・リザーヴは、それぞれコバルト株を売り払い、一〇億ドルもの純利益を上げた。(34)

ヴィセンテの話によれば、ヴィセンテとコペリパとジノは、ナザキの株を「清算」したという。それでは、そのナザキの株は誰が引き継いだのだろうか？　また、ナザキのほかの株主たちはまだ株式を所有しているのだろうか？　ところが、こうした疑問については、この三人に聞いてもナザキに問い合わせても、答えてはくれなかった。二〇一三年二月、ナザキは株式の半分を、国有石油企業のソナンゴルに譲渡した。官報を見ても、ソナンゴルがその株式を取得した費用は公表されていない。だが投資銀行家の見積もりによれば、その株式にはおよそ一三億ドルの価値があるという。ナザキがその時点までに開発費として支払ったと予想される額の一四倍以上である。(35)ここで何らかの金銭の授受があったとすれば、国民の大多数が貧困にあえいでいる国の国庫から、フトゥンゴにつながる民間企業に資金が流れたことになる。二〇一四年コバルトは、証券取引委員会に告訴されるおそれがあることを公表してから三週間後、ナザキとアルペルとの関係を絶ったと発表した（ちなみに、アルペルの所有者はいまだに明らかになっていない）。両企業は、コバルトの事業における自社の持分をソナンゴルに譲渡したというが、ここでも、金銭の授受があったかどうか明言する関係者は一人もいない[36]。

コバルトは、アンゴラの原油を狙う無数の企業の一つでしかない。またナザキは、政治的権力を利用して個人的な利益を得ようとするフトゥンゴの略奪システムの中の一つの歯車でしかない。

二〇一一年のクリスマス直前、マヌエル・ヴィセンテがソナンゴルの責任者の座を後継者に譲る準備をしていたころのことだ（それは、翌年に控えた選挙のための資金を集めておかなければならない時期でもあった）。国際的な石油企業七社が、アンゴラの大西洋岸沖に新たに設定された一一の鉱区の操業権を入手した。このあたりは、コバルトがすでに掘削した鉱区同様、岩塩層が広がっており、その下に油田が眠っている可能性がある。アンゴラでもどこでもそうだが、こうした鉱区の入札を行う場合には、シグネチャー・ボーナスと呼ばれる謝礼金を払うのが慣例になっている。これは、入札を通じてある鉱区の開発権を獲得した石油会社が、その国の政府に支払う前金である。この支払いはまったく合法的なものだが、往々にして支払い金額は公表されない。これが密かに役人に手渡されれば、賄賂《わいろ》と呼ばれることになるのだろうが、この金は石油国家の国庫に納められる。ただし、そこからどこへ漏れていくのかはわからない。

アンゴラ国民は、政府がこの入札でいくら儲《もう》けたのか知りたがっているはずだ。しかし、二〇〇一年にBPがアンゴラとの契約の詳細を公表しようとして同国から締め出されそうになって以来、石油会社はシグネチャー・ボーナスの額を公表しようとしない。だがノルウェーのスタトイルが、それに近い数字を明らかにしている。スタトイルによれば、事業主となる二鉱区、および作業権のある三鉱区に「投入する資金」の総額は、一四億ドルに及ぶ。そこには、「シグネチャー・ボーナスなど、どうしても必要な最低限の支払いが含まれる」という。先の入札全体を通じて政府が受け取った金額は、その額の数倍に達すると思われる。

　フトゥンゴのベンチャー事業も国家機関の活動も、秘密のベールに包まれている。長年ドス・サントスの支配体制を研究しているアンゴラの専門家エドワード・ジョージは、この政治体制を「隠《クリ》匿政治《プトクラシー》」と呼ぶ。権力の手がどこに伸びているかわからない政治システムのことだ。

　二〇一四年初頭のある日の午後、私はロンドンのホテルでイサイアス・サマクヴァと面会した。アンゴラの最大野党ＵＮＩＴＡの議長を一〇年以上務めている男だ。長らく勝ち目のない戦いを強いられているが、それでも落ち着いた口調で雄弁に話をしてくれた。一九八〇年代にＵＮＩＴＡの代表としてロンドンに駐在していたサマクヴァは、家族に会いにロンドンに帰ってきていた。そしてこの機会に、自国企業の石油利権を守るためにドス・サントスにすり寄ろうとする欧米諸国の政府に対し、抗議活動を展開しようとしていた。「国際社会はあの男たちを保護している」サマクヴァは紅茶をすすりながら語った。[37]「彼らが受け取った金はアンゴラにはない。ポルトガルやイギリス、ブラジル、アメリカの銀行と取引しているからだ。彼らが国際社会に認められているとしか考えられない」

「アラブの春」が勃発したことで、ドス・サントスには治安維持をさらに強化する格好の口実ができた。サマクヴァは続ける。「ドス・サントスは権力にしがみついているから、エジプトで起こったことなど認めないだろう。だが私たちには、彼らのため、彼らの利益のためだけではない、真の平和が必要だ」

サマクヴァは、フトゥンゴが権力の座に居続けられるのは、石油産業の構造が謎に包まれたままだからだと確信している。「公私の区別がない。まったく不透明だ。ドス・サントスやその家族の資産がどれくらいかなんて誰も知らない」私がある企業について尋ねると、サマクヴァはこう答えた。「ドス・サントスやその支配体制を支える鍵となっているのが、その企業だと思う」どうして一企業にそれほどの支援ができるのか尋ねると、こう言われた。「推測することしかできない。すべては闇の中だ」

この話に出た企業は、金色の高層ビル、ルアンダ・ワンにオフィスを構えており、中国国際基金とは姉妹関係にある（このビルの入り口に旗を掲げている中国国際基金は、不透明な条件のもと、キランバなどのインフラ・プロジェクトで大儲けをしている）[38]。コバルトやナザキといった石油企業でもこのビルの下層の階にしかオフィスを設けられないのは、上層階をその企業が独占しているからにほかならない。その企業とは、チャイナ・ソナンゴルである。二〇〇四年以来、きわめて産出量の多い油田を含め、十数件のアンゴラの石油事業に資本参加しているほか、アンゴラ最大のダイヤモンド鉱山の開発にもかかわっている。チャイナ・ソナンゴル株の三〇パーセントは、フトゥンゴの資金源となっている国有石油企業ソナンゴルが所有している。残りを所有しているのは、クイーンズウェイ・グループとして知られる香港の投資家たちだ。彼らを率いているのが、眼鏡とひげが特徴的な中国人、徐京華（英語名サム・パ）である。

〔原注〕

（1）以下の資料の二〇一三年度生活費ランキングを参照。Mercer, www.mercer.co.in/newsroom/2013-cost-of-living-rankings.html.（訳注：リンク切れ、以下のサイト参照。http://www.mercer.com/newsroom/cost-of-living-survey.html.）

（2）Ricardo Soares de Oliveira, 'Business Success, Angola-Style: Postcolonial Politics and the Rise and Rise of Sonangol', *Journal of Modern African Studies* 45, no. 4（December 2007）: 595-619, 603, 610.

（3）Paula Cristina Roque, 'Angola: Parallel Governments, Oil and Neopatrimonial System Reproduction', Institute for Security Studies, Pretoria, June 2011, www.issafrica.org/uploads/SitRep2011_6JuneAngola.pdf.

（4）二〇一二年六月に著者がジャック・マロー・デ・グロットに行った電話インタビューによる。

（5）アンゴラ経済の会計上の不一致、およびその理由に関するＩＭＦの最初の分析については、以下を参照。'Angola – Fifth Review Under the Stand-By Arrangement with Angola', International Monetary Fund, IMF Country Report No. 11/346, 8 December 2011. この資料を始め、アンゴラに関するＩＭＦの報告書はすべて以下に掲載されている。www.imf.org/external/country/ago.

（6）たとえば、以下を参照。'Angola: Officials Implicated in Killing Protest Organizers', Human Rights Watch, 22 November 2013, www.hrw.org/news/2013/11/22/angola-officials-implicated-killing-protest-organizers.

（7）'Cobalt International Energy', *Exceptional*（Americas edition）, July 2013, www.ey.com/US/en/Services/Strategic-Growth-Markets/Exceptional-magazine-Americas-edition-July-2013---Cobalt-International-Energy.

（8）Benjamin Wallace-Wells, 'The Will to Drill', *New York Times*, 14 January 2011, http://query.nytimes.com/gst/fullpage.html?res=9D06E6D61E3DF935A25752C0A9679D8B63.

（9）Jennifer Dawson, 'Cobalt Expands Houston HQ After Angola Discovery', *Houston Business Journal*, 27 April 2012, www.bizjournals.com/houston/print-edition/2012/04/27/cobalt-expands-houston-hq-after-angola.html

?page=all.

(10) *Africa Confidential* profile of General Manuel Hélder Vieira Dias Júnior（Kopelipa）, www.africa-confidential.com/whos-who-profile/id/836.

(11) 'A Crude Awakening', Global Witness, December 1999, www.globalwitness.org/library/crude-awakening.

(12) 'Global Enforcement Report 2013', TRACE International, March 2014, www.traceinternational.org/Knowledge/ger2013.html.

(13) この石油ベンチャー企業とは、ソシエダーデ・デ・イドロカルボネートス・デ・アンゴラという会社である。同社はギニア・ビサウで事業を行っていたらしい。*Diário da República*（アンゴラの官報）, 14 April 2008.

(14) Rafael Marques de Morais, 'The Angolan Presidency: The Epicentre of Corruption', Maka Angola, July 2010, http://makaangola.org/wp-content/uploads/2012/04/PresidencyCorruption.pdf.

(15) Rafael Marques de Morais, 'President's Three Henchmen Lead the Plunder of State Assets in Angola', Maka Angola, 30 July 2010, http://makaangola.org/maka-antigo/2010/07/30/trio-presidencial-lidera-o-saque-aos-bens-do-estado-angolanopresident%E2%80%99s-three-henchmen-lead-the-plunder-of-state-assets-in-angola/?lang=en.（訳注：リンク切れ、以下のサイト参照。http://makaangola.org/index.php?option=com_content&view=article&id=11380&Itemid=266&lang=en）；以下も参照。'Marques Takes Them On', *Africa Confidential*, 20 January 2012, www.africa-confidential.com/article-preview/id/4305/Marques_takes_them_on.

(16) 二〇〇八年に別の石油企業のためにナザキの調査を行ったアメリカの法律家（氏名は伏せるよう頼まれた）が二〇一二年二月に語ってくれた話では、ナザキはマヌエル・ヴィセンテほか数名の官僚が支配していると、その企業から教えられたという。

(17) Tom Burgis and Cynthia O'Murchu, 'Angola Officials Held Hidden Oil Stakes,' *Financial Times*, 15 April 2012, www.ft.com/cms/s/0/effd6a98-854c-11e1-a394-00144feab49a.html#axzz3ERem20Du.

(18) 二〇一二年六月にルアンダで著者がマヌエル・ヴィセンテに行ったインタビューによる。

(19) 一九八〇年代の南アフリカの予算に占める軍事支出の割合は、平均一六・四パーセントだった。最高が一九八二年の二二・七パーセント、最低が一九八七年の一三・七パーセントである。以下を参照。'South African Defence Review 2012,' South African Department of Defence, 89, www.sadefencereview2012.org/publications/publications.htm.

(20) 二〇一二年五月にルアンダで、著者がアンゴラ・カトリック大学の経済学者マヌエル・アルヴェス・ダ・ホシャに行ったインタビューによる。

(21) 二〇一三年九月一七日にロンドンのチャタム・ハウスの王立国際問題研究所で、南部アフリカ・オープン・ソサエティ・イニシアチブのアンゴラ代表を務めるエリアス・イザーキが述べたコメントによる。

(22) 著者がマヌエル・ヴィセンテに行ったインタビューによる。

(23) 二〇一二年六月にルアンダで、著者がアントニオ・トマス・アナに行ったインタビューによる。

(24) たとえば、以下を参照。Alexandre Neto, 'Government Uses Military in Mass Forced Evictions,' Maka Angola, 5 February 2013, http://makaangola.org/maka-antigo/2013/02/05/aparato-de-guerra-usado-nas-demolicoes-em-cacuaco/?lang=en.（訳注：リンク切れ、以下のサイト参照。http://www.makaangola.org/index.php?option=com_content&view=article&id=11413&Itemid=237&lang=en.）

(25) 二〇一二年六月にルアンダで、著者がローザ・パラヴェラに行ったインタビューによる。

(26)二〇一二年六月にルアンダで、著者がパウロ・モレイラ（シカラに暮らし、アンゴラ政府のスラム政策を研究している博士課程のポルトガル人学生）に行ったインタビューによる。

(27)世界銀行の二〇〇九年のデータによれば、アンゴラ国民の四三パーセントが、国際的な貧困ラインである一日一・二五ドル未満（現在の基準は一日一・九〇ドル以下）の生活をしている（購買力平価で調整済み）。World Development Indicators, World Bank, http://data.worldbank.org/indicator/SI.POV.DDAY.

(28)デルタ・イモビリアリアは、キランバなど、中国が開発した住宅地の不動産の仲介を行っている。その役割は、ソナンゴルの不動産部門を担当するソニップが二〇一三年八月二八日に発表したプレスリリース「Lista de beneficiários de habitações na centralidade do Kilamba atendimento de 02 a 06 de setembro de 2013」で確認できる。デルタは、二〇〇八年一〇月一三日付の*Diário da República*（アンゴラの官報）にて、ナザキの姉妹企業数社とともに設立が公表された（ヴィセンテ、コペリパ、ジノがコバルトの事業の株を密かに所有するために利用したあのナザキである）。だがこの資料では、デルタの所有者が明らかにされていない。デルタの所有者やキランバでの同社の役割については、以下を参照。Rafael Marques de Morais, 'Kopelipa e Manuel Vicente – Os Vendedores de Casas Sociais,' Maka Angola, 26 September 2011, http://makaangola.org/maka-antigo/2011/09/26/the-ill-gotten-gains-behind-the-kilamba-housing-development.（訳注：リンク切れ）
ラファエル・マルケス・デ・モライスは、二〇一三年一一月に著者とのメールで、この件についてさらに詳しく教えてくれた。その話によれば、グルーポ・アクアトロ・インテルナシオナルがデルタを所有しているのだという。アクアトロは、ヴィセンテ、コペリパ、ジノがナザキの株を所有するために利用した、同じく所有者不明の会社である。

(29)Rafael Marques de Morais, 'Pro-Dos Santos Militias Attack Activists at Home,' Maka Angola, 23 May 2012, http://makaangola.org/maka-antigo/2012/05/23/milicias-pro-dos-santos-atacam/?lang=en.（訳注：リンク切れ、以下のサイト参照。http://www.makaangola.org/index.php?option=com_content&view=article&id=3083:pro-dos-santos-militias-attack-activists-at-home&catid=28:direitos-humanos&Itemid=230&lang=en.）

(30) Paula Cristina Roque, 'Angola's Second Post-War Elections: The Alchemy of Change', Institute for Security Studies, Pretoria, May 2013, www.issafrica.org/uploads/SitRep2013_23May.pdf.

(31) 同前。

(32) Magali Rheault and Bob Tortora, 'Most African Leaders Enjoy Strong Support', Gallup, 25 April 2012, www.gallup.com/poll/154088/african-leaders-enjoy-strong-support.aspx.

(33) Tom Burgis, 'Cobalt to Fight SEC Corruption Allegations', *Financial Times*, 5 August 2014, www.ft.com/intl/cms/s/0/ad3700c6-1cac-11e4-88c3-00144feabdc0.html#axzz3ERem20Du.

(34) Tom Burgis, 'Cobalt's Returns from Angolan Venture Raise Wider Concerns', *Financial Times*, 20 November 2013, www.ft.com/intl/cms/s/0/36e28cf6-4bb5-11e3-a02f-00144feabdc0.html#axzz3ERem20Du.

(35) 同前。

(36) Tom Burgis, 'Cobalt Cuts Ties With Two Angola Oil Partners', *Financial Times*, 28 August 2014, www.ft.com/intl/cms/s/0/c6c7028a-2e94-11e4-bffa-00144feabdc0.html#axzz3ERem20Du.

(37) 二〇一四年一月にロンドンで、著者がイサイアス・サマクヴァに行ったインタビューによる。

(38) たとえば、以下を参照。'Chinese Company to Build 5,000 Social Houses in Angola', Macauhub, 31 August 2011, www.macauhub.com.mo/en/2011/08/31/chinese-company-to-build-5000-social-houses-in-angola. この記事の中で、都市計画・建設大臣フェルナンド・フォンセカは、アンゴラ政府と中国国際基金の提携事業とし

て、キランバの第二期プロジェクトが進行中だと述べている。ドス・サントス大統領がこの新プロジェクトの礎石を置く式典の様子が、『ＣＩＦスペース』二〇一二年二月号に掲載されている。『ＣＩＦスペース』とは、中国国際基金の社内用ニュースレター（中国語）である。www.chinainternationalfund.com/UserFiles/Upload/20131868175041.pdf, p. 5.

第2章

貧困の温床

アフリカ最大のエネルギー資源輸出国、ナイジェリア。ニジェール川が網の目のように海に流れ込むニジェール・デルタの地下には大量の原油がある。しかし、石油は乱暴に略奪され、発電所や発電網の整備に資金が回らず、電気代が高騰、ナイジェリア製の繊維製品の価格は高くなり、市場競争力を失った。代わって市場を席捲《せっけん》したのが中国製の模造繊維製品である。有名ブランドのスペルを一部変えたおなじみのものからアフリカ風のプリントまで数多くの製品が密輸されている。そして中国からのルートには、ナイジェリア人の販売業者、流通業者とのパイプ役の影もちらつき、複雑な構造になっている。

国境検問所の所長が、また大きなため息をもらした。「もう少し待ってくれ《オナトン》」だが、すでに何時間も待たされている。気まぐれなファックスに悩まされるのは、これが初めてではない。私はナイジェリアから、北に隣接するニジェールへ向けて、国境を越えようとしていた。ナイジェリアの公用語は英語だが、ニジェールではフランス語になる。どうやらナイジェリアのニジェール大使館の担当者が、私にビザを認可するために必要な書類を本国に送っていなかったらしい。それをファックスするのに手間取っているのだ。私は国境検問所の入り口前の階段に座り、サハラ砂漠につながる乾ききった大地を眺めていた。飢えたヤギや傷を負ったヤギが、渦巻く土ぼこりをあびながら、軽量コンクリートブロックでできた建物の間を脚をひきずって歩いている。所長は定期的に携帯電話で電話をかけ、私を通していいかどうか確認しているが、それが終わるとすぐにむっつり黙り込んでしまう。たまに口を開けば、「このうんざりする暑さ」に文句を言うだけだ。地平線が太陽の熱で揺らめいている。「もう少し待ってくれ」

　無口な所長のそばで午前中を過ごしていると、この地域の数少ない名物の一つに出くわした。密輸である[1]。数十台ものトラックが、ニジェールからナイジェリアへ渡ろうと列を作っている。そこに積まれているのは、まるで害がないように見えるものばかりだ。多くは繊維製品や衣類を積み、ナイジェリア北部の二大都市カノとカドゥナの市場へ向かう。

人身売買された人や武器は、密かに国境を越えてナイジェリアに持ち込まれる。安全を考えればもちろん人目につかないほうがいいのだが、中国製の模造繊維製品はあまりに量が多いため、当局に見つからないように運ぶことなどまずできない。夜陰に乗じて運んでも気づかれてしまう。そのため密輸を取り仕切る者は、検問所の役人に周到に賄賂をつかませ、輸送に支障が出ないようにしている。

ナイジェリアは、一万キロメートルに及ぶ旅路の最後の行程に過ぎない。その旅路は、中国の工場から始まる。中国の工場では、以前はナイジェリア人が自国で製造していた繊維製品の模造品を大量生産している。原色の色遣いと、すべすべしていて柔らかい肌触りが特徴的な衣類だ。それが船で大量に、西アフリカの港に運ばれる。港として利用されるのは主に、ベナンの首都コトヌーだ。ベナンはナイジェリアの隣にある小国で、ヨーロッパのモンテネグロや南アメリカのパラグアイのように、禁輸品の積み替えが主要な経済活動となっている。こうして港へ送られてきた模造品がトラックに積まれ、ナイジェリアへ向かう。ルートは二つある。直接ベナンとナイジェリア西部との国境を目指すか、北へ向かってニジェールへ抜け、そこからあの無口な所長のいる国境検問所へと回ってくるかだ。この交易の規模は、年間およそ二〇億ドルに及ぶと推計される。これは、サハラ以南アフリカ全体で一年間に輸入される繊維製品、衣類、布、糸の総額のおよそ五分の一に相当する。(2)

この国では密輸は、長い歴史がある。西欧列強が勝手に国境線を引く前から、今日の密輸ルートは、合法的な通商ルートの裏道として使われていた。国境は、かつてイギリスの植民地だった場所とフランスの植民地だった場所の境に引かれているが、そこで言語や民族が変わるわけではない。国境のどちら側の住民もハウサ語を話す。ハウサ語では、密輸のことをスモガというが、この言葉には英語ほど非難めいた意味はない。繊維製品の密輸を取り仕切っているのは、ナイジェリアの北部国境地帯の実力者たちだ。彼らは雇っている者たちに気前よく給料を払っているという。

このような模造繊維製品と比較すれば、私は国境検問所が優先的に処理しようとする対象ではなかった。だがようやく所長の電話が鳴り、ニジェールへの入国が認められることになった。私は外へ出ると、居並ぶトラックのそばを通り過ぎていった。その横腹には、積み荷の出荷元を堂々と示す「Chine（中国）」という文字が見えるが、トラックの所有企業を示す文字はない。この国境あたりでは、その企業について公然と話をする者はほとんどいない。だが、もう少し南へ行くと様子が違ってくる。ナイジェリア北部では、トラックで大量に運ばれてくる模造繊維製品により経済が破壊されつつある。私は一年ほど前、そのあたりの街でこの企業に関する話を耳にしたことがあった。

ナイジェリアの人口は一億七〇〇〇万人を数える。アフリカ人の六人に一人がナイジェリア人だ。国民は主に四つの民族グループに分けられるが、細分化すれば数百の民族が混在しており、五〇〇種類の言語が飛び交う。イギリスの植民地支配者の気まぐれで、それが一くくりにまとめられてしまったのだ。国土は大きく、主にイスラム教を信奉する北部と、キリスト教や土着の神を信仰する南部とに分かれる。支配層は汚職により肥え太り、驚くほどの富を蓄えているが、ほかの大半の国民は、腹を満たし、病気を治し、子供に教育を受けさせるための費用もない。政府は、国民にではなく腐敗した政治家や巧妙な詐欺師に奉仕しているともっぱらの評判だ。そんなナイジェリアは、アフリカ最大の産油国というありがたくない名誉に苦しんでいる。

　イギリスから独立する四年前の一九五六年に石油が発見されると、たちまちナイジェリアの崩壊が始まった。新たに発見された油田の三分の二は、分離独立派が自分たちの土地だと主張する地域内にあった。分離独立派が一九六七年にビアフラ共和国の樹立を宣言すると、独立間もないこの国で権力争いを繰り返していた民族グループの対立が先鋭化した。ナイジェリアは内戦に突入し、五〇万人から二〇〇万人の国民が命を落とした。主な死因は飢餓である。結局ナイジェリアは分裂の危機を免れたが、悪辣《あくらつ》な独裁者が相次ぎ、この国が独立後のアフリカを率いる指導者になるのではないかという希望は潰《つい》えた。その代わりにナイジェリアは、世界有数の石油国家となった。政府収入の五分の四を石油が占め、資源レントの分け前を獲得するための熾烈な争いが日々繰り広げられている。

　ニジェール川が海に流れ込むナイジェリア南端部では、川が網の目のように広がるニジェール・デルタが形成されている。その地下に大量の原油が眠っているほか、沖合の海底でも油田が発見されている。その結果ナイジェリアは、アメリカやヨーロッパにおける主要な石油輸入先となった（ヨーロッパでは第四位である）。この国ほど、世界経済に欠かせない資源の重要な供給源だと主張できる国はそう多くはない。ナイジェリアの天然ガスの埋蔵量は世界第八位と推計されているが、まだほとんど開発されていない。それにもかかわらず、すでにＥＵが輸入している天然ガスの二〇分の一をナイジェリアが占めている。

　だが、石油は乱暴に略奪され、ニジェール・デルタはいまだに貧しいままだ。こうした石油の悪影響は、ニジェール・デルタの外側にまで波及している。私はナイジェリアに入ってまだ二週間も経っていないころ、カドゥナを訪れた。カドゥナは、キリスト教徒が多い南部と北部の間に位置する街だ。カドゥナからニジェール国境まで広がる北部は、二〇〇年ほど前にウスマン・ダン・フォディオのジハード軍が建国したイスラム帝国の一部だった。カドゥナは物騒な「中央ベルト」と呼ばれる地帯にあり、対立している住民間で突発的な暴力沙汰が頻繁に起こる。宗教や民族の皮をかぶった利権政治が横行しているからだ。

暑苦しいある日曜日の午前、友人がカドゥナの中央市場を案内してくれた。木造の露店が格子《こうし》状に並んでいるところに、人がたくさん集まっている。衣類を販売している露店が多い。中には、有名ブランドのスペルを微妙に変えたロゴが入っている服もある。あるシャツのラベルには、「Clavin Klein（クラバン・クライン）」とあった。また、フランスのワイン工場やチーズ・メーカーが自社製品に添えるＡＯＣラベル（特定の条件を満たしたフランスの農産物、乳製品、ワインなどに添えられる品質保証マーク）に似たラベルをつけた商品もある。「ナイジェリア製」と謳ったものもあるが、これも偽物だ。東部出身の若い商人アイケに話を聞くと、北部のカノに行ってレースを仕入れてくる際に、偽のラベルもまとめ買いするのだという。ジーンズを売っていた別の商人はこう言っていた。「ほとんどが中国製だよ」

レイモンド・オクワニイヌの露店には、染色された布を巻いたものがたくさん置いてあった。今流行《はや》りのゆったりしたズボンを仕立てるのに使うらしい。ここでは誰も、商品が本物だとごまかそうとはしない。レイモンドによれば、それでも商売が成り立つという。ナイジェリアは確かに、アフリカ最大のエネルギー資源輸出国かもしれない。だがそれでいて、国民四四人ごとに一台のトースターを動かせるほどの電力しか生み出していない。動かない発電所や使いものにならない配電網の修理に割り当てるべき数十億ドルもの資金は、どこかで浪費されるか盗まれるかしてしまう。近年の民営化の波を受け、一時的に改善への期待が高まったが、今のところナイジェリアの発電量は、北朝鮮の発電量の半分ほどでしかない。幸運にも電気が通じているケーブルにつなげられたとしても、発電所と苛立《いらだ》たしい交渉をしなければならない。国営時代の発電所は、ナショナル・エレクトリック・パワー・オーソリティという名称だったが、この略称であるＮＥＰＡはちまたではよく、「Never Expect Power Anytime（絶対に電気など期待するな）」の略だと言われた。また、民営化後はパワー・ホールディング・カンパニー・オブ・ナイジェリアという名称に変更されたが、この略称であるＰＨＣＮは、「Please Have Candles Nearby（近くのろうそくを使ってください）」あるいは「Problem Has Changed Name（名前が変わっただけで問題は変わらない）」の略だと揶揄された。そのため大半の人が、音のうるさいディーゼル発電機に頼るほかない。しかし、その費用はばかにならない。この国では国民の六八パーセントが一日一・二五ドル未満で生活しているというのに、発電機を動かす費用は、平均的なイギリス人が払う電気代の二倍近くかかる(3)。

この電気代のために、ナイジェリアで繊維製品を製造すると高くつく。カドゥナの商人レイモンドの話によれば、中国製の布で作ったズボンは、ナイジェリア製の布で作ったズボンの三分の二の値段で売っても利益になるという。数軒先の露店を営むヒラリー・ウムンナも、その言葉にうなずいた。輸入を禁止し、ナイジェリアの繊維部門を守ろうとする政府の試みは何の役にも立っていない。巻き尺を肩に掛けた仕立て屋のヒラリーは、自分の商品を指差しながら言った。「政府はこれを密輸品だと言う。でも、この国で作れないのに輸入を禁止するんだ。だったら密輸するしかないだろ」

現地で製造した服より密輸した服のほうが安いというのは、追い詰められた消費者にとってはいい話かもしれない。だが、ナイジェリアの繊維産業で働く労働者にしてみれば、とてもいい話とは言えない。「哀れな状況だよ」そう言うヒラリーは、自分や仲間が同国人の仕事を奪っていることに気づいていないようだ。「この街にあった繊維工場はどこもかしこもつぶれた。工員たちは今ごろ路頭に迷っているよ」

一九八〇年代半ばには、ナイジェリアに一七五の繊維工場があったが、それから四半世紀過ぎた今では、二五しか残っていない。何とか生き残っている工場も、多くは生産規模を数分の一に縮小している。最盛期には三五万人もの雇用を抱え、ナイジェリア最大の製造業部門に君臨していた繊維産業だが、現在従事している労働者は二万五〇〇〇人しかいない[4]。繊維製品の輸入は違法であるにもかかわらず、輸入品は市場の八五パーセントを占める。世界銀行の推計によれば、ベナン経由でナイジェリアに密輸される繊維製品の総額は、年間二二億ドルに及ぶ。その一方で、ナイジェリアで現地生産される繊維製品の総額は、年間四〇〇〇万ドルにまで縮小している[5]。二〇〇九年、国連の専門家チームはこう結論づけている。「ナイジェリアの繊維産業は壊滅の危機に瀕《ひん》している[6]」電力危機が進み、模造衣類が氾濫《はんらん》し、道路はほとんど通行できないような状態にある。それを考えれば、これまで繊維産業が生き永らえてきたのが不思議なくらいである。

繊維産業崩壊の影響を数値化するのは難しいが、ナイジェリア経済のかなり奥深いところにまで波紋を広げていることは間違いない。とりわけ北部への影響は著しい。かつて繊維工場に供給する綿を栽培していた農民は一〇〇万人ほどいたが、現在では半減している（綿栽培をやめてほかの作物に切り替えた農民もいる）。ナイジェリアでは正規の仕事は数が少なく貴重だ。繊維産業労働者一人あたり、およそ六人の身内を養っていることを考えると、繊維産業の崩壊により何百万という命が危機に瀕している。

　カドゥナの市場を案内し終わると友人は、繊維産業の崩壊を誰よりも痛切に感じている人々を紹介してくれた。連れていかれたのは教会だった。カドゥナのキリスト教徒が、大きな声で神に救いを求めている。その傍《かたわ》らに教室があり、薄明かりの中、解雇された九人の繊維工場労働者がぼろぼろの机に腰を掛け、悲痛な声を上げていた。彼らの話によれば、カドゥナだけで何万という繊維産業の職が失われたという。私はここへ来る前に、この中の数名が働いていた工場を見た。ユナイテッド・ナイジェリアン・テクスタイルズの工場の門は、固く閉ざされていた。高い壁の上にはぎざぎざのガラスが埋め込まれており、警備員が一人見回りをしている。いつかまた再開するかもしれないというわずかな可能性を考え、中の機械類を守っているのだ。この警備員以外に行き来する人はいない。ただ黄色い頭のトカゲが、下生えの中をちょこちょこ走っているだけだ。

　マシュー・ハッサン・クカー神父は、前年にカドゥナ最後の工場が閉鎖された日のことを苦々しげに語った。日曜礼拝の讃美歌を歌う声も次第に途絶えてしまったという。クカーは、南アフリカのデズモンド・ツツ大主教と同じように、ナイジェリアの精神的支柱である。逆境にさらされながら反抗的なユーモアを忘れない点も、ツツ大主教と似ている。誰にもまねのできない口ぶりで、権力者を攻撃する。黒いシンプルな法衣を着た神父は、聖具室の上にある蒸し暑い事務所に座ると、繊維産業が崩壊したせいでこの街の活力が失われてしまったと嘆いた。「この二〇年間は後退するばかりです。一九七〇年代には繊維産業があり、市民にも活気がありましたが、その世代は将来性豊かな若いエリートを育てることができませんでした。彼らの子供たちがそうなるべきだったのですが」貧困にあえぐカドゥナの住民は、自分の民族や宗教だけの世界に引きこもっている。「カドゥナは今、二つに分裂しています。川のこちら側はキリスト教徒、向こう側はイスラム教徒です」

カドゥナの衰退は、ナイジェリアの貧困化を示す一つの兆候に過ぎないとクカーは言う。国の政治エリートたちは、市民に対する義務を放棄し、私腹を肥やしている。その結果、社会はずたずたに引き裂かれてしまった。「国が崩壊した結果、大統領以下、誰もが保身を図り、力を手に入れようとしています。市民は自警団に頼っている始末です」暴力沙汰が日常茶飯事になった。「どのスラム街であれ、いつ暴動が起きてもおかしくありません。北部は貧困の温床です」

クカーのもとに集まったこの元工場労働者も、カドゥナのイスラム教徒も、貧しいのは同じだ。崩れかかった国立学校の学費を払うどころか、食べものを買うのにも日々苦労している。工場労働者たちは州知事邸の前でデモを行おうとしたが、警察に阻止されたという。連邦政府は繰り返し繊維産業の救済を約束しているが、支援などほとんどない。現実的な労働者たちは、いずれにせよ、もうどうしようもないことに気づいている。たとえ工場を再開できたとしても、中国製の密輸品が完全に市場を支配しているため、ナイジェリアの工場が勝てる見込みはない。それにナイジェリアには、繊維工場労働者がいかに苦しもうと、グローバル化を推し進めようとする人物がいる。盗み聞きしている人間がいないか用心しながら、男たちはこっそりとその人物の名前を告げた。「マンガルだ」

アルハジ・ダヒル・マンガル（「アルハジ」は、メッカを巡礼を行ったイスラム教徒への敬称）は、数十億ドルもの財産を持つとされる実業家であり、大統領の腹心の友である。敬虔《けいけん》なイスラム教徒で、毎年メッカ巡礼の時期になると、ナイジェリアの巡礼者たちを飛行機で送迎する篤志《とくし》家でもある。そして何より、西アフリカを代表する密輸業者だ。

ニジェールとの国境に近いナイジェリアの町カツィナで生まれたマンガルは、ほとんど正規の教育を受けていない。それでもナイジェリアの国際的なビジネスマンは、へつらいや妬《ねた》み、怖れが入り混じった気持ちを込めてこの男の話をする。マンガルは一九八〇年代に一〇代で実業の世界に入り、父にならって輸出入業を始めると、たちまち国境を越えるいくつもの輸送ルートを自分のものにした。[7]彼を知る北部のある指導者は言う。「あの男はやり手だ。金の儲け方を知っている」

マンガルは、現代の「世界の工場」と称される中国の怪しげな場所で、商売をするにふさわしい相手を見つけた。ナイジェリアの繊維産業の衰退を何年も調査し、それを復活させようと努力しているあるコンサルタントは言う。「中国は、この産業の心臓部を攻撃してきた。熱転写を使ったアフリカ風のプリントだ」一九九〇年代、中国の工場は西アフリカのデザインをまねた繊維製品の製造を始め、その地域に独自の流通拠点を開いた。「これは一〇〇パーセント違法だ。でも現地の人たちは密輸をする」コンサルタントの話によれば、「ナイジェリア製」というラベルを縫い込んだ繊維製品を専門に大量生産している工場が、中国に一六あるという。しばらくは、中国製品の品質がナイジェリアの製品よりかなり劣っていたが、中国製品の水準が上がるにつれ、差は縮まっていった。こうして、ナイジェリアの販売業者の協力のもと、中国製品が市場を支配するようになった。

マンガルは、こうした取引のまとめ役、製造業者と流通業者とのパイプ役を果たし、国境警備当局や政界の協力者を巻き込んで影の経済活動を掌握している。天然資源を利用して利益を上げているほかの実力者と同じように、グローバル経済の裏道を歩いているのだ。

マンガルが管理している倉庫や代理業者のネットワークは、アフリカの秘密取引の多くが行われているドバイを経て、遠く中国やインドにまで及んでいる。北部のある一流銀行家は言う。「誰かが倉庫に入れれば、それをマンガルが密輸する。関税のかかるものでも密輸品でも、あの男はすべての輸入ビジネスを支配している」

マンガルはカツィナを拠点に、食べものや燃料など、ナイジェリアの富裕層が望むあらゆるものの輸入を支配している。その中でも基幹商品と言えるのが繊維製品であり、それが国内産業を死に追いやる元凶となっている。話によるとマンガルは、商品原価に加え、船荷ごとに一律二〇〇万ナイラ（およそ一万ドル）の手数料を請求するという。(8) 二〇〇八年には、毎月四〇フィートコンテナ一〇〇個分ほどの製品をナイジェリアに運び込んでいたと推定されている。(9)

マンガルの資産は、ナイジェリアの支配者の移り変わりに応じて増えたり減ったりしている。一九九九年に軍政から民政に移行し、表面上は法治国家になると、この新体制における協力者が必要になったマンガルは、ウマル・ヤラドゥアに目を向けた。ヤラドゥアは、新体制を支配することになったナイジェリアの政治エリートで構成される国民民主党に所属しており、マンガルの生まれ故郷であるカツィナ州の知事に立候補していた。北部のさまざまな指導者、ビジネスマン、政府関係者に話を聞くと、ヤラドゥアは一九九九年と二〇〇三年、二度の知事選に勝利したが、この選挙運動に多大な資金を提供したのがマンガルだった。

しかし、このような政治支援でマンガルの事業が安泰になったわけではない。二〇〇五年ごろ、大統領に再選されて二期目を務めていた元軍指導者のオルシェグン・オバサンジョが、国内の繊維産業に打撃を与える密輸を取り締まる決意を固めた。大統領への陳情活動をしているあるコンサルタントによれば、大統領はこのとき、密輸の中心にいるのがマンガルという男であることを知った。

そこでオバサンジョは、改革派として名高い北部出身の大臣ナシル・エル＝ルファイを派遣し、マンガルに密輸から手を引かせようとした。⑩話によるとエル＝ルファイは、資金源となるマンガルを庇護《ひご》していたヤラドゥアと合意のうえ、今後は合法的なビジネスに取り組むことをマンガルに約束させたらしい。

その場でマンガルはこう言い放った。「なぜオバサンジョは、私を密輸業者呼ばわりするんです？　私の仕事は物流の管理ですが、密輸されたものなど買っていません。サービスを提供しているだけですよ」それでもマンガルは、自分が取引ルートで使っている六〇〇台のトラックを、石油精製品の輸送に切り替えることを約束したはずだった。ちなみに石油精製品もまた、ナイジェリアの政界につながる有力実業家が昔から金儲けに利用していた商品である。しかし、繊維製品の違法取引はその後も続いたため、マンガルの事業に厳しい視線が注がれるようになった。ナイジェリアの経済金融犯罪委員会（ＥＦＣＣ）は、かつては政治的な報復を行うための道具に過ぎなかったが、当時は精力的に不正を取り締まるヌフ・リバドゥに率いられ、ある程度の影響力と独立性を確保していた。その委員会がマンガルに目をつけたのだ。⑪しかしその後、ナイジェリア政界はまたしてもマンガルの事業を黙認することになる。

オバサンジョは大統領の三選を可能にする憲法改正を試みたが、それが失敗に終わると、舞台裏から影響力を行使することにした。そして二〇〇七年の大統領選では、国民民主党の立候補者として、辺境のカツィナ州で知事を務めるヤラドゥアを擁立《ようりつ》した。国民民主党の勢力を考えれば、これは大統領の後継にヤラドゥアを指名したことを意味する。この大統領選でマンガルは、ＥＦＣＣの監視下にあるほかの支援者とともに、ヤラドゥアに資金を提供した。するとヤラドゥアが大統領に就任して間もなく、支援者に褒美《ほうび》が与えられた。リバドゥが解雇され、ＥＦＣＣが骨抜きにされたのだ。同じくヤラドゥアに追放されたエル＝ルファイは言う。「ヤラドゥアが大統領になった瞬間、マンガルは自由に行動する権利を手に入れた」これもまた、北部の繊維産業を追いつめる一因となった。

マンガルなど、ナイジェリア北部の犯罪組織の指導者たちが主導権を握り始めたのは、ニジェール・デルタで石油が発見されたころにさかのぼる。見捨てられた繊維工場労働者の苦しみが始まったのもそのころだ。

ロイヤル・ダッチ・シェルは、ニジェール・デルタで大量の原油を発見してから三年後の一九五九年、アメリカのエクソン（現エクソンモービルの前身の一つ）と共同でオランダ北部のスロフテレンという村で掘削を行い、ヨーロッパ最大級のガス田を発見した。ガス田の発見はさらに続いた。しかし同社は間もなく、この発見を喜ぶべきかどうか疑問視するようになった。その近辺で、エネルギー産業以外の労働者が職を失い始めたからだ。[12] つまり、ほかの産業部門が衰えてしまったのである。エコノミスト誌は一九七七年、このような状況を「オランダ病」と呼んだ。

オランダのような富裕なヨーロッパの国であれば、ほかの多くの国よりは抵抗力があるかもしれない。しかしこの病《やまい》はオランダ特有のものではない。オランダ病は世界中どこでも見られる。しかもそれは、多くの場合、貧困と抑圧を生み出す。

この病気は、貨幣を通じて国に入ってくる。輸出された炭化水素資源、鉱物資源、鉱石、宝石にドルが支払われると、自国通貨の価値が上がる。すると、国内製品に比べて輸入品のほうが安くなり、自国の企業が弱くなる。こうして輸入品が国内製品に置き換わると、地元の農民は耕作地を放棄する。それでも工業化が始まれば、このプロセスは後退していくが、このような状況になってしまうと工業化はなかなか進まない。天然資源を加工すれば、その価値を四〇〇倍にできるかもしれない。だが工業力のないアフリカの資源国家では、原油や鉱石がそのままの形で流出していき、どこかほかの場所でその価値を高める加工が行われる[13]。

こうして経済的な依存症の悪循環が始まる。ほかの産業が衰えると、天然資源への依存率が高まる。天然資源ビジネスにしかチャンスはなくなるが、わずかな人々しかそのチャンスはつかめない。鉱山や油田の開発には莫大な資金が必要になる反面、農業や製造業に比べ、労働力は少なくてすむからだ。配電網や道路、学校といったインフラを整備すればチャンスは広がるが、石油や鉱物資源によってほかの産業が衰退していくため、インフラ整備もおろそかになってしまう。

アフリカは、慢性的なオランダ病で衰弱している。大量雇用を生み出すような産業基盤を持つ幅広い経済活動が生まれるどころか、貧困が蔓延している。天然資源産業を支配する人々にしか利益が回ってこないのだ。アフリカ経済全体の生産高に占める製造業の割合は、一九九〇年には一五パーセントだったが、二〇〇八年には一一パーセントに下がっている[14]。電気通信事業や金融サービス業は発展しているが、工業化への道は閉ざされている。ブラジルやインド、中国といった「新興市場」は、自国の経済を転換しつつある。だがアフリカの資源国家に目を向けてみると、いまだに工業製品供給プロセスの最下層に縛りつけられたままだ。二〇一一年の世界全体の製造業の生産高に占めるアフリカの割合は、一パーセント程度でしかない。この数字は二〇〇〇年からまったく変わっていない[15]。

アフリカにも、製造業が定着している国がある。たとえば南アフリカでは、プラチナを使って触《しょく》媒《ばい》コンバーター（自動車の排気ガスの有害成分を低減する装置）を製造している。ボツワナでは、ダイヤモンドのカッティング産業や研磨産業が生まれ、ダイヤモンドの価値付加プロセスを国内で行っている。しかし、こうした国はまれだ。かつてはコンゴのキンシャサ郊外でゼネラルモーターズが組立工場を運営していたが、今は廃墟と化している。ルアンダの住宅地のスーパーには豆の缶詰が八種類もあるが、自国の製品は一つもない。アンゴラにはドイツの国土に匹敵する耕作地があるにもかかわらずである。過去一〇年間に商品相場が急騰し、ヘッジファンドや投資アナリストはアフリカの経済見通しに大いに期待していた。だがこの急騰により、天然資源産業以外ではかえって事態が悪化したと思われる。この間ナイジェリアのＧＤＰは五パーセント以上の年間成長率を記録したが、失業率は二〇〇五年から二〇一一年の間に一五パーセントから二五パーセントに上昇した[16]。若者の失業率は四〇パーセントに及ぶと推計される。

　これまで正確に記録されてこなかった電気通信業や金融業といったサービス業の増加を考慮し、二〇一四年のＧＤＰを再計算した推計がある。それによると、アフリカ最大の人口大国であるナイジェリアは、南アフリカを超えてアフリカ最大の経済大国になる。統計の数値が変わったからといってナイジェリアの貧困状況が変わるわけではないが、この数値によれば、ＧＤＰに占める石油生産の割合は半分の一四パーセントに減る。エコノミスト誌は言う。「この再計算された数値を見るかぎり、ナイジェリアは単に石油だけの土地ではない。もはやナイジェリアが軽視できない国に見える[17]」

　だが実際のところ、石油によりナイジェリア経済があまりに腐敗しているため、地道に金を稼ごうとしている人々の前途は暗い。ラゴスの旧家出身のイギリス系ナイジェリア人で、ビジネス経験の豊富なリチャード・アケレレは最近、アフリカの空港に新たなスイートクラス対象便を就航させる仕事をしている。いつも陽気な笑顔を絶やさない男だが、そんな彼でさえ希望を失いつつある。

アケレレは言う。「ここには何でもある。それこそ何でもだ。それなのに国民も社会も貧しい」

私たちは、ラゴスのある島の水辺に立つバーに座っていた。ラゴスの住宅地は水路が入り組んでおり、島になっているところがいくつかある。太陽のきらめくこの水路が、裕福な人が暮らす島と、その他大勢が住む本土とを隔てているのだ。本土は、乗客がぎっしり詰まった黄色のバス、アフロビートや発電機の騒々しい音、反抗的なとげとげしい表情をしたスラム街の住人であふれ返っている。

アケレレの世代は、ナイジェリアの現状に深く心を痛めている。彼の言うことは正しい。ナイジェリアには何でもある。肥沃《ひよく》な土地も、膨大な天然資源もある。独立後の数年間、アフリカ人の羨《せん》望《ぼう》の的になった大学もある。簡単に外国に行けるため、知性や創意工夫の才能にも事欠かない。ノーベル文学賞を受賞した作家もいる。経験豊かなビジネスマンもいる。だが石油が、ナイジェリアの心臓部をむしばんでいる。アケレレはしばらく、イギリスの大企業ロンローのタイニー・ロウランドと仕事をしたことがある。世間を騒がせることも多かった、アフリカで大成功を収めた鉱山王の一人である。そのためアケレレは、これまでアフリカやナイジェリアで天然資源産業がしてきたことについて、誰よりもよく知っている。

ある晩、私はアケレレとナイジェリアにはびこる害悪を批判しながら、バーで楽しい夜を過ごした。午前三時ごろになってほかの客が姿を消し、私たち二人だけになると、アフリカが今後どうなると思うかアケレレに尋ねてみた。すると、いつもは陽気な表情を曇らせて言った。「アフリカは鉱山になる。そしてアフリカ人は世界のごくつぶしになる」

アラバの電化製品市場は、アフリカ最大を自称している。この市場は、二〇〇〇万人のラゴス市民が暮らす本土を弧《こ》を描くように走る高速道路沿いに広がっている。道路はいつも渋滞しており、高速道路という名称が信じられないぐらいだ。ここでは、冷蔵庫や電話、ステレオやテレビなど、中流階級を象徴するものが販売されている。商人たちは、こうした快適な生活用品をより多くの市民に届けられるようになったことを喜んでいる。安い中国製品が届くようになってから、エリート以外の人々もこの市場を訪れるようになったのだ。しかし、北部の繊維市場と同様、外国製品があふれているということは、国内で力強い製造業がほとんど発展していないことを意味する。

私が山ほどある白物《しろもの》家電の中を歩き回っていると、ある商人が私を脇に引き寄せた。オコリエという名のその商人は、五九歳だった。三〇年間ラジオを売り続けており、ナイジェリアの石油依存の政治がどのような需要や供給を生み出すのかをよく把握していた。

オコリエの話によれば、売上は低調だという。私がこの市場を訪れたのは二〇一〇年五月だった。ちょうどギリシャが債務不履行の危機に瀕していたころだ。そのため私は、アラバの売上が不振なのは、そんな苦境にあるグローバル経済の影響なのではないかと思ったが、そうではなかった。オコリエが説明してくれた。「大統領が病気になってから、カネが回ってこないんだ」

ウマル・ヤラドゥアは、大統領になるかなり以前から健康を害していた。やがて大統領に就任すると、タクシーの中や、ビジネスマンや政治家が集まるホテルのバーなどで、ヤラドゥアの腎臓の具合が人気の話題となった。二〇〇九年の暮れになると、今度は心臓がおかしくなった。ヤラドゥアは治療のためサウジアラビアに緊急搬送され、政治の停滞を招いた。

アラバの市場が不振に陥ったのは、こうして利権政治が急停止してしまったからだ。これは、処刑されたニジェール・デルタの活動家ケン・サロ＝ウィワの娘、ノー・サロ＝ウィワが「契約政治《コントラクトラシー》」と呼んだものを如実に示している。(18) ナイジェリアでは、政府からの受注契約を通じて、請負業者やその受注に絡む役人や政治家に資源レントが流れていく。これまでは、こうした怪しげな収入を得た人々が、アラバの市場などで金を使っていた。しかしヤラドゥアが長く病床にあり、それに続いて権力闘争が起きると、契約が交わされなくなった。略奪システムから流れ出る金が一時的に滞《とどこお》ってしまったのだ。しかしオコリエは、さほど心配していない。契約政治はすぐ元に戻るという。おそらく、契約により提供されるはずの公共財が実際に提供されることはない。燃料は補助金を支給されても市民には行きわたらず、道路の穴は放置され、電気はつかないままだろう。それでも、影の経済は再び動き始める。「政府が請負業者にカネを渡せば、こちらに回ってくる」とオコリエは言う。

オコリエは、資源国家の仕組みについて本質的な部分を見抜いていた。アメリカ独立戦争の際、アメリカ植民地軍は、イギリス人支配者に対して自分たちの権利を要求し、「代表なくして課税なし」と主張した。これは逆も言える。課税がなければ、国民を代表する必要はない。資源国家の支配者は、国民に税金を払ってもらっていない。つまり国民に借りはないということになる。

アフリカ全体で、直接税（個人所得や企業利潤にかかわる税）の税収と、資源の掘削や輸出にかかわる税収とを比較してみると、三対五で後者のほうが多い。(19) マリでは、金《きん》などの鉱物資源収入が、政府収入の二〇パーセントを占める。産油国のチャドでは、天然資源収入が総収入の半分以上に及ぶ。ナイジェリアでは、原油と天然ガスの売上が政府収入のおよそ七〇パーセントを生み出している。誕生したばかりの南スーダンでは、この数字は九八パーセントに達する。先進国では、政府収入は主に、直接税や間接税、関税、国家資産の売却に頼っている。いずれも国民の同意を必要とするものだ。しかしアフリカでは、こうした収入よりも、資源マネーを途切れさせないようにすることのほうがはるかに大切なのだ。二〇一四年のナイジェリアのGDPを前述のように再計算してみた場合、石油産業からの税収を取り除くと、国民に頼っている政府収入はわずか四パーセントしかない[20]。

アフリカの資源国家の支配者は、国民の同意を得なくても国を統治できる。それが資源の呪いの核心にある。資源ビジネスがあるかぎり、支配する者と支配される者との社会契約は成立しない。社会契約とは、ルソーやロックといった政治哲学者が提唱した理論である。政府は、国民の同意を得て、国民の自由をある程度奪う代わりに、国民共通の利益を守る。そうすることで政府は、国民から正統性を認められる。これが社会契約である。だが資源国家の国民は、支配者の責任を問うこともできず、略奪の分け前を手に入れようとするだけの存在に成り下がってしまう。このような状態は、サウジアラビアの王族やカスピ海沿岸諸国の絶対的指導者など、専制君主にとって理想的な財政システムを生み出す。生涯にわたりアフリカの貧困の原因を研究しているオックスフォード大学の教授ポール・コリアーは、収集したデータを見ると、さらにいっそう悪質な影響があることがわかるという。「資源の呪いでいちばん怖ろしいのは、民主主義がうまく機能しなくなることだ[21]」

コリアーの推計では、資源レントがGDPのおよそ八パーセントを超えると、公正な選挙を行っている国のほうが、独裁政治を行っている国よりも経済成長率が三パーセント低くなるという。国民所得のかなりの部分を天然資源産業に頼っている国では、選挙の意義が損なわれてしまうということだ。通常、選挙競争は健全なものであり、選ばれた議員はそれにより正統性を与えられる。ある政党を議会から追放してしまうことも可能だ。しかし、民主主義の皮をかぶった資源国家では、権力を手に入れる方法も権力を振るう方法も一変する。多数の民族が入り乱れている国ではさらに事態が悪化し、いっそう利益誘導が行われるようになる。コリアーはこう記している。「利権政治が割に合わない社会では、政治に関心のある人は、提供される公共サービスに関心を抱く場合が多い。だが、利権政治が割に合う社会では、言うまでもなくこれが逆に作用する。民主的な手続きを通じて、利他主義者よりも利己主義者が権力を握る傾向がある」そして、こうした資源国家の政治法則についてこう述べている。「もっとも肥え太った者が生き残る」

　利権を通じて権力を維持しようとすれば金がかかるが、その代わりに自分も裕福になれる。しかし盗み取った金は、そのままにはしておけない。そのため、その一部を使って利権ネットワークに金をつかませる。また、一部は選挙の買収に使う。だが大半は、海外へ避難させる。アメリカ上院の報告書によれば、アフリカの資源国家の泥棒政治家たちは、ＨＳＢＣやシティバンク、リッグスといった銀行を利用し、略奪した金をアメリカだけで数百万ドルも隠しているという。しかも、海外の租税回避地《タックスヘイブン》に設立した謎のオフショア会社を通じて金を移動させることで、略奪した金の出所を隠している場合が多い。[22] しかし中には、国内でマネーロンダリングしなければならない金もある。

　アラバの電化製品市場から、ラゴスの息苦しい大通りを一、二時間ほど車を走らせると、金融街に近い緑の多い通りに出た。その通りに、きわめて優秀なナイジェリア人の若者をそろえた会社のオフィスがある。そのオフィスを取り仕切っているのが、ビスマルク・レワネだ。髪を後ろになでつけ、派手なピンストライプのスーツを着たナイジェリア有数の敏腕投資家である。レワネは、多大な可能性のある国を嘆かわしい混乱状態に陥れた悪政を手厳しく批判し、世界で二六番目の経済大国であるこの国が貧困にあえぐ謎を突き止めようとしている。そんな彼が頭を悩ませているのが、この国の経済のゆがみだ。そのゆがみの中には、はっきり目につくものもある。石油が物価や為替レート、金融システムに与える影響などだ。しかし最大のゆがみは、ほとんど目につかない。それは、盗み取られた金が国内経済に流れ込んだときの影響である。

レワネは言う。「金は支配層が握っている。利権政治を通じて権力を維持するために、金が必要なんだ。その金は、隠しておかなければならない性質のものだから、公然と投資するわけにはいかない」こうした裏金が、開発途上国の経済に流れ込んでいく。その影響を数値化することはまずできない。マネーロンダリングをする人たちはたいてい、裏金で利益を上げることを考えるよりもむしろ、裏金をできるだけ早くほかの資産に変えてしまおうとする。そのため、財やサービスを適正価格以上の価格で進んで購入する。その結果、銀行業や不動産業を始め、あらゆる産業の経済がゆがんでいく。また、国の主な経済資産が少数の人々の手にますます蓄積されていく。アンゴラのフトゥンゴが富の略奪に利用していた国有石油企業ソナンゴルも、不動産や金融、航空に手を広げていた。それに、不正に得た金を、経済を刺激するために還流させるのではなく、銀行口座や地下室に置いておくだけという場合もある。私がレワネに、いくらぐらいの金が行き場もなく閉じ込められていると思うか尋ねると、レワネは声を上げて笑った。「それはもう〝神のみぞ知る〟額だよ」

私は続けて、こうした不正の結果、ナイジェリア経済全体がどうなるのかと尋ねた。「どの金も不正に手に入れた金ばかり、そんな不完全な経済環境では、経済の仕組みはまったく機能しない」

合法的にビジネスをしていても成功できないところでは、犯罪がはびこる。ニューヨークでもナポリでも、マフィアは何かを意図的に不足させ、その供給をコントロールすることで利益を上げる。ナイジェリア北部の悪党もそれと変わらない。確かにダヒル・マンガルは、ナイジェリアの繊維産業の崩壊に直接かかわっているわけではないのかもしれない。繊維産業が崩壊したのは、配電網や道路の不備のせいもある。オランダ病や石油にからむ汚職が繊維産業の首を絞めたとも言える。それに、ナイジェリア税関に賄賂を渡しているのは、マンガルだけではない。シェルは二〇〇四年から二〇〇六年にかけて、ナイジェリア税関に二〇〇万ドル相当の賄賂を払ったことを認めている。巨大な海底油田ボンガに必要な物資の輸送を滞りなく行うためだ。スイスの物流グループ、パナルピナがナイジェリアの役人に賄賂をばらまく秘密工作の一環として行われたもので、その一部がシェルのために支払われたという。帳簿には、これらの賄賂が「退避」「特別処理」「事前譲渡」として記帳されていた。[23]しかしマンガルは、オランダ病で荒廃した土地をさらに荒らし、ナイジェリア北部の経済が回復する可能性をいっそう弱めてしまった。

一九七〇年代初めから八〇年代半ばにかけて、二度の石油危機で原油の価格が一バレル三ドルから三八ドルに跳ね上がった。[24]その結果、ナイジェリアの通貨ナイラの価値が飛躍的に高まり、ドル安になったことで、誕生したばかりの産業基盤は冷え込んでしまった。「それと電力危機が相まって、工業や農業が壊滅した」と元大臣のナシル・エル＝ルファイは言う。「産業が崩壊していくにつれて、マンガルのような人間がそこにチャンスを見つけた」

横領が蔓延し、個人的利益のために官公庁を操作するような政治経済が定着する。そうなると、政府からの受注契約は本来、工業化を支える公共財（きちんと稼働《かどう》する電力システムなど）を維持するために行われるべきなのに、それが時の支配者の仲間に悪用されてしまう。アンゴラと同じだ。石油以外の産業が衰退するにつれ、富を横領しようとする傾向が強まり、略奪の悪循環がとめどなく続く。ナイジェリア北部の繊維産業が崩壊すれば、輸入品の衣類や布に対する新たな需要が生まれる。マンガルはその市場への支配を強め、国内産業が復活する可能性の芽を摘み取ってしまったのだ。

マンガルは膨大な規模で密輸活動を展開し、ナイジェリア北部の国境地帯で支配権を確立した。聞いた話では、北部の政界の重鎮はほとんどマンガルの手の内にあるという。ナイジェリアの国民議会の北部選出議員で、税関の調査を統括しているヤクブ・ドガラが話をしてくれた。「税関に便宜を図ってもらっている人はたくさんいます。みな現状維持を望んでいるんです」(25) 私は、マンガルが密輸活動の中心にいるのではないかとほのめかしながら、マンガルの役割について尋ねてみた。するとドガラは答えた。「数名の首謀者はよく知られています。税関でもわかってはいるんですが、彼らを追い詰めるほどの力がないんです」そこでドガラは間を置いた。「あなたが先ほど述べた人物には、誰も手出しできません。誰も」

マンガルは、ウマル・ヤラドゥアの選挙運動資金を提供することで、ナイジェリアの石油を利用して支配権を維持する富裕層の最上位に位置する人間の庇護を受けた。さらに、幅広く国民民主党に莫大な資金を提供し、絶え間ない内紛から身を守る防波堤を築いた。マンガルは、オバサンジョ政権におけるアンディ・ウバのような存在だ。ウバはアメリカに在住するナイジェリア人で、一九九九年に大統領に就任したオバサンジョに取り入って補佐官となり、石油の裏取引で有名な存在になった。マンガルもウバ同様、「策士」との異名を持つ。アメリカの外交電報に、北部のあるビジネスマンの話が引用されている。それによればマンガルは、「ヤラドゥアが望めばどんな汚いことでも」するという。[26] ヤラドゥアは、ナイジェリア北部の左派寄りの政治思想の中で育ったが、病弱なため、高官と泥棒とが同義語であるナイジェリアの石油依存政治を改める力も意思も持っていない。かつて自分のことを「金めっきの檻《おり》」の住人だと表現したことがあるが、これは明らかに、自分を取り巻く貪欲《どんよく》な側近たちを指していると思われる。[27]

ヤラドゥアがサウジアラビアの病院へ緊急搬送されるとすぐに、彼が復帰しない事態に備え、ナイジェリア政界の実力者たちが有利な地位を得ようと画策を始めた。数週間でナイジェリアは本格的な危機に陥った。カドゥナ同様、一触即発の中央ベルト地帯にある都市ジョスでは、対立している住民の間で暴動が発生した。ニジェール・デルタの過激派が停戦協定を破棄し、砲撃を再開した。このアフリカの石油大国は、指導者もいないまま災厄に向かって突進しているかのようだった。名目上は副大統領のグッドラック・ジョナサンが政権を担うことになっていたが、ジョナサンにはそれだけの力がない。しかも「カバル（派閥）」と呼ばれるヤラドゥアの側近たちは、あくまでも権力にしがみつき、南部出身のジョナサンに政権を引き渡そうとしない。こうしてカバルは二〇一〇年初めの緊迫した数か月の間に、ナイジェリアを思いのままに支配した。

カバルには、ヤラドゥアが信頼する一握りの北部出身の補佐官とともに、二人の男が含まれていた。二人がここに含まれているということは、権力の最上層部にまで組織犯罪が浸透していたことを如実に物語っている。その二人とは、ジェームズ・イボリとダヒル・マンガルである。イボリは、ニジェール・デルタの武装勢力の一兵卒から身を起こし、産油地帯にある三州の一つ、デルタ州の知事にまでなった男だ。相手を震え上がらせるような目つきをした堂々たる人物で、多数の最高級車、豪勢な家、二〇〇〇万ドルの自家用ジェット機など、莫大な財産を所有している。(28) 二〇〇七年の大統領選の際には、国民民主党の副大統領候補指名争いに惜しくも敗れたが、マンガルと同じように、ヤラドゥアの選挙運動にかなりの資金を提供したといわれる。

ナイジェリアでは健全な大統領でさえ、反乱や暗殺などで任期をまっとうできずに終わる。ヤラドゥアの腹心たちはそれを十分に知っていながら、貪欲に利益をため込むばかりで、ライバルを抑えておくのに十分なほどの利益を周囲に分け与えてはいなかった。ヤラドゥアが海外での治療を余儀なくされ（ナイジェリアの医療はあらゆる公共財と同様、崩壊するままに捨て置かれていた）、カバルが政権を譲ることを拒否すると、大規模な事業計画が立ち行かなくなり、やがてクーデターの噂が流れた。そのときになってようやくカバルは、一介の下級将校でさえ、自分たちのような文民に政府を任せておくことはできないと考えていることに気づいた。このままでは、略奪システムの支配権が自分たちから奪われかねない。そう考えたカバルは最後の手段として、ヤラドゥアを真夜中に故国に連れ戻し、ヤラドゥアが回復したように見せかけて、首都アブジャの街路に軍隊を展開させた。すると、ナイジェリアの石油の最大の輸入国であるアメリカは、異例なほど率直な警告を発した。アフリカ担当のジョニー・カーソン国務次官補がこう述べたのだ。「ヤラドゥア大統領の側近たちが、ナイジェリアの秩序を乱そうとして大統領を故国に帰還させたわけではないことを望む」(29) 実際カバルはそのつもりだったのだが、試みは失敗に終わった。

自分たちがコントロールできないほどの規模で事態が複雑化することを怖れたカバルは、結局グッドラック・ジョナサンを支持することにした。ジョナサンは自分の力不足を補うため、略奪システムをフル稼働させ、利益をあちこちに分配するだろうと思われたからだ。こうしてジョナサンは大統領代行に指名され、やがてヤラドゥアが死ぬと、正式に大統領に就任した。

ヤラドゥアの息がかかった者は、大半が速やかに排除された。彼らが権力に守られていた時代は終わった。それを象徴するのが、ジェームズ・イボリのその後である。イボリはドバイに逃げたが、そこで拘束されてロンドンへ送還された。ロンドンで起訴されていたからだ。イギリス当局が、ロンドンの不動産市場に注ぎ込まれた外国の不正利得を追及するのは、きわめてまれである。イボリは結局、マネーロンダリングと不正行為の罪を認め、二〇一二年四月に懲役一三年を言い渡された。

一方マンガルは、イボリのような運命を免れた。イボリと違ってマンガルは、政治的な便宜だけに頼っていたわけではなく、オランダ病も味方につけていた。中国の無数の模造業者、ナイジェリアの繊維製品流通業者、賄賂で動く税関職員とも手を結んでいた。それにグッドラック・ジョナサンは、これまで国民民主党に多大な資金を提供してきたマンガルに戦いを仕掛けるほどばかな男ではなかった。そもそも党内には、策略に長《た》けた州知事や分離派の勢力など、それ以上に危険なライバルが無数にいるのだ。ヤラドゥアが任期途中で退き、ジョナサンがその跡を継いだ結果、北部出身者と南部出身者で政権を持ち回りにし、レントを分け合うという党内の暗黙のルールが崩れてしまった。そんな中で南部出身のジョナサンが、影響力のある北部出身のマンガルを敵に回しても、何の得もなかった。

いつかマンガルの密輸帝国が崩壊する日が来たとしても、それでナイジェリア北部の繊維産業が救われるわけではない。かつての栄光を取り戻すことなど、夢のまた夢である。工場労働者を窮地に陥れている原因は、犯罪組織の活動にあるというよりもむしろ、石油依存の経済構造にある。ニュースなどでGDPの数字だけを見れば、ナイジェリアは急成長しているように見えるが、北部は崩壊しつつある。ボコ・ハラムなど北部のイスラム過激派はISに忠誠を誓い、治安部隊の手に負えない存在となっている。政府が腐敗し、ビジネスチャンスもない状況では、こうした武装グループに参加する人間は増えるばかりだ。

資源に頼りきってゆがんだ経済は、専制的な政権やその協力者が栄える土壌を生む。マンガルの密輸網は、アフリカの資源国家の経済構造から利益を得るために生まれたネットワークの一例に過ぎない。こうしたネットワークは、国、宗教、商品によって異なるが、共通する部分もある。第一に、公益と個人的利益があいまいになっている。第二に、グローバル化の暗部を利用して取引が行われる。この暗部では、犯罪企業と国際取引が一体化している。第三に、石油産業や鉱業の力に依存し、ごく限定された経済を生み出す。このような経済で富を手に入れることができるのは、ごく少数の強圧的な支配層、および賄賂をばらまいて支配層に取り入る人々だけだ。

こうしたネットワークには、数十年前、あるいはアフリカ独立以前にさかのぼるものもあるが、最近形成されたネットワークもある。その中の一つは、冷戦終結以来、いや独立以来最大のアフリカ情勢の激変を通じて生まれた。その激変とは、アフリカの天然資源に中国が目をつけたということだ。

［原注］

（1）密輸行為の詳細については、二〇〇九年から二〇一三年にかけて、ナイジェリア北部の政治家、官僚、ビジネスマン、そしてアブジャやカツィナ、カノ、カドゥナの繊維関連コンサルタントに行ったインタビューに基づいている。

(2)専門家の推計によると、ナイジェリアに密輸される繊維製品の総額は、年間一五億ドルから二一億ドルに達する。この部門全体の輸入額との比較については、国連貿易開発会議の二〇〇九年のデータを参考にした。UnctadSTAT database, unctadstat.unctad.org.

(3)貧困率の値は、世界銀行の二〇一〇年のデータによる（本稿執筆時における最新のデータ）。http://data.worldbank.org/indicator/SI.POV.DDAY.

(4)二〇〇九年から二〇一三年にかけて、さまざまな場所で著者が業界コンサルタントに行ったインタビューによる。以下も参考にした。Volker Treichel, ed., *Putting Nigeria to Work: A Strategy for Employment and Growth*（Washington, DC: World Bank, 2010）, 52.

(5)Treichel, *Putting Nigeria to Work*, 52.

(6)UN Industrial Development Organization, 'Textile and Garment Industry Sector Study in Nigeria: Technical Report for the Federal Government of Nigeria,' UNIDO, July 2009.

(7)Hassan A. Karofi and Lawal Ibrahim, 'Dahiru Barau Mangal - Enter Yar'Adua's "Mr-Fix-It"', *Daily Trust*, 10 August 2008, http://allafrica.com/stories/200808110682.html.

(8)ナイジェリア北部の情報筋がアメリカ大使館職員にそう語っている。以下を参照。US Embassy Cable, 'Nigeria: Kano Businessman Alleges Yar'Adua Corruption,' 21 February 2008, WikiLeaks, 8 December 2010, www.wikileaks.org/plusd/cables/08ABUJA320_a.html. 繊維産業のコンサルタントもこの手数料額に同意している。

(9)同前。

(10)二〇一三年四月にアブジャで、著者がナシル・エル＝ルファイに行ったインタビューによる。

(11)二〇一三年四月にアブジャで、著者が経済金融犯罪委員会（ＥＦＣＣ）の元委員に行ったインタビューによる。二〇一一年九月にウィキリークスが、アブジャのアメリカ大使館が二〇〇八年一一月に送った外交電報を公開したが、そこにはこう記されている。「リバドゥが、元ＥＦＣＣ委員や友人のイブラヒム・マグのことを心配していた。マグの身が危ないという。ダヒル・マンガル（ヤラドゥア家やその政府との関係について現在調査が行われている）と大統領との関係や、合法的な会社を装ったマネーロンダリングについて詳しく知っているからだ」'Nigeria: Further Harassment of Former Efcc Chair Ribadu', 25 November 2008, WikiLeaks, www.wikileaks.org/plusd/cables/08ABUJA2307_a.html.

(12)Jan L. van Zanden, *The Economic History of the Netherlands 1914-1995: A Small Open Economy in the 'Long' Twentieth Century*（New York: Routledge, 1997）, 165.

(13)南部アフリカ開発共同体の二〇〇〇年からの研究による。以下に引用されている。Economic Commission for Africa, 'Minerals and Africa's Development: The International Study Group Report on Africa's Mineral Regimes', November 2011, www.uneca.org/sites/default/files/publications/mineral_africa_development_report_eng.pdf.

(14)UN Industrial Development Organization（UNIDO）and UN Conference on Trade and Development（UNCTAD）, 'Fostering Industrial Development in Africa in the New Global Environment, Economic Development in Africa Report', UNCTAD, July 2011, http://unctad.org/en/docs/aldcafrica2011_en.pdf.

(15)Ecobank, 'Six Top Trends in Sub-Saharan Africa's Extractives Industries', 23 July 2013, www.ecobank.com/

upload/20130813121743289489uJudJb9GkE.pdf; UNIDO and UNCTAD, 'Fostering Industrial Development in Africa in the New Global Environment'.

(16) 'Equity in Extractives', Africa Progress Panel, 2013, http://africaprogresspanel.org/wp-content/uploads/2013/08/2013_APR_Equity_in_Extractives_25062013_ENG_HR.pdf.

(17) 'Step Change', *The Economist*, 12 April 2014, www.economist.com/news/finance-and-economics/21600734-revised-figures-show-nigeria-africas-largest-economy-step-change.

(18) Noo Saro-Wiwa, *Looking for Transwonderland:Travels in Nigeria* (Berkeley, CA: Soft Skull Press, 2012), 241.

(19) 以下のデータに基づいて計算した。African Development Bank, 'African Economic Outlook 2013', www.undp.org/content/dam/rba/docs/Reports/African%20Economic%20Outlook%202013%20En.pdf.

(20) たとえば、以下を参照。Razia Khan（スタンダードチャータード銀行のアフリカ調査課長）, *An Extra Strong MINT*, Chatham House, February/March 2014, www.chathamhouse.org/sites/files/chathamhouse/public/The%20World%20Today/2014/FebMarch/WT0114Khan.pdf.（訳注：リンク切れ）

(21) Paul Collier, *The Bottom Billion: Why the Poorest Countries Are Failing and What Can Be Done About It* (Oxford, New York: Oxford University Press, 2008), 42ff.（邦訳：『最底辺の10億人——最も貧しい国々のために本当になすべきことは何か?』中谷和男訳、日経BP社、二〇〇八年）。

(22) US Senate Permanent Subcommittee on Investigations, 'Keeping Foreign Corruption Out of the United States: Four Case Histories', February 2010. この委員会の報告書には、ガボンのオマール・ボンゴ、赤道ギニアのテオドロ・オビアン・ンゲマ、ナイジェリアのアティク・アブバカルが不正に取得した資金を、親族を

通じてアメリカに移動していた経緯が詳細に記されている。

(23)二〇一〇年一一月、パナルピナとそのアメリカの子会社、およびシェルなど石油・天然ガス企業五社は、海外腐敗行為防止法違反を認め、刑事および民事上の罰金として二億三七〇〇万ドルの支払いに応じた。パナルピナはこの際、アンゴラ、アゼルバイジャン、ブラジル、カザフスタン、ナイジェリア、ロシア、トルクメニスタンでの贈賄を認めた。アメリカ司法省はこう述べている。「シェルを含むパナルピナの顧客は、ナイジェリアにおける企業利益のために贈賄を容認し、帳簿や会計記録にその賄賂を合法的な事業支出として虚偽記載した」US Department of Justice, 'Oil Services Companies and a Freight Forwarding Company Agree to Resolve Foreign Bribery Investigations and to Pay More Than $156 Million in Criminal Penalties', 4 November 2010, www.justice.gov/opa/pr/oil-services-companies-and-freight-forwarding-company-agree-resolve-foreign-bribery.

(24)Martin Meredith, *The State of Africa* (London: Simon and Schuster, 2006), 276; John J. Struthers, 'Nigerian Oil and Exchange Rates: Indicators of "Dutch Disease"', *Development and Change* 21, no. 2 (April 1990): 318-327.

(25)二〇一〇年五月に著者がヤクブ・ドガラに電話で行ったインタビューによる。

(26)US Embassy Cable, 'Nigeria'.

(27)Tom Burgis and Matthew Green, 'Reformist Restrained by "Cabal" Capitalising on His Frailty', *Financial Times*, 6 May 2010, www.ft.com/intl/cms/s/0/646dd1ae-58fb-11df-90da-00144feab49a.html#axzz3EoXwAFEn.

(28)Caroline Binham and Tom Burgis, 'Ibori Pleads Guilty to Laundering Public Funds', *Financial Times*, 27 February 2012, www.ft.com/intl/cms/s/0/88bb8bbe-6169-11e1-8a8e-00144feabdc0.html#axzz3EoXwAFEn.

(29) Tom Burgis, 'Yar'Adua's Return Provokes US Warning', *Financial Times*, 24 February 2010, www.ft.com/cms/s/0/c628c23c-20d9-11df-b920-00144feab49a.html#axzz3HpltffT1.

第3章

“関係《グワンシー》”

1990年代から中国の経済は急速に成長した。中国の国有企業はアフリカに豊富な資源を求めて進出したが、植民地時代から油田や鉱脈を支配してきた欧米企業に取って代わることは容易ではなかった。そこで重要になったのが、中国独自の価値観に基づいた“関係《グワンシー》”である。個人的なつながり、という意味の“関係《グワンシー》”を多く持ち、アフリカにおけるビジネスで暗躍し、大物とみなされるひとりの中国人実業家の足跡を追う。

二〇世紀最後の二〇年の間に、世界人口の五分の一を抱える中国は急速な経済成長を遂げ、大国の一員に返り咲いた。江沢民率いる中国共産党指導者たちが、市場経済らしきものを慎重に導入するとともに、政治的な統制も遠慮なく行うことで、それを成し遂げたのだ。そして二〇世紀も終わりが近づいてきたころ、ここが「走出去（対外進出）」の潮時だと判断し、中国の国有企業に世界進出を指示した。中国は経済を開放し、世界貿易機関（ＷＴＯ）に参加することで外国企業との競争に打って出た。そして、国内の工場で大量に生産される製品を販売する新たな市場、あふればかりの労働人口を吸収してくれる海外での雇用、建設企業グループの受注契約を探し求めた。中でも熱心に求めたのが、自国の経済の糧《かて》となる天然資源である。一九九〇年代初頭から二〇一〇年までの間に、製錬金属の世界消費に占める中国の割合は、五パーセントから四五パーセントに急増した。石油の消費量も同時期に五倍に増え、アメリカに次いで世界第二位となった(1)。中国経済は、二〇一二年には二〇〇〇年の八倍に拡大しており、とうに国内の資源だけでは需要をまかなえなくなっていたのだ。

だが、資源産業の舵《かじ》取りにかけては、北京に拠点を置く国有企業も、植民地時代から油田や鉱脈を支配してきた欧米の企業グループにかなわない。中国には仲介者が必要だった。アフリカの地下や海底に眠る富を支配する独裁者や泥棒政治家とつながりのある仲介者である。アフリカの未開発の天然資源は、世界最大規模の埋蔵量を誇る。

仲介者は、中国では非常に重視されるあるものをたくさん備えている必要がある。それは、中国語で言う〝関係《グワンシー》〟である。この言葉は、「つながり」や「結びつき」や「ネットワーク」を意味するが、それよりももっと幅広い意味がある。よい〝関係〟を持つということは、個人的なつながりを深めるということだ。そのつながりには、書面に書かれていなくても契約と同じほどの力がある。ある意味では〝関係〟とは、素朴な礼儀作法のようなものだ。人から親切にされれば、こちらからも親切にする。中国では恩返しをしないのは、社会的に重大な罪である。こうしてできた結びつきは親族関係を超え、出世や援助を提供できる立場にある有力者へと広がる。そして、仏教の業《ごう》や航空機のマイレージと同じように蓄積されていく。だがこれが政治やビジネスに適用されると、汚職や縁故主義と区別がつかなくなる。最近、中国でビジネスを展開している海外の多国籍企業に絡んだ汚職事件が数多く明るみに出た。製薬企業グラクソ・スミスクラインは、不正資金を運用して医師や役人に賄賂を提供していたとされる。銀行持株会社ＪＰモルガン・チェースは、中国の支配層の親類に仕事を斡旋《あっせん》していたという（これについては、アメリカ、イギリス、香港の当局が現在も調査中である）。これらの事件は、〝関係〟をあまりに熱心に追い求めすぎた結果と思われる。それはともかく、中国がアフリカに目を向け始めたころにはすでに、ビジネスに利用できる〝関係〟を十分に備えていた男がいた。当時四〇代半ばの野心的なその男こそ、徐京華である。

徐京華は、さまざまな名前とさまざまな過去を持つ。アメリカ財務省は、二〇一四年にこの男を制裁リストに追加したが、そこには彼の名前として七つの偽名が記されている。そのリストによれば、生年月日は一九五八年二月二八日とされる(2)。徐の過去については、信頼できる情報がない。断片的な情報はあるが、中には矛盾している内容もあり、多くは確認することもできない。一説によれば、徐は南シナ海に臨む中国広東省の港町、汕頭《シャントウ》で生まれた。だが、幼いころに家族で香港へ引っ越したという。香港は距離的には近いが、当時はまだ大英帝国に残された数少ない海外拠点の一つであり、毛沢東が率いる中華人民共和国からは国境を越えていかなければならなかった。

徐は香港から活躍の場を世界各地へ広げた。現段階では二つ、あるいは三つの市民権を有しているとされる。中国とアンゴラ、それに、香港で生活していたことを考えれば、イギリスの市民権も持っているはずだ（アメリカ財務省の制裁リストによる(3)）。日常的には英語を話すが、ある仕事仲間の話によれば、ロシア語も話せるらしい。背は低く、体格は普通、髪は黒く、生え際が後退している。頬は丸みを帯びており、口の上からあごにかけてヤギひげで覆っていることもある。写真で見ると、角縁の眼鏡越しに見える鋭い視線、皮肉めいた笑みが、強靭《きょうじん》な精神力を秘めていることを感じさせる。激しやすい性格だが、愛嬌もある。アフリカ西部の国ギニアで鉱業大臣を務めていたマフムード・ティアムは、徐と会ったときの印象をこう語る。「ときには、ひどく真剣になって熱くなることもある。中国が世界で果たすべき役割について、実に政治的な意見を持っていた。でも愛想よく冗談を言ったりすることもあったよ(4)」

香港の一九九〇年代半ばの企業記録には、徐は北京在住で、パナマの株主数名が所有するベルリンという会社の取締役と記されている。一九九〇年代末から二〇〇〇年代初めにかけて、徐やその企業は債務不履行で何度も訴えられている(5)。その一方で、徐が民間企業の技師だと記している資料もある。だが実際のところは、単なる成功を目指すビジネスマンどころの話ではない。徐はスパイでもあった。

　私がアリエルと呼んでいる情報提供者は、何年も前からアフリカの情報機関や武器商人と親しい間柄にある。アリエルは一九八〇年代の終わりごろ、初めてこの徐京華と会ったという。「あの男はこれまでずっと中国の情報機関で働いてきた」そのころの徐は、ある中国大使館の情報部に所属していた。若くて野心的で、有能な人間だったという。「とても熱心で、自分がしていることの意味をよく理解していた」徐はアフリカで、高官レベルの人間と関係を築こうとしていた。当時のアフリカは冷戦のさなかで、解放運動の指導者や武装グループ、独裁者たちが覇権を争っていた。

　きわめて詳しい専門家でさえ認めていることだが、CIAやMI6に比べると、中国の情報機関の活動は部外者にはほとんど知られていない。[6] 一九八三年、中国共産党の情報部門は、新設された国家安全部に吸収された。以来、国家安全部は、CIAに似た文官による主要な情報機関として、主に共産党支配への脅威となる海外活動を調査している。国内の情報活動や治安維持を担当する公安部などと同じように、政府とそれを支配する党の両方に直属する。また軍にも、これに相当する機関が存在する。人民解放軍総参謀部第二部、通称2PLAと呼ばれる組織だ。この機関も、国家安全部や諸外国の情報機関と同じような戦術を採用し、外国に諜報員を送り込んだり、海外の通信を傍受したり、極秘任務を遂行したりしている。ただし、こちらは党の権力を維持する中国軍に直属する。

　徐京華が、中国のさまざまなスパイ組織のどれに携わっていたのかは明らかではない。海外で活動する中国の諜報員はこれまでもときどき捕まっている。欧米のテクノロジーに対するスパイ行為や大胆なハッキングなど、世間を騒がせた事例も多い。だが、中国の情報機関の活動の全容は、依然として謎に包まれたままだ。私も、徐のスパイ活動歴のうち、本書に関係している部分だけでも実証しようとしたが、ほとんど確認できなかった。一説によれば、一九九〇年代には中国のスパイとして、カンボジアの人民党指導者フン・センの側近の一員となり、フン・センと中国政府との関係を修復する手助けをしたという。中国政府はもともと、大虐殺を行ったことで有名なポル・ポトを支援していたが、フン・センはこの暴君を打倒して政権についたという経緯があったからだ。しかし何より明らかなのは、中国の情報機関の同僚たちが試みてきたことを、徐は誰よりもうまく実践できたということだ。つまり、スパイの世界で作り上げた人脈を、ビジネスの世界に生かしたのである。

一九七八年、鄧小平は毛沢東主義者を追放し、中国経済の改革を始めた。新たな開発プロジェクトの予算を確保するため、軍にはビジネスを通じて収入を獲得するよう要請した。その結果、それから一〇年もすると人民解放軍には、製薬から武器製造、商品の密輸に至るまで、二万に及ぶ企業のネットワークが生まれた。だが、フィナンシャル・タイムズ紙の元北京支局長リチャード・マグレガーはこう記している。「この収入は、一般兵士の生活状況を改善する資金となるはずだった。しかし実際にはその大半が、腐敗した指揮官やその親類や仲間のポケットに流れていった」[7]人民解放軍の二つの軍需企業、中国北方工業と中国保利集団に対して影響力を持つ人間は、武器の輸出で富を築いたと言われる。MI6に三一年間勤めていた中国専門家ナイジェル・インクスターは言う。「このころから多くの人間が、軍務と個人的な利益を結びつけ、文字どおり肥え太っていった」[8]

徐のスパイ活動は、中国の武器取引と絡み合っていた。「徐はアフリカとの武器取引で重要な役割を果たしている」そう言うアリエルによれば、徐は中国北方工業と手を組んで仕事をしていたという。「アフリカで徐は、解放運動のさなかにたくさんコネを作った。そのコネが今ではビジネスにまで広がっている」アリエルは続ける。「会員制のクラブみたいなものだよ。武器の世界は狭い。誰もが顔見知りだ。クラブのために金を稼げば、自分の利益にもなる。そこでかなり高い地位にまで上り詰めれば、自分の会社を持つこともできるしね。石油やダイヤモンドは武器と相性がいい」だが、イデオロギーに代わってグローバリゼーションが地政学を支配するようになった今、アフリカにおけるスパイの活動内容も変わった。「現在の諜報活動の目的は、戦争を始めるためじゃない。天然資源を手に入れるためなんだ」

アフリカの地下資源に近づく手段として、スパイ活動や武器取引を利用した外国人は徐が初めてというわけではない。ロシアの武器密売人ビクトル・ボウトはコンゴ東部に武器を持ち込み、レアメタルのコルタンを持ち出していた(9)。スコットランド近衛連隊に所属していたこともあるイートン校出身のサイモン・マンは、傭兵の一団を引き連れてアンゴラに石油を、シエラレオネにダイヤモンドを探しに出かけ、小さな産油国、赤道ギニアでクーデター未遂を起こした(10)。地元の企業家も、武器と天然資源を結びつけた取引をしている。ニジェール・デルタの実力者ヘンリー・オカーは、デルタ地帯を這《は》い回る過激派に武器を提供し、略奪された原油の不正取引で有名な存在となった。しかし徐京華の場合、武器取引だけに限らず、変容する世界経済にもかかわっているという利点があった。

アンゴラは三〇年近くにわたり中断しては再開する内戦に明け暮れ、二〇世紀末には無一文になっていた。ＭＰＬＡ政府がＵＮＩＴＡの反乱軍を制圧すると、ジョゼ・エドゥアルド・ドス・サントス大統領は、崩壊した国家の復興資金を求めて世界中に援助を訴えた。ところが、当時すでにフトゥンゴは腐敗の温床として知られていた。欧米諸国は、ドス・サントスやその仲間の銀行口座や利権ネットワークに支援金が渡ることを怖れ、援助を拒否した。すると、それに腹を立てた大統領は、東洋に目を向けた。中国はアンゴラの内戦において、当初は反乱軍を支援していたが、後にMPLA支援に方針転換していた。そこでドス・サントスは、内戦が終結する四年前の一九九八年に北京を訪れ、交渉をスタートさせた。これが後に、アフリカにおける中国最初の大口取引に結実することになる。

ドス・サントスは、中国への特使代表として、大統領に直属する対外情報機関の責任者、フェルナンド・ミアラ将軍を選んだ。ミアラは、フトゥンゴの中心人物だった。礼儀正しい男だが、生まれは貧しい。ある友人によれば「子供のころは裸足でサッカーをしていた」そうだが、軍に入って出世を果たした。UNITAに対する勝利が確実になったころ、この友人の言葉を借りれば、ミアラはこう言っていたという。「金を稼がないとな。金こそ力だということがわかった」

中国は冷戦時代にもアフリカに進出していた。しかし、世紀が変わるころに中国がもくろんでいた進出規模は、冷戦時代の比ではなかった。二〇〇〇年一〇月、中国は北京で中国アフリカ協力フォーラムの第一回会議を開き、アフリカ諸国との新たな関係を正式にスタートさせた。この会議にはアフリカ四四か国の閣僚が出席し、中国の「走出去（対外進出）」政策を推進する江沢民が演説を行った。議題のトップに掲げられたテーマを見ると、中国政府の野望の大きさが見て取れる。「二一世紀の世界の新たな政治経済秩序の確立にどう取り組むべきか？」(11)

二〇〇二年、中国の対アフリカ貿易額はおよそ一三〇億ドルで、アメリカの対アフリカ貿易額の半分ほどだった。ところがそれから一〇年後には、その額が一八〇〇億ドルになり、アメリカの対アフリカ貿易額の三倍になった（ただし、ヨーロッパの対アフリカ貿易は、さらにこの二倍ほどの規模である）[12]。中国では、アフリカからの輸入の三分の二が石油、三分の一はその他の原料、主に鉱物資源である[13]。今では、世界最大の人口を誇る中国の運命と、世界でいちばん貧しいアフリカ大陸の運命は、密接に結びついている。中国における需要が、商品価格に影響を与え、アフリカの経済見通しを決める一大要素となっている。中国がくしゃみをすれば、アフリカが風邪をひくのだ。

中国は、貿易を通じてアフリカ経済を作り変えつつあるが、直接投資も行っている。大口取引の場合、一般的には一〇億ドル単位の資金を低利で貸し付け、中国の企業に現地のインフラを整備させ、石油や鉱物資源で支払いをさせる。このような取引を、アフリカのさまざまな資源国家と繰り返しているのだ。中国のこうした巨額取引は、そのプロトタイプとなったアンゴラでの事業にちなみ、「アンゴラ方式」と呼ばれる。フェルナンド・ミアラなどフトゥンゴの重要メンバーによる中国＝アンゴラ間の交渉は、二〇〇四年三月二日に結実した。中国は、アンゴラに二〇億ドルを貸与して公共事業を行い、石油でその返済を受ける契約に署名したのだ[14]。それから数年の間に、融資枠はおよそ一〇〇億ドルにまでふくらんだ（アンゴラの財政については厳重に秘匿されているため、詳細はわからない）。こうしてアンゴラは、サウジアラビアに次ぎ、中国に対する第二の石油供給国になった。

二〇〇五年二月、中国国務院副総理の曽培炎は、ルアンダでドス・サントスと握手を交わし、中国とアンゴラの友好関係を歓迎した[15]。その日、中国とアンゴラは九つの「協力協定」に署名した。その内容は、エネルギー、インフラ、採鉱、石油探査、および「経済・技術支援」に及ぶ。これらの協定は、中国が中央アジアやラテンアメリカで行っている取引同様、相互に利益になる協定と謳われた。こうした美辞麗句を見ると、長らく虐《しいた》げられてきた両国民が新たな世界秩序を目指し、団結して前進していくための協定だと思えなくもない。確かにこれは国家と国家の取引である。中国は財力を利用して、アンゴラの戦後復興を支援する。アンゴラは原油を利用して、国民を貧困から救い上げようとする中国の改革を支援する。だがその協定の陰で、密かに別の取引が行われていた。それは、政府間の取引ではない。影の政府の間の取引である。アンゴラの天然資源を利用し、ほとんど知られていない香港の個人投資家グループとフトゥンゴに都合のいい取り決めがなされていたのだ。

徐京華は現在、国家権力と多国籍ビジネスが交錯するグローバル経済の辺境で仕事をしている。中国がアフリカに目を向けたのをきっかけに、徐も、石油やダイヤモンドなどの鉱物資源が豊富なアフリカの未開拓地に視野を広げたのだ。しかし、その資源を自分のビジネスに利用するためには、北京とルアンダ双方で〝関係〟をうまく利用する必要がある。あるいは少なくとも、双方の実力者数名と親しい間柄であるという印象を交渉の相手に与えなければならない。

徐はスパイ活動や武器取引をしていた数年の間に、アンゴラを始めとするアフリカで人脈を築き上げていた。アンゴラで一九九二年に選挙が失敗に終わり、ＵＮＩＴＡが反政府活動を再開すると、ＭＰＬＡは反乱の芽を摘もうと大規模な再武装を始めた。一九九六年から二〇〇〇年にかけてアンゴラは、南アフリカを除くサハラ以南アフリカに売却された武器の四分の一を購入したとされる(16)。実際フトゥンゴは、フランスの仲介業者を通じて武器の輸入を手配していた（「アンゴラゲート」

事件）。そのほか、この時期には中国も進んで武器を提供していたらしい（ただしこの武器売却については、詳細がほとんど明らかにされていない）[17]。アリエルの情報によれば、徐はそのころ、中国製武器をアンゴラへ売却する仲介をしていたという。そう主張する情報筋はほかにもある。だが、武器取引の常として、はっきりとした証拠はない。

ドス・サントス率いる政府軍が反乱軍の指導者ジョナス・サヴィンビを殺害し、内戦を終結させてから数か月後の二〇〇三年初め、徐京華がリスボンのエルデル・バタグリアのオフィスに現れた。バタグリアはポルトガル生まれだが、一歳のときに当時ポルトガルの植民地だったアンゴラに移り住んだため、アンゴラ人を自称している。内戦中にアンゴラ有数の個人投資家としての地歩を固め、ポルトガルの銀行とともにエスコムという会社を設立した。これは、アンゴラでのダイヤモンド・石油・セメント・不動産事業を始め、アフリカ諸国やラテンアメリカ諸国で事業を行う総資産数億ドルものコングロマリットである。スパイからビジネスマンへ転身しようとしていた徐京華にしてみれば、バタグリアはこれからのパートナーにうってつけだった。

数年後にバタグリアは、徐京華とその仲間が訪れてきた日のことをこう語った。「彼らがエスコムのオフィスにやって来たのは、私たちがアフリカやラテンアメリカのこと、特に以前ポルトガルの植民地だったところのことをよく知っていると思ったかららしい。私たちと会社を設立してそのあたりの市場を切り開きたいと言ってきたよ。そこで私はこう言ったんだ。『すばらしいアイデアですね。中国はアフリカやラテンアメリカの発展になくてはならない存在だから、ぜひ手を貸したいんですが、もう少しあなたがたのことが知りたい』とね[18]」

徐京華はバタグリアを北京へ連れていき、手持ちの〝関係〟を見せて回った。中国の巨大国有石油企業である中国石油化工集団（シノペック）の人間にも紹介した。バタグリアは当時を回想して言う。「中国ではとても歓迎されたよ。空港では、地元の当局者や中国石油化工集団の担当者が表敬エリアで出迎えてくれた。どこでもそうだ。そしてみな、徐京華とまったく同じことを言う。『私たちにはこの分野の経験がありませんので、協力してもらえませんか？』」バタグリアにとってはこれが初めての中国訪問だったが、とてもいい印象を受けた。一行は、中国の当局者が外国の要人をもてなすのに使う大ホールで食事をした。「もちろん、徐は政府の人間だと思ったよ。きっと情報機関に勤めていて、中国を世界に進出させる任務を帯びているんだろうとね」徐が武器取引を行っていたことを知っているかどうかバタグリアに尋ねてみると、それについては何も知らないとのことだった。ただし徐が数年前にドス・サントスに会ったという話は聞いたことがあるらしい。「徐は一〇年か一五年ほど前にアンゴラにいたと言っていた。そのころアンゴラに行ったのなら、きっと公的な目的だったんじゃないかな」

バタグリアは、徐京華がどういう人間なのかよくわからないと言う。私が徐の過去について何を知っているか尋ねると、バタグリアは言った。「いまだによく知らないんだけど、とても熱心で、手回しがいい。強い精神力の持ち主だ」結局バタグリアは徐と事業を始めることに同意し、北亜実業集団と提携することになった。この企業は、さまざまな事業に手を広げている中国の国有鉄道会社で、会長には北京で徐から紹介を受けている。こうして生まれた新たなベンチャー企業はチャイナ・ベイヤ・エスコムと命名され、香港で登記された。国際ビジネスを行う中国企業の多くが香港で設立されている。

この企業が最初に狙いを定めたのはラテンアメリカだった。バタグリアと徐は、中国の国有企業数社の代表団とともにベネズエラの首都カラカスに飛び、ウゴ・チャベス大統領と面会した。社会主義者にして大衆主義者、反米の急先鋒であるチャベスは、一九九八年の大統領選に勝利した後、石油収入を医療・教育・公共事業に充てる大規模なプログラムに取り組んでいた。徐とバタグリアが望んでいたのは、ここでインフラ建設を請け負い、その費用を石油で支払ってもらい、その石油を中国に流すという筋書きだ。バタグリアは言う。「私たちの目標は、鉄道や建設など、相手が望んでいる事業を行うことだった」

やがてチャベスは、総額三億ドルに及ぶ多種多様なプロジェクトについて、ポルトガルと中国との基本合意書に署名したと公表した。ポルトガルの代表はバタグリア、中国の代表は徐の主要協力者の一人である。チャベスはこの合意について、アメリカの支配に抵抗するラテンアメリカの闘争が大きく前進したと称賛した。しかし結局のところ、この合意からはほとんど何も生まれなかったようだ（とはいえ、これを機に、ベネズエラ政府と中国政府の公的なつながりや取引は発展した[19]）。しかし徐京華は、大西洋を越えたアンゴラで別の事業を進め、それにより華々しい利益を上げることになる。

徐京華は、アフリカが中国を受け入れつつある状況を利用しようとしていた。だがそのためには、自分が北京の権力者と近しい関係にあることを、アフリカの資源国家の支配者に示さなければならない。ところで、中国では共産党だけが権力を握っているようなイメージがあるが、今日の中国の権力は一元的ではない。党内の派閥、情報機関、有力企業などに権力が分散している。国有企業は徐々に力をつけ、今ではその戦略も方針も欧米の多国籍企業と変わらなくなっている。もはや国家目標よりも利益の追求が第一なのだ。徐は、こうした権力者すべてにネットワークを張り巡らせる必要があった。

そこで徐は二〇〇二年ごろ、のちに重要なパートナーとなるある女性と協力関係を結んだ。その女性とは、羅方紅である。写真で見る羅は、満面の笑みを浮かべた小柄な女性で、豪勢なネックレスを身につけ、黒髪をボブカットにしている。彼女の過去については、徐京華と同じように断片的なことしかわかっていない。この女性にもかなりの人脈があるが、本当にそれほど親しい関係なのか、ごくささいな関係を誇張して見せる能力に長けているだけなのか判然としない。その点も徐京華と同じだ。香港の企業記録を見ても、徐と関係を結ぶ前に、羅が何らかの事業に参画していた形跡はない。数年後に徐や羅と仕事をすることになるギニアの大臣マフムード・ティアムほか数名の話によると、羅は以前、鄧小平の通訳を務めていたという[20]。また数年後の裁判記録には、徐と羅は、一緒に活動するようになったころには「アフリカとラテンアメリカに幅広い取引関係」を築いていたとある[21]。実は、ベネズエラで基本合意書に署名したのは、この羅だった。羅はこのとき、チャベス大統領が毎週放送している番組『アロ・プレジデンチ（大統領こんにちは）』に出演し、この合意を高らかに宣言した。その際チャベス大統領はこの女性を、軍の名家出身のある将軍の娘だと紹介している[22]。

羅方紅は、相手を信服させずにはおかない威信に満ちているが、彼女に会った外国人の大半は、その威信が何によるものなのか知らない。徐が中国でエルデル・バタグリアに真っ先に紹介したのも、この女性だった。バタグリアもチャベスと同じように、羅が将軍の娘だと信じている。「中国ではとても地位の高い、品のある女性だよ。もの静かでね[23]」マフムード・ティアムは、羅と徐のコンビについてこう回想している。「どこからどう見てもボスは徐だ。でも、羅を追い払いたくても追い払えないという感じだった」

ある西欧のビジネスマンは二〇〇九年、徐と羅と取引を成立させ、二人とその部下と一緒に食事をしたという。場所は、港のすばらしい眺めを一望できる香港の高層ビルの最上階にある個室だった。そのビジネスマンは言う。「食事のときの印象では、羅が実権を握っていることは間違いない。彼女は黒ずくめの衣装だった。徐は、街中でよく見かけるような格好をしていた。女性用下着のセールスマンみたいに襟を開いていたよ。徐の態度は、悪人らしい感じもしなければ横柄な感じもしなかった。でも羅の態度は奇妙だった」羅が裕福なのかどうかを示す装飾品は一切なかったらしい。「あの女性からは、権力者なんだろうなという印象しか受けなかった。ただじっと座って話を聞いているだけなんだ。ときどき誰かが羅に耳打ちしていたよ。きっと誰が見ても、陰の実力者は彼女だと思うだろうね。徐はまったく普通の男だった」

羅が持っている〝関係〟の一部は、結婚によるものだ[24]。夫の王翔飛は、金融分野における著名な実業家で、中国の一流企業数社の取締役に名を連ねている。北京のエリート大学である中国人民大学で経済学を学び、かつては同大学の金融学准教授を務めていたこともある。妻が徐京華と協力関係を築き始めた二〇〇二年当時は、すでに二〇年も中国光大集団に在籍していた。この企業は、国際ビジネスの舞台で中国の地位を確立しようとする鄧小平の肝煎《きもい》りで創設された、国有の大規模な金融コングロマリットである。同社はいまや、中国光大銀行など、数千億ドル規模の資産を持つまでに成長した。王は、一九八三年の創設時からこの企業に在籍、中国の親会社にも香港の子会社にも出向し、さまざまな重要ポストを歴任している。ちなみに光大の経営陣は、国務院に直属している。国務院とは、中国共産党中央政治局常務委員会に次ぐ権力を備えた中国政府の最高行政機関である。そのような企業の幹部ともなれば、さまざまな役職を兼任する最上層のエリートに近づける。たとえば、王の同僚である光大の幹部には、李学明という偽名を名乗る男がいる。この男は、中国政界に君臨した薄熙来の兄である。薄熙来は権力の頂点にまで迫りながら、最近になって支配者層に粛清されている。

二〇〇三年七月九日、徐京華と羅方紅は、創輝国際発展という会社を香港に設立した。これから作り上げていく企業ネットワークの要《かなめ》となる企業にふさわしい、縁起のいい名称である。以後二人は、毎月のようにその企業ネットワークに各企業を組み込み、やがて数千社規模にまでネットワークを広げることになる。創輝は設立後間もなく、金鐘《アドミラルティ》のビジネス地区から数ブロック離れたところにある高層ビル、トゥー・パシフィック・プレイスに登記住所を移した。かつて軍の兵舎が並んでいたそのあたりは、しゃれたオフィスや高額所得者向けの店舗が立ち並ぶ地区へと再開発されていた。そこがクイーンズウェイ八八番地である。後にクイーンズウェイ・グループとして知られるようになる企業連合の最初の種が、こうしてまかれたのだ。

ところで、創輝には株主が二人いた。一人は羅方紅で、株式の三〇パーセントを所有している。残りの七〇パーセントを所有しているのは、馮婉筠（英語名ヴェロニカ・ファン）という女性である。この女性は、羅ほどの権力者には見えない。羅は、軍や党のエリートとつながりがあるらしく、それに由来する堂々たる威信に満ちている。夫の王もまばゆいばかりの経歴の持ち主である。一方、馮には、特筆すべきつながりはたった一つしかない。徐京華とのつながりだ。

二〇〇三年以前に馮婉筠が事業に参画した例は、私が企業記録を調査したかぎりでは一件しかない。一九八八年に香港で設立された合溢投資という無名の企業に、五〇パーセント出資している。ただしこの会社は、二〇〇一年に解散している。同社の一九九三年の資料を見ると、馮は香港在住で、職業は「幹事」、国籍はイギリスとある（香港がイギリスから返還される四年前の話である）。合溢が会社として何をしていたのかを示す記述はないが、株式の残りの五〇パーセントを所有している男の身元はわかっている。その名前は、「ギウ・カー・レオン（別名サム・キン）」と記されている。実はこの男には、この資料には記載されていないが、シュー・ジンホワ、ツイ・キョンファという別名もある。すなわち徐京華である。

私が聞いた話では、馮婉筠と徐京華は、ビジネス上の関係を超えた内縁関係にあるという。[25]カジノスポットとして有名な、香港のそばにある元ポルトガル領のマカオで、徐はエルデル・バタグリアに馮を紹介した。だがバタグリアによれば徐は、馮が自分の妻なのかどうかも、自分の二人の子供の母親なのかどうかも明言しなかったという。一説によると馮婉筠と徐京華は結婚しているらしいが、私の調べたかぎりでは婚姻関係を確認できなかった（クイーンズウェイ・グループとアンゴラの国有石油会社ソナンゴルとの合弁会社であるチャイナ・ソナンゴルの弁護士に書簡を送り、馮婉筠が徐京華の事業利益の代理受取人なのかどうか尋ねてみたが、回答は得られなかった）。[26]

徐京華の名前は、創輝の株主名簿にはどこにも見当たらない。また、その後現れてはクイーンズウェイ・グループに組み込まれていったほかの企業の株主名簿にも、その名前はない。つまり徐は、公式には自分が設立した会社の株式を持っていない。にもかかわらず、その会社から莫大な支払いを受けている（契約を交わした外国政府の公式声明では、クイーンズウェイ・グループ企業の上級職の肩書を与えられているようだ）。[27]通常、新たな会社の株式は、創業者が投資した資本の額に基づいて割り当てられるか、ある重要な役割に対する報酬として割り当てられる。だが創輝は、いかなる自社資産も持っていない。その後の結果が示しているとおり、この会社は、創業者たちが手持ちの〝関係〟を利益に変えるための手段として設立したものに過ぎない。そう考えると、羅方紅が創輝の株式の三〇パーセントを持っているのは、彼女が果たす重要な役割を反映してのことだろう。一方、馮婉筠が、企業ネットワークの頂点に君臨するこの企業の大部分の株式を持っているのは、徐京華との個人的な結びつきによるものと考えられる。

徐京華、羅方紅、およびその夫の王翔飛が集まれば、党や軍、政府や実業界における人脈は相当な規模に及ぶ。これだけのつながりがあれば、各界の大物の庇護を受け、中国が最重要視する外国との交渉において仲介者の役割を果たすことができる。だが彼らにはもう一つだけ手に入れておきたい〝関係〟があった。中国国有の大手石油企業、中国石油化工集団（シノペック）に自分たちを紹介してくれる人物である。そこで二〇〇二年、徐京華と羅方紅は、武洋と接触した。武自身の言葉によれば、彼は人を動かす仕事をしているという。企業記録によれば、武の住所は、北京の公安部の住所と一致している。公安部とは、警察や対内情報機関を統括する組織だが、対外情報機関である国家安全部の渉外オフィスもそこにあると言われている。[28] 一〇年後に香港の裁判所判決に引用された武の証言によれば、武は「しばらく中国本土の実業界で活動」し、「官界やさまざまな大企業との間に強力かつ有益な関係」を築いていた。その大企業には、中国石油化工も含まれる。[29] 武洋は結局、徐京華らを数名の人物と引き合わせることに同意し、その結果成立した取引の分け前を報酬として受け取ることになる。

二〇〇三年末、アンゴラの石油を巡る争いが熱を帯びてきた。内戦が終結してすでに一年以上が経っていた。今やアンゴラは、世界最大級のエネルギー資源のフロンティアになりつつある。そこに世界的な石油企業が狙いを定め、フトゥンゴにすり寄りながら、海底の地下深くに眠る油田に掘削機を送り込む技術に膨大な投資を行っていた。だがロイヤル・ダッチ・シェルは、産業界の巨人でありながら出遅れ、アンゴラに足場を固めるのに手間取っていた。そこでシェルは、ナイジェリアに投資を集中することに決め、二〇〇三年末、アンゴラの油田有望地の持分を売りに出した。すると数多くの入札があった。売りに出されたのは、第一八鉱区のシェルの持分五〇パーセントである。ロンドン市の三倍ほどの広さのあるアンゴラ沖の掘削エリアだ。ちなみに、残りの五〇パーセントの持分はＢＰが所有していた。この掘削プロジェクトの事業主として、掘削装置を借りてボーリング工事を行うことになっていたのもＢＰである。ＢＰはすでにアンゴラで油田を六つ発見しており、その埋蔵量はおよそ七億五〇〇〇万バレルに及ぶ。今回の第一八鉱区での事業も、世界的な二大会社が参加する巨大プロジェクトになろうとしていた矢先の出来事だった（その年のフォーブス誌の収益ランキングによれば、シェルは世界第六位、ＢＰは世界第七位である）。あるアナリストは業界紙で、「スーパーメジャー以外の企業が落札できる可能性はきわめて低い」と予測した。スーパーメジャーとは、アメリカのエクソンモービルやシェブロン、フランスのトタルなど、巨大石油企業六社のことである[30]。

しかし時代は変わりつつあった。ブラジルのペトロブラス、マレーシアのペトロナスなどの政府系石油企業が歴史ある大手と争うようになるなど、新興勢力が台頭してきた。二〇〇四年四月には、インドのＯＮＧＣが、第一八鉱区のシェルの持分を六億ドルで購入することに合意したと報道された。[31] しかしそれから数週間が過ぎたころ、アンゴラの国有石油企業ソナンゴルが、その持分を購入する権利を保有していることが明らかになった。そうこうしているうちに、その年の終わりごろ、インドは中国にまんまとしてやられることになった。海外資産を買い集めて世界屈指の企業に成長していた中国の石油グループ、中国石油化工が第一八鉱区のシェルの持分を購入したのだ。[32] これは、石油を巡って、ある新興勢力が別の新興勢力を駆逐《くちく》したという単純なケースに見えるかもしれない。だが実際には、それだけの話ではない。

　シェルが第一八鉱区の持分を売りに出すことを公表したころ、ルアンダからの代表団が北京を訪れた。この代表団は、中国の最有力者数名と会談した。その中には、副総理の曽培炎も含まれる。曽培炎は、共産党員として模範的な経歴の持ち主である。当初は技術者として教育を受けたが、後に転身してワシントンの中国大使館の外交官となった。その後、中国共産党の幹部を養成する共産党中央学校に入学し、三峡ダム建設委員会の副委員長など、共産党の経済計画機関の重役を歴任した。二〇〇二年には政治局に入り、二〇〇三年には国務院副総理に就任している。[33]

　二〇〇三年末に曽培炎のもとを訪れた代表団の中には、徐京華やエルデル・バタグリア、それに、アンゴラの国有石油企業にしてフトゥンゴの非公式の資金源でもあるソナンゴルの責任者、マヌエル・ヴィセンテもいた。[34] バタグリアは、このような長老政治家との会談を手配できること自体、徐が中国支配層の支持を得ている証拠だと確信したという。「これ以上ないほど当局に認められているということだからね」これを受けて二〇〇五年には曽培炎がルアンダを訪れ、中国とアンゴラとの国家間協定を発表することになる。だがその前にマヌエル・ヴィセンテと徐京華は、影の協定を結んだ。中国とアンゴラとの新たな関係を、フトゥンゴとクイーンズウェイ・グループの支配下に置く協定である。

シェルが第一八鉱区の持分を売りに出した際、マヌエル・ヴィセンテはそこに好機を見出した。ソナンゴルの責任者だったヴィセンテは、この国有石油企業を、ブラジルやマレーシアの政府系企業に匹敵する世界的な大企業にしたいと願っていた。しかしインドの企業が、シェルの持分を今にも購入しようとしている。ソナンゴルがその企業に勝つためには支援者が必要だ。ヴィセンテは言う。「ソナンゴルには金がなかった。だから中国で、その持分を購入する手助けをしてくれるパートナーを探したんだ。私たちが新たな会社を設立したのはそのためだからね。彼らに融資してもらって、シェルに払ったんだ。八億ドルぐらいだったかな。そのあとで中国の大企業、中国石油化工に声をかけたんだ(35)」

フトゥンゴが見つけたパートナーというのが徐京華であり、徐が新たに作り上げたクイーンズウェイ・グループだった。このときに設立された会社がチャイナ・ソナンゴルである。中国は当時、アフリカ進出の初期段階にあった。そのため周囲の人間がチャイナ・ソナンゴルと聞いて、その名称が示すとおり、中国政府とアンゴラ国有企業との合弁会社だと考えたとしても不思議はない。しかし実際のところ、ヴィセンテ率いるソナンゴルは、中国政府や国有企業の中国石油化工と直接取引しない道を選んだ。その代わりに、香港に登記された無名の民間企業と事業を始めた。創業者が持つ〝関係〟以外に資産のない企業とである(36)。

チャイナ・ソナンゴルの定款を見ると、株主として二人の名前が、細長くくねくねした筆記体で手書きされている。それによれば、ソナンゴルが三〇パーセントの株式を所有している。そして残りの七〇パーセントを所有しているのが、クイーンズウェイ・グループ傘下の持株会社である。署名者には羅方紅の名前がある。[37] チャイナ・ソナンゴルは二〇〇四年八月二七日に香港で登記されたが、その七週間後の一〇月一五日には、ソナンゴル・シノペック・インターナショナル（SSI）という会社がケイマン諸島で登記された。これは中国石油化工、ソナンゴル、そしてクイーンズウェイ・グループが共同所有する会社である（社名にはクイーンズウェイ・グループを示す言葉は一切ないが）[38]。実は、その年の終わりに第一八鉱区のシェルの持分五〇パーセントを獲得したのは、このSSIだった。中国石油化工はこの事業のために、一〇億ドルを超える資金を手配していた。[39] マヌエル・ヴィセンテと徐京華は、アンゴラの石油産業の中に隠れ場所を築き上げた。ソナンゴルを囲むすでに不透明な壁の中に、さらに掩蔽壕《えんぺいごう》を作ったのだ。香港で登記された無名企業のネットワークを通じて、フトゥンゴはオフショア金融システムを手に入れた。そのシステムは、アンゴラの強権的支配者の政治権力を、クイーンズウェイ・グループが築きつつある民間の企業帝国へと結びつける。こうしてフトゥンゴは、セスナからコンコルドへ、トロール漁船から潜水艦へ乗り換えることに成功した。略奪システムのエンジンに、中国との〝関係〟を組み込んだのだ。

新たなパートナーを得たBPは、第一八鉱区の油田開発を推進した。そして二〇〇七年一〇月から一日二〇万バレルもの原油を汲み上げ始めた。二〇一〇年には、第一八鉱区におけるクイーンズウェイ・グループの持分の価値は一〇億ドル弱と評価され[40]、同グループの原油の取り分は、一日およそ三五〇万ドルもの規模に及んだ[41]（チャイナ・ソナンゴルとの関係についてBPに質問してみたが、返答はなかった）。

これは単なる序章に過ぎなかった。チャイナ・ソナンゴルは、数十億ドル規模の融資契約にも参画した。ソナンゴルは銀行から融資を受け、アンゴラの石油を中国石油化工に販売した利益で返済し、チャイナ・ソナンゴルはそこから分け前を受け取った。こうして第一八鉱区の取引に続く数年の間に、チャイナ・ソナンゴルはさらに、アンゴラの九つの鉱区の持分を独自に取得するとともに、中国石油化工との合弁会社を通じて三つの鉱区の持分を手に入れた。世界でもまれに見る急成長を遂げたこの石油企業は今や、数十億ドル規模の資産ポートフォリオを保有している。しかしこの会社は、油井《ゆせい》を設置することもなければ、原油を汲み上げることもない。チャイナ・ソナンゴルは、石油マネーを流すパイプであり、アフリカの資源国家でフトゥンゴが徐京華たちと組んで一儲けするための手段なのだ。ヴィセンテは言う。「石油で儲けられるチャンスがあれば、フトゥンゴは私たちに連絡してくる。私たちにはこの合弁会社があるからね[42]」

ＵＮＩＴＡは内戦で敗北した後、アンゴラ政府の反対政党になった。その党首イサイアス・サマクヴァによれば、チャイナ・ソナンゴルは「ドス・サントスやその支配体制を支える鍵」だという。しかし、フトゥンゴがその会社からどのように富や権力を引き出しているのかはわからない。「すべては闇の中だ[43]」

だが、何もわからないというわけでもない。香港などで提出された企業記録を見ると、クイーンズウェイ・グループの迷宮のような企業ネットワークの片鱗《へんりん》がうかがえる。しかし、いくら手がかりをたどっていっても、たいていはオフショア金融の厚い壁に阻まれて行き止まりとなってしまう。たとえば、ワールドプロ・ディヴェロップメントという企業の届け出記録には、取締役として、クイーンズウェイ・グループの設立メンバーとともに、マヌエル・ヴィセンテなどアンゴラ高官の名前がある。この会社の香港における登記資料には、会社の設立目的は記されておらず、ただワールド・ノーブル・ホールディングスという会社に完全所有されているとある。このワールド・ノーブル・ホールディングスは、カリブ海に浮かぶイギリス領ヴァージン諸島で登記されているが、ここでは所有者を明記する必要がない。こうして調査は行き詰まってしまうのである。マヌエル・ヴィセンテは、自分がチャイナ・ソナンゴルの社長に就任したことは認めている。だが、この会社に出資しているソナンゴルの代表としてその役職についただけであり、何ら個人的な利益は受けていないと主張する。また、自分がチャイナ・ソナンゴルの社長になった際に、ソナンゴルの代表の地位は後継者に譲ったという[44]。

　コバルト・インターナショナル・エナジーがアンゴラで行った石油事業については、ヴィセンテらが密かに株式を保有していたことが明らかになった。だが、クイーンズウェイ・グループの企業の場合、その企業の株式でフトゥンゴの誰かが直接利益を得ている証拠は、会社の届け出記録のどこを探しても見つからない。それでもＵＮＩＴＡのイサイアス・サマクヴァは、何となく気づいているようだ。クイーンズウェイ・グループと提携すれば、取引が厚い秘密のベールに覆われる。それがアンゴラの「隠匿政治」の支配者には都合がいい。クイーンズウェイ・グループは、ソナンゴルへとつながる秘密の通路を作ってくれる（実際、アンゴラの国家財政には三二〇億ドル分もの穴がある）。その通路は、アンゴラの国境を越えて延び、海外の租税回避地を経由して、クイーンズウェイ・グループが運営する全世界的な企業帝国へとつながっている。クイーンズウェイ・グループは以後、このアンゴラを基盤に、ほかのアフリカの資源国家にも手を広げ、マンハッタンから平《ピョン》壌《ヤン》に至る企業帝国を築き上げることになる。ベルギーの国王レオポルド二世がコンゴを私有地化してから一世紀以上経った今も、アフリカ大陸の天然資源を私物化しようとする外国人やアフリカ人は絶えない。チャイナ・ソナンゴルは、そんな人々が目的を達成するための格好の手段となった。

当初からクイーンズウェイ・グループやその関連企業には、財務上の不正問題がついて回った。初期に同グループと関係していた中国の国有鉄道会社、北亜実業集団の会長は、贈収賄および横領の罪により終身刑となった[45]。アンゴラの北に位置する産油国、コンゴ共和国での初期の石油取引でも、クイーンズウェイ・グループは、支配者層とつながる企業と事業を進め、ダミー会社を使って石油収入をごまかす陰謀に加担していたとされる[46]。そして二〇〇七年には、クイーンズウェイ・グループの躍進が突如として終わりを告げるかに見える事件が発生した。

ここでまず最初に述べておきたいのは、チャイナ・ソナンゴルは、複雑な石油取引の中に埋もれた影の会社に過ぎないということだ。クイーンズウェイ・グループの表の顔となっていたのは、中国国際基金（ＣＩＦ）と呼ばれる企業である。二〇〇三年に香港で設立されたこの企業は、その姉妹企業であるチャイナ・ソナンゴルと同じように、中国の政府系企業と思われることが多かった。一つにはその名称のため、一つには、中国がアフリカに進出した当初は、中国人が運営する企業はすべて共産党政権の支配下にあると思われていたからだ（あまりに単純な考え方だが、当時はそれがごく普通だった）。しかし実際は違う。ＣＩＦは、クイーンズウェイ・グループの設立メンバーが完全所有している。株主は、羅方紅、徐京華の妻とされる馮婉筠、そして北京に有益な人脈を持つ実業家、武洋である[47]。

ＣＩＦの基幹事業はインフラだ。中国政府がアフリカの資源国家と交わした大規模な協定をまね、クイーンズウェイ・グループはＣＩＦを通じ、石油や鉱物資源の取引に絡めて、橋や空港、道路の建設を請け負っている。たとえば二〇〇五年には、CIFは二九億ドルもの融資を行い、アンゴラ政府と無数の契約を結んだ。そこには新空港、鉄道、二つの高速道路、ルアンダの下水整備、住宅プロジェクトなどが含まれる[48]。マヌエル・ヴィセンテにCIFのこうした融資について尋ねると、アンゴラの公共事業のために中国政府が石油を担保に行う数十億ドルもの融資とは「まったくの別物」だという。しかし、チャイナ・ソナンゴルがアンゴラの石油鉱区の持分を獲得する陰の取引の仲介役に過ぎないように、CIFもまた単なる仲介役でしかない。請け負った仕事の大半は、中国国有の工業グループや建設グループに下請けに出される。

一方アンゴラ政府側では、大統領府に特別に設置された国家復興局が、CIFのプロジェクトを統轄した。当初は、大統領直属の情報機関の責任者だったフェルナンド・ミアラが、フトゥンゴと中国人との関係におけるキーマンだった。しかし大金が流れ始めると、フトゥンゴの支配層の間で、この大金の支配権争いが始まった。その結果ミアラは、コペリパ将軍に負けた。コバルトの一件など、後にヴィセンテとともにいかがわしい取引に参画することになる治安維持の責任者である。ミアラは瞬く間に失脚した。二〇〇六年二月に解任され、将軍から中佐への降格を拒否すると不服従の罪で逮捕され、大統領に対する陰謀を企んだとして告訴された。

二〇〇七年に行われた裁判でミアラは、フトゥンゴの沈黙の掟《おきて》を破り、アンゴラ復興のために中国から提供された資金が不正に濫用されていると主張した。するとアンゴラ財務省は珍しく公式声明を出し、怒りもあらわに、情報機関の元職員が「中国からの融資の不正取り扱い」を告発したことに「驚いている」と述べた。そして、中国からの公的融資および民間融資を一つひとつ取り上げ、それぞれが有益に利用されていると明言した。それはともかく、この公式声明によりある興味深い事実が明らかになった。これまでも噂ではささやかれていたことだが、ＣＩＦが財政難に陥っているというのだ。

それが、徐京華の思い上がりのせいなのか、下請け企業とのトラブルのせいなのか、中国の融資を管理している国家復興局の不始末のせいなのかはわからない。おそらくはその三つが相まってのことだろうが、ＣＩＦの大規模インフラプロジェクトは窮地に陥った。下請け企業に支払いができなくなり、建設作業は中断した。すると北京では、香港出身の一実業家が、ますます重要になりつつある石油産出国と中国との関係を危険にさらしているとの懸念が高まった。そこで中国商務省は中国企業に、ＣＩＦとの取引を控えるよう通達を出した。また、私が入手した書簡によれば、二〇〇七年五月、香港の規制当局がある申し立てに対する調査を開始した。その申し立てによると、アンゴラにおける五〇億ドル規模の住宅プロジェクトの発注をＣＩＦから受けた中国の鉄鋼グループ杭蕭鋼構が、株式市場の操作を行ったという㊾。

徐京華が苦境に陥った背景には、中国上層部の激変がある。二〇〇七年一〇月には中国共産党全国人民代表大会が予定されていた。五年に一度開かれるこの大会では、党および国家の新たな指導層が選出される。そのため中国政界は、それに向けて少しでも有利な立場を獲得しようとする混乱の渦中にあった。徐京華がアンゴラで最初の石油取引を仲介する際に接触した国務院副総理、曽培炎は、この大会後に引退することになった。ほかの大物も半ば強引に舞台から引きずり降ろされた。六月には陳同海が中国石油化工の会長を辞任した。中国石油化工は、この会長のもとで中国最大の売上高を誇る企業になっていた。クイーンズウェイ・グループがアンゴラで取引の仲介をしたあの国有石油企業グループである。この会社の公式声明では、陳は「個人的な理由」により辞任したとのことだったが、数か月もすると逮捕され、「賄賂を受け取って愛人などに便宜を図り、不正な利益を取得し、堕落した生活」を送った罪で告訴された。[50] そして、一九九九年から二〇〇七年までの間に二九〇〇万ドルもの賄賂を受け取ったとして有罪を宣告され、執行猶予つきの死刑を言い渡された。事実上の終身刑である。[51] こうして党も中国石油化工も指導部が一新され、徐の持つ〝関係〟は瞬く間に失われてしまった。クイーンズウェイ・グループの活動に不信感を募らせる省庁や規制当局が、徐を次第に追い詰めていく。しかし徐にはまだカードが一枚残っていた。とっておきの切り札である。

中国政府がどれほど不信感を抱いていたとしても、徐京華はやはり、フトゥンゴの略奪システムになくてはならない存在だった。アンゴラの支配層は、チャイナ・ソナンゴルやＣＩＦを介して石油取引やインフラ契約を行うことで、極秘裏に石油取引に加わり、世界中に石油マネーを分散させることができたのだ。そのため、中国石油化工がアンゴラのクイーンズウェイ・グループ系企業との合弁事業から手を引き、仲介者を排除しようとすると、フトゥンゴはそれに猛反発した。ロンドンのチャタム・ハウスにあるシンクタンク、王立国際問題研究所でアフリカ問題を担当するアレックス・ヴァインズは、クイーンズウェイ・グループの調査の一環として、中国石油企業の幹部らに話を聞いている。その話によると、マヌエル・ヴィセンテは中国の国有石油企業に対し、アンゴラでビジネスがしたければ、クイーンズウェイ・グループ系企業との合弁事業という形で行うよう要請したという。[52]「中国石油化工は、市場に参入するための短期的な合弁事業だと思っていたようだが、すっかり抜け出せなくなってしまった」とヴァインズは言う。また、ルアンダに駐在するアメリカ大使が、中国政府とＣＩＦとの関係について中国大使に非公式に尋ねたことがある。中国大使はその際、ＣＩＦは「民間企業」であり、大使館はＣＩＦとアンゴラ当局との取引に一切かかわっていないと述べている(53)。だがアメリカ大使によれば、ＣＩＦはドス・サントスと「密接な関係」を築いているという。徐京華はもはや、アンゴラの原油の門番となっている。中国政府に徐を出し抜く力はないのだ。

ほどなくクイーンズウェイ・グループは、以前と同じ状態に戻ったとは言えないが、少なくとも再び中国政府から黙認されるようになった。ＣＩＦの資金繰りの問題も収束へと向かった。二〇〇七年一〇月、アンゴラ財務省は、中国からの融資の不正取り扱いを否定した先の公式声明の中で、三五億ドルの国債を発行したことを明らかにした。中断していたＣＩＦのインフラプロジェクトを救済するためである(54)。さらに同月にはＢＰが、第一八鉱区から原油を汲み上げ始めた。クイーンズウェイ・グループには、その売上二〇ドルにつき三ドルを受け取る権利がある。

クイーンズウェイ・グループをアンゴラの救済者だと言う人もいる。たとえば、エルデル・バタグリアである。「中国政府がしたがっていたこと、アンゴラ政府がしたがっていたことを、あのグループはしたんだ」バタグリアは結局、中国、徐京華、フトゥンゴが最初の契約を結ぼうとしていた二〇〇四年に手を引いた(55)。だが、徐京華にアンゴラでのビジネスを勧めたのは自分であり、第二の故郷に必要な投資を行う手助けができたことを誇りに思っているという。「私にしてみればすばらしいことだ。この二国を結びつけることが私のいちばんの目標だったからね。当時は、アンゴラの復興を手伝ってくれる国などなかった」チャイナ・ソナンゴルやＣＩＦの事業については、何も心配していないという。「私から見れば大成功だよ。もちろんまだもの足りないが、アンゴラにとってとても重要な仕事をしてくれた。後悔なんかしていない。自分がしたことを誇りに思っているよ。内戦が終わって一五万人が復員した。復興に投資し、その人たちに仕事を与える必要があったんだ」

バタグリアはさらに続ける。「平均的な国民から見れば、アンゴラはすっかり変わったよ。道路や鉄道、橋を見るといい。アンゴラほど自立した国はアフリカにはない。中国に引き続き、世界中の国々と関係を築いたんだ。十分に自立しているよ。国民が自尊心を持つには、それがとても重要だ。アンゴラ人は今の自分たちに誇りを感じている。もちろん問題がないわけじゃない。でも、ポルトガルにだってイギリスにだって問題はある。アンゴラと中国が協力して国を復興しているときに、企業が間に入るのは、どちらにとってもよくないと思う」

だが、間に入っている企業がある。クイーンズウェイ・グループだ。徐京華がアンゴラで大胆な取引を始めてから一〇年が経とうとしていたころ、その取引の本質の一端をうかがわせる事件が発生した。

北京の有力実業家、武洋は、アンゴラと中国石油化工との取引をまとめる手助けをした見返りに、チャイナ・ソナンゴルの株式を保有するクイーンズウェイ・グループの持株会社の株式を譲渡されていた。その武洋が二〇一一年、羅方紅、馮婉筠、およびその持株会社を香港で告訴したのだ。武の主張によれば、自分に四〇〇〇万ドル相当の配当が支払われるべきなのに、支払われていないという。そこで武は、クイーンズウェイ・グループ系企業数社の支払台帳を調べ、その資金の行き先を自分に確認させるよう要請した。すると二〇一三年になって香港の裁判所が、武に支払台帳の確認を許可した。この裁判における羅方紅の証言について裁判官が記録した内容を見ると、興味深い事実がわかる。

羅は、第一八鉱区のプロジェクトが利益を生んでいることは認めた。この鉱区ではいまだに一日一八万バレルの原油が産出されている。だがその利益は、他の用途に振り向けられているという。[56]「羅の証言によれば、（中略）チャイナ・ソナンゴルが受け取った金銭は、アンゴラとの友好関係を築くために請け負ったプロジェクトの資金となった。羅は、具体的なプロジェクト名を挙げてもいなければ、当の持株会社が誰の歓心を買おうとしていたのかも明らかにしていない。だが、そのプロジェクトで損失が発生し、第一八鉱区のプロジェクトで生まれた利益を使い尽くしてしまったという」これはつまり、クイーンズウェイ・グループの基幹企業がアンゴラの「歓心を買う」ために資金を流用したことを、羅方紅が認めたということだ。裁判官は慎重な表現を用いながら、さらにこう続けている。「香港で最善と考えられる商慣行・会計慣行に従ってアンゴラで企業を経営することは、きわめて難しく、部分的には不可能でさえあるという点に、論争の余地はないと考える」

武洋とクイーンズウェイ・グループ設立メンバーとの法廷闘争は、その後もだらだらと続いた。しかしその間に、徐京華はさらに歩を進めた。〝関係〟を利用して企業帝国の基盤を築いた徐は、ほかの資源国家の支配者との取引に、このアンゴラでの経験を応用していったのだ。

[原注]

（1）World Bank, 'Commodity Markets Outlook', January 2014, www.worldbank.org/content/dam/Worldbank/GEP/GEPcommodities/Commodity_Markets_Outlook_2014_January.pdf; US Energy Information Administration, International Energy Statistics, www.eia.gov/cfapps/ipdbproject/iedindex3.cfm?tid=5&pid=5&aid=2&cid=regions&syid=1990&eyid=2013&unit=TBPD.

(2)二〇一四年四月一七日、アメリカ財務省内で制裁行為を管轄する外国資産管理局は、特定国籍業者リストを更新した。これは、金融取引を規制したり、アメリカ企業との取引を禁止したりする人物や企業のリストである。そこには、ジンバブエの欄に新たな項目として、以下のように記されている。「サム・パ（別名サモ・ホイ、シュー・ジンホワ〈徐京華〉、サム・キン、ツイ・キョンファ、ギウ・カー・レオン、アントニオ・ファムトソンギウ・サンポ・メネゼス）、一九五八年二月二八日生まれ、国籍中国、市民権アンゴラおよびイギリス、パスポート番号C234897（0）（イギリス）」（Resource Center, U.S. Department of the Treasury, www.treasury.gov/resource-center/sanctions/OFAC-Enforcement/pages/20140417.aspx）この制裁リストには、海外国籍者のパスポート番号や市民権が記されているが、当人が実際にそのパスポートや市民権を保有しているとは限らない。保有している可能性があると財務省が考えているだけである。

(3)同前。

(4)二〇一三年一二月に著者がマフムード・ティアムに電話で行ったインタビューによる。

(5)Beth Morrissey, Himanshu Ojha, Laura Rena Murray and Patrick Martin-Menard, 'China-Based Corporate Web Behind Troubled Africa Resource Deals', Centre for Public Integrity, 9 November 2011, www.publicintegrity.org/2011/11/09/7108/china-based-corporate-web-behind-troubled-africa-resource-deals.

(6)たとえば、以下を参照。Peter Mattis, 'The Analytic Challenge of Understanding Chinese Intelligence Services', *Studies in Intelligence* 56, no. 3（September 2012）: 47-57.

(7)Richard McGregor, *The Party: The Secret World of China's Communist Rulers*（London: Penguin, 2012）, 114.（邦訳：『中国共産党――支配者たちの秘密の世界』小谷まさ代訳、草思社、二〇一一年）。

(8)二〇一四年三月に著者がナイジェル・インクスターに行ったインタビューによる。

（9）二〇一三年七月にゴマで、著者がコンゴ政府軍の高官に行ったインタビューによる。また、以下も参照。'Supporting the War Economy in the DRC', International Peace Information Service, January 2002, www.ipisresearch.be/download.php?id=197.

（10）たとえば、以下を参照。Simon Mann, *Cry Havoc*（London: John Blake, 2011）.

（11）中国アフリカ協力フォーラムのウェブサイト www.focac.org による（二〇一四年五月七日にアクセス）。

（12）以下に掲載されているＩＭＦ貿易統計を参照。'Trade Levels Rise and Rise', Africa-Asia Confidential, 5 August 2013, www.africa-asia-confidential.com/article-preview/id/959/Trade_levels_rise_and_rise.（訳注：リンク切れ、以下のサイト参照。www.africa-confidential.com/article-preview/id/10958/Trade_levels_rise_and_rise）以下も参照。Sarah Baynton-Glen, 'China-Africa-CNY Internationalisation', Standard Chartered, 9 April 2013, https://research.standardchartered.com/configuration/ROW%20Documents/China-Africa_%E2%80%93_CNY_internationalisation_09_04_13_08_01.pdf.

（13）Ecobank, 'Six Top Trends in Sub-Saharan Africa's（SSA）Extractives Industries', 23 July 2013, www.ecobank.com/upload/20130813121743289489uJudJb9GkE.pdf.

（14）Angolan Embassy in London, 'Ministry of Finance Denies Misuse of Chinese Loans', 17 October 2007; Ana Cristina Alves, 'Chinese Economic Statecraft: A Comparative Study of China's Oil-backed Loans in Angola and Brazil', *Journal of Current Chinese Affairs* 42, no. 1（January 2013）: 99-130, 108.

（15）'Angola, China Vow to Forge Long-Term Stable Cooperative Relations', Xinhua, 25 February 2005, www.china.org.cn/english/international/121289.htm.

（16）Pieter D. Wezeman, Siemon T. Wezeman and Lucie Béraud-Sudreau, 'Arms Flows to Sub-Saharan Africa',

Stockholm International Peace Research Institute, December 2011, http://books.sipri.org/files/PP/SIPRIPP30.pdf.

(17)'Angola Unravels', Human Rights Watch, September 1999, section 141, www.hrw.org/reports/1999/angola; Indira Campos and Alex Vines, 'Angola and China: A Pragmatic Partnership', Centre for Strategic and International Studies, March 2008, http://csis.org/files/media/csis/pubs/080306_angolachina.pdf, 3.

(18)二〇一四年二月に著者がエルデル・バタグリアに電話で行ったインタビューによる。

(19)Lee Levkowitz, Marta McLellan Ross and J. R. Warner, 'The 88 Queensway Group: A Case Study in Chinese Investors' Operations in Angola and Beyond', US-China Economic and Security Review Commission, 10 July 2009, http://china.usc.edu/App_Images/The_88_Queensway_Group.pdf.（訳注：リンク切れ、以下のサイト参照。http://origin.www.uscc.gov/sites/default/files/Research/The_88_Queensway_Group.pdf）この報告書は、二〇〇四年四月三日にチャベス大統領が「米州自由貿易地域はわが国民のために死んだ」と述べたというベネズエラの大統領報道官の言葉を引用して、以下のように述べている。「二〇〇四年四月、ベネズエラのテレビ局の報道によれば、ウゴ・チャベス大統領は、総額三億ドルに及ぶ投資プロジェクトをポルトガルや中国と進める基本合意書に署名した。このプロジェクトには、エネルギー、建設、通信、サービス、アルミニウム各部門の事業が含まれる。ポルトガルを代表して署名したのはエルデル・バタグリア、中国を代表して署名したのは羅方紅（北亜国際発展の取締役として）である。合意書の署名を受け、チャベス大統領はこう宣言した。『ベネズエラとアメリカとの米州自由貿易地域は死んだ。これで、わが国に一定の経済モデルを押しつけようとするアメリカ政府の企みが、永遠に終わることを願う。この合意により、中国とベネズエラの関係が新たに発展していくことになるだろう』」

(20)著者がマフムード・ティアムに電話で行ったインタビューによる。以下も参照。Morrissey et al., 'China-Based Corporate Web Behind Troubled Africa Resource Deals.'

(21)香港特別行政区高等法院第一審裁判所の判決による。HCMP 2143/2011, in *Wu Yang v. Dayuan International Development Limited et al.*, 4 June 2013, http://legalref.judiciary.gov.hk/lrs/common/search/search_result_detail_frame.jsp?DIS=87490&QS=%24%28Dayuan%2CInternational%2CDevelopment%29&TP=JU.

(22)二〇〇四年四月四日に放送された『アロ・プレジデンチ』第一八七回の記録による。

(23)著者がエルデル・バタグリアに電話で行ったインタビューによる。

(24)クイーンズウェイ・グループの上場企業、南南資源に関する香港の企業記録に、羅方紅は王翔飛の妻と記されている。王の経歴については、南南資源など、彼が取締役を務める企業の記録から引用している。

(25)Morrissey et al., 'China-Based Corporate Web Behind Troubled Africa Resource Deals.'

(26)著者の質問状に対するチャイナ・ソナンゴルからの書簡による。この書簡の内容は、二〇一四年七月一八日付フィナンシャル・タイムズ紙において、クイーンズウェイ・グループに関する記事とともに公開している。www.ft.com/chinasonangolresponse.

(27)裁判所の判決には、クイーンズウェイ・グループの企業の支払台帳からの抜粋が含まれているが、そこには中国国際基金が一五〇万ドルを「徐氏」に仮払いしたとある。香港高等法院の判決を参照。また、二〇一三年九月二五日のドバイ政府広報室の報道発表で、チャイナ・ソナンゴルによる石油精製所建設契約が公表されたが、その際、「チャイナ・ソナンゴル・グループ会長、徐京華」が合意覚書に署名したと述べている。二〇一三年一二月一一日のシエラレオネ国民議会広報室の報道発表では、「中国国際基金の副会長である徐氏」がアーネスト・コロマ大統領と会談したと報告している（http://cocorioko.info/?p=2618）。

(28)前記（19）と同じ。

(29)香港高等法院の判決による。

(30)Iain Esau, 'Shell Goodbye to Greater Plutonio', Upstream, 19 December 2003.

(31)Carola Hoyos, 'Shell All But Withdraws from Angola', *Financial Times*, 9 April 2004.

(32)たとえば、以下を参照。'Sonangol Sinopec Acquires 50% Interest in Angola Block 18 from Shell', Global Markets Direct Financial Deals Tracker, 30 December 2004.

(33)'Zeng Peiyan - Politburo Member of CPC Central Committee', Xinhua, 15 November 2002, http://news.xinhuanet.com/english/2002-11/15/content_631108.htm.

(34)著者がエルデル・バタグリアに電話で行ったインタビューによる。

(35)二〇一二年六月にルアンダで、著者がマヌエル・ヴィセンテに行ったインタビューによる。

(36)武洋がほかのクイーンズウェイ・グループ創業者と対立していた証拠について裁判官が説明している内容によると、チャイナ・ソナンゴルのクイーンズウェイ・グループ側の株主である持株会社は、「当初はいかなる有形資産も持っていなかった」という。香港高等法院の判決を参照。

(37)チャイナ・ソナンゴルの定款には、北亜国際発展という会社が七〇パーセントの株式を所有しているとある。届け出記録によると、この会社は、チャイナ・ソナンゴルが登記される一年前に、やはり香港で登記されている。その株式も同様に七〇パーセントと三〇パーセントに分割されており、七〇パーセントは羅方紅と馮婉筠の所有する創輝国際発展が、三〇パーセントは中国の国有コングロマリット、北亜実業集団が所有している。だが、裁判所記録（香港高等法院の判決を参照）に記された武洋の供述を見ると、この三〇パーセントの所有者は名義上、北亜実業集団となっているだけで、実質的には武洋やその仲間なのだという。武洋はチャイナ・ソナンゴルを介して、ソナンゴルと中国石油化工との取引をまとめる手助けをした。この取引において有力者を紹介した見返りに、その株式を提供されたということらしい。実際、北亜実業集団の記録によると、その株式は二〇〇四年一〇月に正式に武洋の名義になっている。つまり武洋は、チャイナ・ソナンゴルの株式の二一パーセントを間接的に所有していたことになる。また同社を通じて、ソナンゴル・シノペック・インターナショナル（ＳＳＩ）の株式の九・五パーセントを間接的に受け取っていたことになる（著者がコピーした香港企業登記簿のさまざまな記録による）。

(38)二〇一〇年四月一日に、中国石油化工の取締役会から株主に宛てた書簡による。同社が持つＳＳＩの株式を子会社から親会社に譲渡する条件を提示している。

(39)同前。

(40)二〇一〇年、中国石油化工は第一八鉱区の持分の所有権を、香港の子会社から中国本土の親会社に変更した。その際に同社は、保有しているＳＳＩの五五パーセントの株式の価値を一六億七八〇〇万ドルと評価した。それをもとに換算すると、チャイナ・ソナンゴルが保有するＳＳＩの残り四五パーセントの株式の価値は、一三億七三〇〇万ドルとなる。クイーンズウェイ・グループはチャイナ・ソナンゴルの株式の七〇パーセントを保有しているため、同グループが間接的に保有している第一八鉱区の持分の価値は、九億六〇〇〇万ドルということになる。以下を参照。'Sinopec's First Acquisition of Overseas Upstream Assets,' Sinopec press release, 28 March 2010, http://english.sinopec.com/media_center/news/20100329/download/en-news100329d.pdf.

(41)二〇一一年、石油価格の指標とされるブレント原油の一バレルあたりの平均価格は一一一ドルだった。つまり、第一八鉱区の一日の産油量およそ二〇万バレルの価値は、二二〇〇万ドルとなる。第一八鉱区におけるクイーンズウェイ・グループの実質的な取り分は、一五・七五パーセントだった。
(42)著者がマヌエル・ヴィセンテに行ったインタビューによる。
(43)二〇一四年一月にロンドンで、著者がイサイアス・サマクヴァに行ったインタビューによる。
(44)著者がヴィセンテに行ったインタビュー、およびチャイナ・ソナンゴルが香港当局に届け出た記録による。
(45)二〇〇六年五月一一日、中国当局は横領と贈収賄の容疑で劉貴亭の逮捕令状を発行した。劉貴亭は後に終身刑に処されている（以下を参照。'Former China Railway Group Chief Jailed for Life in Corruption Case,' trans. BBC Monitoring, Xinhua, 1 April 2009, http://english.cri.cn/6909/2009/04/01/1241s470616.htm; 'Former Chairman of Beiya Group Receives Life Sentence for Embezzlement,' Caijing, 1 April 2009)。劉が会長を務めていた中国の国有鉄道会社、北亜実業集団は、クイーンズウェイ・グループ最初期の持株会社、北亜国際発展の少数株主だった。この北亜国際発展を通じて北亜実業集団は当初、エルデル・バタグリアの会社との合弁会社であるチャイナ・ベイヤ・エスコムやチャイナ・ソナンゴルの株式を保有していた。劉の逮捕令状が出た六日後、北亜国際発展は香港の通商当局に申請し、社名を大遠国際発展に変更した。スキャンダルにまみれた過去の痕跡を拭い去ろうとしたのである。
(46)企業記録によると、クイーンズウェイ・グループとエルデル・バタグリアの会社との合弁会社であるチャイナ・ベイヤ・エスコムは、コンゴ共和国の国有石油会社コトレードとともに、コトレード・アジアという合弁会社を設立した。このコトレード・アジアが不正行為をしたという証拠はない。だがイギリスの裁判所の判断では、コトレードは、国が債権者から借りている資金を隠そうとする支配者層の陰謀に加担しているという。裁判所の判決にはこうある。「このようなシステムを作り、陰で糸を引いている人間は、不誠実そのものである。ダミー会社を設立し、それを利用して当の取引を行うことで、現行の法的責任の執行を回避している」二〇〇五年一一月二八日にロンドン高等法院で行われた *Kensington International Limited v. Republic of the Congo* 裁判におけるクック裁判官の判決を参照。コトレード・アジアに関しては、この陰謀に絡むその後の訴訟で言及されている。それについては、二〇〇七年五月三一日に香港高等法院第一審裁判所で行われた *Kensington International Limited v. ICS Secretaries Limited* 裁判におけるカールソン裁判官の判決を参照。

(47)中国国際基金（CIF）も、クイーンズウェイ・グループが株式の七〇パーセントを保有するチャイナ・ソナンゴルと同じような構造で所有されている。CIFの株式の九九パーセントは、大遠国際発展という持株会社が保有している。この大遠の株式の七〇パーセントは、馮婉筠と羅方紅が所有するクイーンズウェイ・グループの創輝が、残りの三〇パーセントは武洋が保有している。CIFの株式の残りの一パーセントは、羅が直接保有している。ところが二〇一二年、武洋が大遠、および羅と馮を告訴した。すると、大遠が保有していたCIFの九九パーセントの株式は、マジック・ワンダー・ホールディングスという別会社に譲渡された。マジック・ワンダーについては、二〇一二年四月二六日に設立されたこと、登記住所がイギリス領ヴァージン諸島の私書箱であることしかわかっていない。以上は、香港当局に提出された大遠国際発展やCIFの記録、およびイギリス領ヴァージン諸島金融庁の企業登記簿による。

(48)Angolan Embassy in London, ‘Ministry of Finance Denies Misuse of Chinese Loans’.

(49)‘Chinese Investors Claim 2.7 mln Yuan from Misleading Company’, Xinhua, 27 December 2007, http://english.people.com.cn/90001/90776/90882/6328055.html; ‘3 Chinese Jailed for Insider Trading, Fined $11.2 mln’, Xinhua, 4 February 2008, http://english.peopledaily.com.cn/90001/90776/90884/6351533.html. 事件の後、この契約は中国中信が受注した。

(50)Sinopec, 'Announcement on Resignation of Mr. Chen Tonghai as Director and Chairman of the Board', press release, 22 June 2007, http://english.sinopec.com/media_center/announcements/archive/2007/20070622/download/AM20070622157.pdf; 'Former Sinopec General Manager Expelled from Party on Corruption Charges', Xinhua, 25 January 2008, http://english.sinopec.com/media_center/announcements/archive/2007/20070622/download/AM20070622157.pdf.（訳注：リンク切れ、以下のサイト参照。http://news.xinhuanet.com/english/2008-01/25/content_7498154.htm.）

(51)'Sinopec Ex-Chairman Chen Gets Death Sentence with Reprieve After Reporting Others' Crimes', Xinhua, 15 July 2009, http://news.xinhuanet.com/english/2009-07/15/content_11713262.htm.

(52)二〇一三年九月にロンドンで、著者がアレックス・ヴァインズに行ったインタビューによる。以下も参照。Alex Vines, Lillian Wong, Markus Weimer and Indira Campos, 'Thirst for African Oil', Chatham House, August 2009, www.chathamhouse.org/sites/files/chathamhouse/r0809_africanoil.pdf.

(53)US Embassy in Luanda, 'New China Credit Line Under Consideration', diplomatic cable, 27 January 2009, WikiLeaks, 8 December 2010, http://www.wikileaks.org/plusd/cables/09LUANDA51_a.html.

(54)Angolan Embassy in London, 'Ministry of Finance Denies Misuse of Chinese Loans'.

(55)著者がエルデル・バタグリアに電話で行ったインタビューによる。

(56)香港高等法院の判決による。

第4章

ゾウが喧嘩をすると草地が荒れる

イスラエルの富豪、ベニー・スタインメッツはアフリカのダイヤモンド取引で財を成した後、鉱物資源や不動産事業にも手を伸ばし、資産を増やし、一大企業帝国を築き上げた。同族経営のコングロマリット、ベニー・スタインメッツ・グループ（BSG）の鉱業部門BSGRはギニアに眠る大量の鉱物資源に注目した。だがギニアでは、イギリスとオーストラリアを拠点とする多国籍の資源・鉱業グループ、リオ・ティントが有望なシマンドゥ山脈の採掘権を手に入れていた。

二〇一三年四月のその日曜日は、どんよりと曇った蒸し蒸しする日だった。同日の午後、フレデリック・シランはフロリダのジャクソンビル国際空港で、ママディエ・トゥーレという女性と待ち合わせをしていた。空腹だったシランは、その女性がタクシーから降りてくるのを見ると言った。「どこかで軽く何か食べよう」(1) 後にギニアの政府調査局が公表したこの会話の記録によれば、二人は空港のしゃれたターミナルの中で食事のできる店を見つけ、店内の席に腰を下ろした。シランは、頭のはげかかった五〇代前半のフランス人、トゥーレは、シランより二〇歳も若い、体の線の美しい西アフリカの女性だ。二人はしばらく、フランス語で雑談を交わした。前日にシランの娘が初めての孫を出産した話などをしたという。

だが、それからすぐに金の話になった。「今すぐお金が欲しいの」とトゥーレが言う。シランは、今は二万ドルしか渡せないが、シエラレオネに行けばさらに二〇万ドルを渡すと説明した。飛行機のチケットも手配すると言った。だがトゥーレは前金の増額を要求した。そのときウェイトレスがやって来た。シランは英語に切り替え、トゥーレにはチキンサンド、自分にはシーザーサラダを注文した。シランは話題を変えた。トゥーレの故国ギニアの隣にあるシエラレオネに行けば安全であり、身に迫りつつある問題に悩まされることもない。しかしトゥーレは、取り決めた金銭の条件の変更を求めた。前金を二万ドルから五万ドルにしてもらえないだろうか？

「いやいや、よく聞いてくださいよ。取引の話はもうしたはずです」シランはその内容をもう一度伝えた。数千ドルの話ではない。「あの書類の件ですよ。私たちが書類を全部破棄すれば、まず二〇万、そのあとで八〇万があなたのものです。何があろうとね。一〇〇万ドルがあなたのものになります」

シランは冷静さを失っていった。アフリカの未開の西部で何年もビジネスをしてきたが、これは細心の注意を要する問題だった。トゥーレは、二〇〇六年から二〇一〇年にわたる署名済みの契約書を六通持っている。その契約書には、トゥーレの手引きでBSGリソーセス（BSGR）という企業が採掘権を獲得できれば、報酬としてトゥーレに現金や株式が提供されることが詳細に記されている。当の契約には、ギニアの辺境にある世界最大級の未開発鉄鉱床、シマンドゥの採掘権も含まれる[2]（後にこの契約書が公になると、BSGRは偽造だと主張した）。BSGRは二〇〇八年、ギニア政府からシマンドゥの採掘権を手に入れた。だがその二年後、世界有数の鉄鉱石採掘企業ヴァーレに、その採掘権の一部を二五億ドルで売却することに合意した。BSGRがその鉱床の予備開発作業に費やした資金が一億六〇〇〇万ドルであることを考えると、莫大な利益を得たことになる。近年のアフリカ鉱業史に残る大々的な取引だった。

しかし今、それが問題になっていた。トゥーレの話によると、FBIが会いに来たらしい。FBIがトゥーレに関心を抱いているのは、彼女が普通のギニア人ではなく、独裁者ランサナ・コンテの四番目の妻だったからだ。コンテは二〇〇八年一二月、BSGRに採掘権を提供した数日後に死んでいる。未亡人になったトゥーレは、まずシエラレオネへ、次いでアメリカのフロリダへと転居したが、そこでＦＢＩの訪問を受けた。海外腐敗行為防止法およびマネーロンダリング規制法違反の疑いがあったのだ。不正に取得した利益をアメリカに持ち込むことは禁じられている。

シランは、ギニアでＢＳＧＲの取引の仲介をしている男だった（ＢＳＧＲは、この男は自社の従業員ではないと必死に主張している）。これまでの数週間、トゥーレと電話で話をしたり直接会ったりして、ＦＢＩの手に渡る前に契約書類を破棄させようとした。ＢＳＧＲに採掘権が提供された件に彼女は何の関与もしておらず、ＢＳＧＲから一切金銭を受け取っていないと宣言する文書に署名させようともした。さらには、シエラレオネに逃げるよう説得もした。ＢＳＧＲが、過去の鉱業契約に対するギニア現政府の調査をうまく乗り切り、無傷で事業を続けることができたら、そのときには、契約書を破棄した報酬一〇〇万ドルに加え、五〇〇万ドルを払うと約束してもいた。

二人が注文した料理を運んできたウェイトレスが尋ねる。「マヨネーズやマスタードをお使いですか？」シランはウェイトレスを追い返すと、トゥーレに向き直った。家族のこと、ギニアの政治のこと、マイアミの天気のことなど、とりとめのない会話が続く。シランはさらにチーズケーキを二つ注文すると、ＦＢＩの職員とどんな話をしたのかトゥーレに尋ねた。トゥーレは書類など一切持っていないと答えたが、ＦＢＩの職員は脅しをかけてきたという。召喚状を発行してニューヨークの大陪審に引き出し、そこで汚職疑惑に関する証言を聞いてもいいと言われたらしい。シランは「すぐに処分したほうがいい」と言った。やがてウェイトレスがシランにつり銭を持ってきた。「おつりはいいよ。ごちそうさま」とシランが言う。

「え、ありがとうございます。ごゆっくりどうぞ」ウェイトレスが応える。

トゥーレは再び、前金の増額を要求した。「子供じゃないのよ」とトゥーレがはねつけるように言うと、シランの堪忍袋の緒が切れた。「もううんざりだ、ママディエ。どうしてほしいって？あなたの話はいつも、ああしてくれ、こうしてくれだ。いいかげんにしてくれないか。あなたはいつも私を責める。私がこうして会って、お金を渡して、解決策を探して、あれやこれやしているのにね。もううんざりだよ。そんなわがままを言うのなら、あとはあなたが決めてくれ」シランは、契約書類を破棄するのはトゥーレ自身のためだと主張した。そうしないのは、自分に向けて爆弾を投下するようなものだ、と。そして、トゥーレが知人に書類のコピーを渡したことを難詰《なんきつ》した。その知人がギニア政府当局に通報したのだ。「あなたが子供だと言うつもりはないが、あなたの判断は間違っていた」シランはそう言うと口をつぐみ、フライトの出発時刻表示板を見てくると言って席を離れようとした。

そこへ男が近づいてきてシランに命令した。「立て。手を背中に回せ」

ベニー・スタインメッツは鉱業ビジネスの世界に生まれた。世界的に有名なイスラエルのダイヤモンド商社を設立したルービン・スタインメッツのいちばん下の息子である彼は、一九七七年に兵役を終え、二一歳になるとアントワープで仕事を始めた。このベルギーの港町は、五〇〇年にわたりダイヤモンド取引において中心的な役割を果たしてきた。現在でも、遠方の鉱山から運ばれてきた大量の原石がカット・研磨され、宝石商へ売り渡されていくための中継地点となっている。スタイルも顔立ちもいいスタインメッツは、内戦で疲弊していたアンゴラで原石を買いつけ、瞬く間にアフリカのダイヤモンド取引の重要人物として頭角を現した。[3] やがて兄とスタインメッツ・ダイヤモンド・グループを設立すると、ダイヤモンド取引を支配する巨大企業デビアスから原石を購入する最大の企業となった。今では一大企業帝国を築き上げ、F1レースのスポンサーを務めたり、バンコクのワット・アルンなど美しい建築物のそばで豪勢なパーティを開き、スカーレット・ヨハンソンなどをモデルに自社の宝石を紹介したりしている。

　スタインメッツは、資産が増えるにつれ、次第にほかの鉱物資源や不動産にも手を伸ばし、イスラエルからスイスのレマン湖畔の都市ジュネーヴに拠点を移した。二〇一一年には純資産が六〇億ドルに達し、フォーブス誌の世界長者番付で一六二位となった。フォーミュラワン・グループの最高経営責任者バーニー・エクレストンやヴァージン・グループの会長リチャード・ブランソンの資産を優に上回り、イーベイの初代社長ジェフリー・スコールの資産のおよそ二倍に及ぶ額である。スタインメッツ個人のウェブサイトには、ある知人のこんな言葉が紹介されている。「〝天井知らず〟なんて言葉があるけど、ベニーには当てはまらない。ベニーにとっては天井なんてまだまだ序の口なんだ」

　二〇世紀末から二一世紀初めにかけて鉱業市場に変化が訪れると、スタインメッツは直ちに反応した。急成長を遂げるアジア諸国で卑《ひ》金属の需要が高まると、鉱業各社は運営を多様化させ、ダイヤモンドのような貴金属・宝石から、電線や鉄鋼の原料となる金属資源へ投資を切り替えた。するとスタインメッツも、コンゴのカビラ政権とつながる同じイスラエルの大物実業家ダン・ゲルトラーとともに、同国のカタンガ州で行動を起こした。コンゴ南部のカタンガ州には、世界に類を見ないほど巨大な銅やコバルトの鉱床がある。二人はその地でニカノルという企業を設立し、戦争で荒廃した銅山の採掘権を手に入れたのだ。しかし同社は二〇〇八年、以後コンゴでゲルトラーがかかわる取引を進めることになる巨大商社グレンコアに買収されている[4]。そのころになるとスタインメッツは、アフリカのフランス語圏にある別の腐敗国家で、さらに需要の高い鉱物資源に手を伸ばそうとしていた。

ギニアでは、フランス人植民地支配者たちが一九五八年に撤退する際、帝国主義の置き土産《みやげ》として、あらゆる公共施設を破壊していった。それ以前、シャルル・ド・ゴールはアフリカのフランス語圏諸国にフランス共同体への加盟を要請したが、ギニア解放運動の指導者アフメド・セク・トゥーレは加盟を拒否した。その結果フランスはギニアの独立は認めたものの、報復として官庁の電球一つ残しておくことを拒否したのだ。しかしセク・トゥーレはものともせず、「われわれは豊かな隷属《れいぞく》よりも貧しい自由を選ぶ」と宣言した(5)。

だが実際のところ、ギニア国民は貧しいばかりで、自由を知ることはなかった。セク・トゥーレは、アフリカに登場する一連の腐敗した暴君の先陣を切った。ギニアもほかのアフリカ諸国と同様、独立したとはいえ、名ばかりの主権しかなかった。超大国や鉱業会社が時の権力者の機嫌を取り、支配権を握った。

それでもギニアは内戦を免れた。隣国のシエラレオネやリベリアでは、ダイヤモンド売買で資金を得た反乱軍により国土が荒廃した。とはいえ、ギニアの海辺の首都コナクリを見ても、その差がわかるというわけではない。マラリアに侵された首都は、徐々に分解されて堆肥になっていく熱帯植物の枝葉を連想させる。内陸には、息をのむほど美しい光景とともに貧困が広がっている。不幸と悪政がはびこり、ギニアは今や、コンゴやニジェール、ソマリアなどとともに最貧国の仲間入りを果たしている。人間の幸福度を示すあらゆる指標が、アフリカ全体の平均さえ下回る低いレベルを示しているのだ。たとえばスイスでは、新生児一〇〇〇人のうち、五歳の誕生日を迎えられないのは、平均して四人ほどしかいない。だがギニアでは、それが一〇四人に及ぶ⑥。首都のじめじめした穴だらけの通りでは、驚くほど多数の住民が足をひきずりながら歩いている。何らかの原因で障害を負った人たちである。一一〇〇万人に及ぶギニア国民は、教育面でも健康面でも、世界中のどの国よりも著しく劣悪な環境に置かれている。

一九八四年にセク・トゥーレが死亡すると、ランサナ・コンテが跡を継いだ。独立前はフランス軍、独立後はギニア軍に所属し、大佐にまで昇進していたコンテは、クーデターを行う絶好の位置にいた。コンテは無血クーデターを成功させると、およそ四半世紀に及ぶ支配を始めた。コンゴのモブツ、ガボンのボンゴ、アンゴラのドス・サントスと同じ世代に属し、長期にわたり政権を掌握して、独立後の民衆の大きな期待を粉々に打ち砕いた指導者の一人である。こうした指導者は、横領や弾圧を通じて国を支配した。国の石油や鉱物資源を私物化し、略奪システムの中でのうのうと暮らしていた。しかしこの略奪システムは、石油や鉱物資源を国際市場に結びつけなければ機能しない。そのためアフリカの暴君たちは、資源産業に詳しい協力者を求めた。

ギニアはイギリスほどの面積しかないにもかかわらず、不釣り合いなほど多くの鉱物資源を有している。ギニアに住む外国の鉱業企業の幹部は言う。「この国は膨大な資源に恵まれている。一部の鉱床は、世界に類例がないほどの規模だ」たとえば、この国の地下には、確認されているかぎりでは世界最大のボーキサイトの鉱床がある。ボーキサイトは、アルミニウムの原料になる鉱石だ。アルミニウムはきわめて耐久性の高い金属で、グローバル経済における重要性はますます高まっている。アルミ箔《はく》、飲料用のアルミ缶、薬のパッケージ、航空機の部品など、アルミニウム合金を目にしない場所はない。ギニアはここ数十年にわたり、ボーキサイトの輸出量で常に世界の上位につけている。だがこの国の地下には、アルミニウムよりも需要の大きい唯一の金属が、手つかずのまま大量に眠っている。それは鉄だ。

　鉄鉱石は鉄鋼を作るために利用される。鉄鋼がなければ、私たちが生きているこの現代世界は存在していないだろう。世界の年間鉄鋼生産量は一五億トンに及ぶ。五人ごとにおよそ一トンの割合である。ルクセンブルクのアルセロール・ミタル、インドのタタ・グループ、中国の宝鋼集団など、世界的な巨大鉄鋼メーカーは、全世界の産業経済を支配している。船舶や橋梁《きょうりょう》に始まり、フォークや手術用メスに至るまで鉄鋼が必要とされているからだ。同じことは、大規模な鉄鉱石採掘企業にも言える。ブラジルのヴァーレ、イギリスとオーストラリアを拠点とするリオ・ティントなどだ。リオ・ティントは、一九世紀からスペインの川岸で銅を採掘していた老舗《しにせ》企業だが、今ではＢＨＰビリトンに次ぎ、世界第二位の株式時価総額を誇る鉱業企業に成長している。

　一九九六年、リオ・ティントの幹部がランサナ・コンテ政権の鉱業大臣に面会し、ギニア東部の山岳地帯における鉄鉱石調査の話を持ちかけた[7]。すると翌年リオ・ティントに、一一〇キロメートルに及ぶシマンドゥ山脈を試掘する許可が下りた。リオ・ティントの地質調査チームが試掘を始めると、二〇〇二年になって世界でもまれに見る規模と価値を持つ、きわめて良質な鉱体（採掘の対象になる鉱石の集合体）が発見された。さらに調査を進めたところ、二四億トンを超える優良な鉄鉱石を有する、世界最高レベルの鉱床が存在することが明らかになった。しかしシマンドゥは、海岸から七〇〇キロメートルも内陸にある。鉄鉱石を採掘するためには、整備されていない土地に鉄道を敷設し、その先に巨大な港を建設しなければならない。鉱山開発とインフラ整備を合わせると、二〇〇億ドル近いコストがかかる。これが実現すれば、アフリカの鉱業事業史上かつてない規模の投資プロジェクトになる。

コンテは首相を任命しては更迭《こうてつ》し、治安部隊を使って反対派を抹殺した。だがその間もリオ・ティントはあきらめなかった。同社は何年にもわたる交渉で国会を納得させ、二〇〇六年になってようやく、シマンドゥ鉱業協定と呼ばれる契約をまとめた。つまり、掘削を始める法的権利を手に入れたのである。だが、その後のシマンドゥ開発の進捗《しんちょく》は遅かった。ギニア当局がリオ・ティントに不満を覚えるようになると、ほかの関係者がシマンドゥに興味を示し始めた。その一人がベニー・スタインメッツだ。

スタインメッツはすでに、アフリカの鉱業産業全体から注目される存在になっていた。同族経営のコングロマリット、ベニー・スタインメッツ・グループ（ＢＳＧ）の鉱業部門であるＢＳＧＲは、ギニアに眠る大量の鉄鉱石に魅力を感じた。だが、それを手に入れるためには二つの障害を克服しなければならなかった。第一に、ＢＳＧＲはまだギニアに進出したことがない。第二に、優良な鉱床の掘削権はすでにリオ・ティントが所有している。ＢＳＧＲには、いかに対処するべきかを教えてくれる現地の人間が必要だった。こうして見つけたのが、フレデリック・シランである。シランは二〇〇〇年代初頭から、コンゴやアンゴラなど、アフリカ全域でビジネスをしていた。ＢＳＧＲによれば、ランサナ・コンテ政権下のギニアで、パートナー企業二社と「広範な営業活動」を展開したこともあるという(8)。

シランは二〇〇五年、ギニアにおけるＢＳＧＲの仲介役として仕事を始めた。数年後にある調査員が行ったインタビューによれば、シランはコナクリに来れば誰もが泊まるノボテルというホテルの周辺をうろつき、リオ・ティントに関する情報を収集した(9)。また、リオ・ティントがシマンドゥの鉱体の地図を作成していたころ、シランはギニア政界の構成図を作成していた。そしてさまざまな人物と接触を図り、権力の中枢である大統領府へとにじり寄っていった。

イスラム教を信奉するギニアの有力者はたいてい複数の妻を持っている。ランサナ・コンテ大統領もそうだ。コンテにはすでに三人の妻がいたが、二〇〇〇年に美しい一八歳の女性、ママディエ・トゥーレと出会った。軍の元同僚の娘である。それから一年もしないうちに、トゥーレはコンテの四番目の妻となった。[10]一緒に暮らしはしなかったが、コンテはトゥーレの生活の面倒を見た。彼女に与えた家や大統領の別荘で二人きりの時間を過ごし、国務について話をしたりした。

二〇〇五年ごろ、大統領の若妻トゥーレのもとにある男が現れた。この男こそ、八年後にジャクソンビル国際空港で緊迫した会話を密かに交わすことになる人物、フレデリック・シランである。トゥーレの記憶によると（それが、ギニア政府調査局が後に公表する証拠の重要なよりどころとなっている）、シランはこのとき、BSGRが鉄鉱石の採掘権を手に入れたがっているという話をした。[11]そして、BSGRには、採掘権獲得に手を貸してくれた役人や大臣に一二〇〇万ドル支払う用意があるとも述べたという。[12]トゥーレは結局、数百万ドルの礼金を受け取り、ギニアにおけるBSGRの事業の分け前をもらうことを条件に、BSGRのための運動を始めた（シランがしきりに破棄しようとしていた契約書にもこうした内容が記されている。だがBSGR側はこの契約書を偽物だと主張し、トゥーレには一切支払いをしていないと述べている）。[13]たとえば、シランを大統領官邸に連れていき、コンテ大統領に引き合わせる、といったことである。すると、それから間もない二〇〇六年二月、BSGRは優先的に鉄鉱石を採掘する権利を手に入れた。だがBSGRはさらに多くを望んだ。シマンドゥの鉱床である。

おそらくトゥーレは、自分がシランやBSGRと結んだ取引が違法なものとは思っていなかったのだろう。コンテ政権下のギニアでは、政治とビジネスの区別がない。イラクやミャンマー、ハイチなどとともに世界でもっとも腐敗が進んだ国であり[14]、国家のものはコンテ大統領のものなのだ。ギニア国民の人生は、概して貧しくはかない。だがトゥーレは、大統領の寵愛《ちょうあい》を得て貧困から脱け出せた。そんなギニア国民は一握りしかいない。トゥーレは数年後の宣誓供述書の中で、こう述べている。彼女はある日、シランやBSGRの使者と会談した後、二〇万ドルを受け取った。それについて夫である大統領に相談すると、大統領は「おまえは運がいいな」と語ったという[15]。

BSGRは、優先採掘権を手に入れた後、さらに努力を重ねた。トゥーレの記憶によれば、そのころにはもうシランは手を引き、会社の幹部が交渉に当たっていたという。イスラエルの外務省や国防省の高官として二七年間務めた後、BSGRのギニア子会社の責任者に就任していたアシャー・アヴィダンは、トゥーレをプレゼント攻めにした[16]。アヴィダンに案内されてある部屋に入ってみると、ベッドの上に一〇〇万ドルが敷き詰められていたこともあったという[17]。私は二〇一四年、トゥーレが宣誓供述書で述べたこうした出来事についてBSGRに真偽を尋ねたが、同社は回答を拒否している。

BSGRの使者は、そのほか影響力のあるギニア人にこうしたプレゼントを贈った。ダイヤモンドをちりばめたミニチュアのF1カーなどだ（BSGRの代表の話では、これは個人にではなく鉱業省に贈ったものだという）。同社はまた、リオ・ティントのシマンドゥ開発プロジェクトが遅々として進まないことにコンテ政権が不満を抱いている点にもつけ込んだ[18]。こうしたBSGRの作戦は、二〇〇八年に実を結んだ。同年七月、政府はリオ・ティントから、シマンドゥ山脈の北半分の採掘権を剝奪した。その理由は、同社が採掘を始める期限を守らないため、業界の通例に従い、その権利の一部を他社に譲渡すべきだと判断したからだというが、リオ・ティントはそれを認めていない。一二月には、その部分の採掘権をＢＳＧＲに与える省令が出された。ベニー・スタインメッツ率いるＢＳＧＲは、ようやく突破口を開いたのである。

だが報道によれば、そのころコンテは、肥満と喫煙により健康を損ないつつあった。ＢＳＧＲがシマンドゥの北半分を手に入れてから二週間後の二〇〇八年一二月二二日、コンテは死亡した。これにより悪政から解放されることを望んだギニア人もいただろうが、そうはならなかった。二四年にわたりギニアを支配したコンテが死に、権力の空白状態が生まれると、そこに軍が即座に踏み込んだ。

徐京華は、二〇〇七年の危機を乗り切ると、翌年には復権を果たした。クイーンズウェイ・グループのインフラ部門である中国国際基金（ＣＩＦ）が中国の鉄鋼会社に発注したアンゴラのプロジェクトについて、北京や香港の株式市場規制当局が調査を行ったが、不正の証拠は見つからなかった。そのため、中国商務省がクイーンズウェイ・グループとのビジネスについて中国企業に行った警告も、取り消されたり黙殺されたりした。こうして、アフリカの支配者とのコネを利用し、クイーンズウェイ・グループにも中国の国有企業グループにも有利な取引を生み出すビジネスモデルが復活した。[19]

徐は、クイーンズウェイ・グループの事業をとてつもない規模にまで拡大した。マンハッタンの高級不動産を購入し、北朝鮮の歓心を買う取り組みも進めた。だが、この企業帝国の基盤となるのは、やはりアフリカだった。徐は、マヌエル・ヴィセンテらアンゴラのフトゥンゴと作り上げた莫大な利益を生み出すビジネスモデルが、アフリカのほかの国でも使えないかと考えた。しかしそのモデルを生かすためには、影の政府を通じて強権を振るう支配者と天然資源の両方を持つ国でなければならない。

　ギニアでは、ランサナ・コンテ没後の二〇〇八年の暮れに「クリスマス・クーデター」が発生し、四〇代の無名の国軍大尉ムーサ・ダディス・カマラが権力を掌握した。赤いベレー帽をかぶり、がっしりとしたあごの輪郭が特徴的なカマラは、何かにつけて見世物を好んだ。たとえば、積年の垢《あか》を取り除くと宣言し、治安部隊の内部に形成されていたコカインの密輸ネットワークの指導者たちを公の場で糾弾《きゆうだん》した。コンテの息子ウスマンは、麻薬の取引にかかわっていたことをテレビカメラの前で告白させられた後、投獄された。新軍事政府は、過去の鉱業取引についても調査を行うと告げ、自らを「民主主義と発展のための国民評議会」と呼んだ。

　カマラは気まぐれで、やや偏執的な傾向があった。夜に行動することを好み、真夜中に会合を開いて昼に寝ていた。大臣や投資家はコナクリの兵舎にあるカマラの部屋に呼び出されるため、兵舎はいつも、軍服を着た兵士のほか、ローブやスーツをまとった官僚やビジネスマンが入り乱れていた。こうした面会を行う部屋には、英雄らしいポーズを取ったカマラのポスターが飾られていたという。[20] カマラはよく、自分を怒らせた部下を怒鳴りつけた。間違えて別の人間を怒鳴ることもあったが、部下は怖ろしさのあまり、人違いだと指摘することもできなかった。無礼だと思った外国人投資家や外交官をテレビの生放送で叱責《しつせき》することも多く、そうしたパフォーマンスは「ダディス・ショー」と呼ばれた。

この激しやすい指導者とはきわめて対照的なのが、人当たりのよい鉱業大臣マフムード・ティアムである。ティアムは国際的な投資銀行家として成功を収めた後、ギニアに帰国し、この大きな権力を持つ役職に就任した。ティアムの家系には、独裁政府の役職について辛酸《しんさん》をなめた人物がほかにもいる。ティアムが五歳のとき、ギニアの外国貿易銀行の頭取だった父が財務大臣に任命されたが、そのわずか数日後にセク・トゥーレの粛清に巻き込まれてしまったのだ。父は逮捕され、拷問され、殺された。[21]ティアムは追放され、最終的にアメリカに渡って市民権を獲得した。聡明で、人を惹《ひ》きつける魅力にあふれていたティアムは、コーネル大学で経済学の学位を取得すると、金融関係の会社に就職し、ウォール街で出世を重ねていった。まずはメリルリンチで、次にスイスの銀行UBSのニューヨーク支店で、海外の裕福な顧客の財産を管理し、ノルウェーや中国、南アフリカの企業や財務省に資産運用のアドバイスをした。二〇〇八年の大統領選ではバラク・オバマに四六〇〇ドルもの寄付をしている。[22]

ギニアに誕生した新政権から帰国を促されたころには、ティアムはすでに四〇代半ばになっていた。財務大臣に就任すると、ギニア経済の将来を見据え、大改革に着手した。ギニアは輸出の八五パーセントを鉱物資源に頼っている。しかし政府は、この自国の資源からわずかな収入しか得ていない。鉱物資源が鉱業関連の有力企業の支配下にあるからだ。ティアムが引き継いだ鉱業省は崩壊寸前だった。職員たちの中には頭の切れる者もいたが、多国籍企業の法律家に立ち向かえるほどの能力はない。だがティアムは、巨額融資や取引約定の世界を知っていた。頭を剃《そ》り上げ、粋なスーツに身を包み、洗練された物腰を身につけた彼は、鉱業ビジネスの大物たちと戦う覚悟を決めた。

ティアムが最初に標的にしたのは、ロシアのオリガルヒ、オレグ・デリパスカが所有する大手アルミニウム採掘企業、ルサールである。ルサールは、二〇〇六年にギニアのボーキサイト鉱山と製錬所が民営化された際に、それらを買い取っていた。しかしティアムは、ルサールへの売却価格が実際の価値の数分の一でしかなかったことから、この売却は無効だと主張した。だがルサールはもちろん、その申し立てに異議を唱えた[23]。同社はその後、鳴り物入りで香港証券取引所に上場した。するとティアムは、同社はギニアに金銭上の借りがあるとまたしても主張し、株式売却で手に入れた資金の一部をその返済に充てるよう要求した（ちなみに、ルサールのギニアにおけるボーキサイト産出量は、同社のボーキサイト産出量全体の一〇パーセント程度を占めている）。ティアムはさらに、同社の開発で環境被害を受けたと主張しており、その損害額も含めると、ルサールに要求した額は一〇億ドルを超える[24]。

だがルサールは譲らず、対立は長期化した（結局ルサールは支払いに応じようとはしなかった。カマラ軍事政権が崩壊してティアムが辞職すると、ルサールはギニア政府との関係を修復し、二〇一四年には新たなボーキサイト鉱山で作業を始めると発表した[25]）。しかしこれは、ティアムが行った活動の一つに過ぎない。ティアムもほかのギニア高官と同じように、多国籍企業の見下した態度に腹を立てていた。とりわけリオ・ティントのオーストラリア人幹部の無作法な態度には憤慨していた。リオ・ティントは、シマンドゥは貴重な資産だと述べ、その採掘権を譲り受けようとするBHPビリトンの提案にも応じなかったにもかかわらず、いつまで経ってもシマンドゥの採掘を始めようとしない。ギニア政府はすでに一〇年以上も採掘が始まるのを待っていた。

そこでティアムは、リオ・ティントに圧力をかけることにした。コンテがBSGRに移譲したシマンドゥの北半分の採掘権を放棄することを認めなければ、それ以上の採掘権を剥奪すると脅しをかけた（ティアムとリオ・ティントとの争いには、やがてイギリス政府までが首を突っ込んできた。キャメロン政権のアフリカ問題担当大臣ヘンリー・ベリンガムが、ティアムほか三人の主要大臣にリオ・ティントを擁護《ようご》する書簡を送り、ロンドンに上場している同社にさらなる行動を取れば、「投資家にマイナスの印象を与える」ことになると述べたという）[26]。ティアムは、シマンドゥを採掘するプロジェクトが二つになれば、いずれどちらかで採掘が始まるだろうと考え、ＢＳＧＲを支援した。

「私たちはすでに五〇年間もあの鉱床を放っておいた。このままでは、さらに五〇年放っておくことになるかもしれない」[27]ティアムがそう皮肉っぽく指摘するように、ギニアは株式公開企業ではない。リオ・ティントのような株式上場企業の場合、帳簿上に未開発の鉱業資産があれば株価は上がる。だが国の場合、地下に鉱物資源を眠らせておいても何の得にもならない。「鉄鉱石を輸出して初めて利益になる。この国には鉄鉱石が世界一豊富にあるというのに、まだ最貧国のままだ」

　しかし敵対者に言わせると、ティアムの動機はそれほど純粋なものではないという。二〇一四年、リオ・ティントはティアムを告訴した。ティアムはベニー・スタインメッツから二億ドルもの賄賂を受け取り（後に一億ドルに訂正された）、その見返りに、ＢＳＧＲが手に入れたシマンドゥの北半分の採掘権を保護することを約束したという[28]（ティアムは、リオ・ティントの申し立てについて「虚偽であり中傷であり、滑稽《こっけい》でしかない」と述べ、「シマンドゥを開発する意思がないことを隠そうとする」試みだと主張した。ＢＳＧＲも同様に否定し、こう語っている。「リオ・ティントは採掘権を獲得してから何もしてこなかったために採掘権を剥奪された。このような根拠のない突飛な訴訟を起こしても、その事実は変わらない」[29]）。

シマンドゥはギニア最大の宝だが、何年も収入を生み出していない。カマラ軍事政府の最優先課題は、手持ちの現金を増やすことにあった。カマラはクーデター直後、選挙を実施して文民に権限を委譲し、兵士は兵舎に撤退させることを誓約した。しかし間もなく、自分は選挙に立候補しないという約束を破棄するような言動を見せ始めると、ギニアは孤立を深めた。クーデターを受けて支援が止まり、すでに激減していた国の資金は、軍の放漫財政により瞬く間に枯渇《こかつ》しつつあった。ティアムは当時のことを後にこう語っている。「ギニア経済が存続できるかどうかという瀬戸際だった」[30]

そんな二〇〇九年の中ごろ、ティアムが財務大臣に就任して数か月が経ったある日のことである。ティアムが昼食を取っているとある大臣から電話があり、ギニアへの投資を考えている投資家がノボテルにいるから、すぐに食事を中断して会うようにと言われた。ティアムがノボテルに到着すると、初対面の中国人女性を紹介された。徐京華とクイーンズウェイ・グループを設立した女性、羅方紅である。ティアムは確かに、中国駐在のギニア大使から代表団の派遣を計画しているという話を聞いていた。クイーンズウェイ・グループとアンゴラの国有石油会社との合弁会社であるチャイナ・ソナンゴルは、アンゴラの原油で莫大な収益を上げている。羅はそう説明したあと、かなりの投資額を提示してティアムの関心を引いた。ティアムは当時を回想して言う。「彼女はこれこれの額を投資できると言ってきた。私は半信半疑だったが、本当にあなたがたのグループがそれほど大きいのであれば、喜んで取引すると答えた」それから徐京華が現れ、自己紹介をしたという。この会合のあと、ティアムはカマラにこの一件を報告した。

ティアムはとりあえず、この新たに現れた投資家たちについて調べてみることにした。彼らのこれまでの主な取引はアンゴラで行われている。ティアムは、アメリカで金融の仕事をしていたころから、マヌエル・ヴィセンテやソナンゴルのことを知っていた。ヴィセンテとは友人でもある。(31) そこで徐京華と羅方紅を試してみることにした。「あなたがたがマヌエル・ヴィセンテとそれほど親しいのなら、彼を連れてきてください」すると三日後、ヴィセンテが徐京華とともに飛行機でコナクリにやって来た。ティアムが二人をカマラに引き合わせると、徐京華はその場で、すぐに資金を送るとカマラに約束した。実際、二週間もしないうちにおよそ三〇〇〇万ドルが届いた。ティアムは言う。「自分たちが本気であること、有能であることをこういう形で示して、友好を図ろうとしたんだろう」ティアムの話によればこの資金は、ギニアの上水道設備の改善や非常用発電機の貸出などに充てられたという。それが本当にこうした立派な取り組みに使われたとしても、残りの浮いた資金は、軍事政府がばらまくか横領するかしたと思われる。

ティアムは、徐京華らとコナクリで会ってから間もなく中国を訪問した。そのときティアムは、あの実業家エルデル・バタグリアと同じように、徐たちが中国政府当局の高官とつながっているという強い印象を受けた。「彼らは、政府機関の人間ではないかもしれない。だが私たちへのあの歓迎ぶりを見るかぎり、政府と強固なつながりを持ち、強力な支援を受けていることは間違いない。中国では難しいことも悠々とこなし、さまざまな有力者に私たちを紹介し、軍に車列を先導させることもできる。相当の人脈の持ち主だという印象を受けたよ」ティアムは、徐たちが間違いのない人物であることを確信し、ギニア政府とクイーンズウェイ・グループとの合弁会社の立ち上げを決意した。登記先は、ギニアではなくシンガポールである。中国国際基金やチャイナ・ソナンゴルもシンガポールに本部を設置し、活動の舞台を世界各国へ広げている。ティアムはこうして、新たに見つけたパートナーとギニアの鉱物資源の開発に乗り出した。

ティアムは投資銀行家だった以前のように、飛行機で世界中を飛び回り、あちこちで契約を結んだ。仲間や敵を次第に増やしながら、軍事政府を破産から救うために奔走《ほんそう》した。ところが、財務大臣に就任して九か月が過ぎた二〇〇九年九月のある月曜日、事件が起きた。その日ティアムは、カタールから飛行機でパリに移動していた。そしてパリに到着するやいなや、カマラが大虐殺を引き起こしたという知らせを聞いた。


二〇〇九年九月二八日の朝、コナクリは土砂降りの雨だった。国立競技場へ向かう何万ものギニア国民の心には、恐怖と歓喜が入り混じっていた(32)。競技場は、ギニア湾に突き出た小さな半島の半ばにある。今にも崩れそうな首都の空港からも近い。六月にはそこでサッカー・ワールドカップの予選が行われ、ギニアの代表チームがマラウィを相手に二対一で勝利していた。だがその日は、西アフリカのサッカー熱さえも上回る熱気があたりを包んでいた。

種々雑多な人権グループ、コンテ政権時代の閣僚、民主主義運動家から成る反政府勢力が大衆にデモを呼びかけたのだ。自由選挙を行い、勝者に政権を譲るという当初の誓約を守るようカマラに圧力をかけるためである。アフメド・セク・トゥーレやランサナ・コンテの暴政に半世紀近く苦しんできたギニア国民は、このデモにわずかな希望を託していた。群衆が国立競技場のスタンドやフィールドに群がり、「自由！　自由！」と叫んでいる。反政府勢力の指導者を歓呼して迎え入れながら、踊り、歌い、祈っている。そこへ憲兵隊が現れ、デモ参加者を競技場の外へ追い散らそうと、催涙ガスや実弾を発射した。その時点で少なくとも二人が死亡したが、群衆は競技場内で一団となっている。土砂降りの雨のせいで競技場に到着するのが遅れたデモ参加者もいたが、その人たちは幸運だった。

シュプレヒコールを上げるデモ参加者たちはその後、資源国家の無慈悲な論理を残酷な形で思い知ることになる。政府が空洞化した地域では、資源レントの分け前を手に入れようと絶え間なく戦う中で、同じ民族同士で強固な絆を形成していく。だがギニアの場合、カマラは二重の意味で少数派だった。第一に、ギニアではイスラム教が支配的だが、カマラはキリスト教徒だった。第二にカマラやその側近は、ギニア南東部の森林地帯の少数民族グループに属していた。この民族は、カマラが起こしたクーデターにより、成功や権力を手にする一生に一度あるかないかのチャンスを手に入れた。それは、鉱物資源の豊富なギニアにもたらされる数百万ドルをわがものにするチャンスでもある。少数派がそんなチャンスをつかんだら最後、絶対に手放そうとはしない。

国立競技場でデモが予定されていた日の前日、コナクリから七〇キロメートルほど南東にあるフォレカリアという町から、反政府勢力の指導者たちのもとに連絡が入った[33]。若い男を満載したバスがフォレカリアを発ち、首都へ向かったという。その数週間前、フォレカリアの住民は、町に見知らぬ若者が大勢やって来たことに気づいた。森林地帯のなまりがあったことから、カマラの故郷の者たちと思われる。若者たちが向かったフォレカリア郊外の憲兵隊学校は、新たな用途に転用されていた。民兵の訓練施設となっていたのだ。

その地区を訪れたＡＰ通信の記者は、背中に「instructor（教官）」と書かれた黒い軍服を着た白人を十数名見ている。アフリカーンス語を話しているのはおそらく、即席で集めた南アフリカの元白人兵士だろう。彼らはアパルトヘイト政策が終わると傭兵となってアフリカ全土に散らばり、コンゴの鉱山を警備したり、赤道ギニアでクーデターを試みたりしていた。ほかの者はヘブライ語を話していたという。

イスラエルは以前から、戦闘能力の高い武装部隊を海外に派遣してきた。イスラエル国防軍と関係のある警備会社や傭兵が、海外で自由契約で仕事をしている。その中でもひときわ有名な民間警備会社が、グローバルＣＳＴである。二〇〇六年に、イスラエルのパラシュート部隊やガザ歩兵師団を指揮したこともある退役陸軍少将イスラエル・ジヴが設立した。(34) グローバルＣＳＴのウェブサイトには、「一人ひとりの顧客に合った独自のサービス」を提供すると記されている。しかしその一方で、こんな話もある。同社はコロンビアで、左派の反乱勢力に対する政府の軍事行動を支援する契約を結んだ。それについてアメリカの外交官はこう述べている。「同社の提案は、コロンビアの要求に応えるというより、イスラエルの装備やサービスの販売支援を目的としているようだ(35)」ギニアでカマラが政権を掌握すると、ジヴはこの男となら仕事ができると考えた。

数年前からコナクリに住んでいるイスラエル人ヴィクター・キーナンが、ジヴとギニア政府との間を取り持った。キーナンは、着色ガラスの高級車を乗り回す、背の高いすらりとした男だ。宝石商としてかなりの人脈を持っており、ギニアに進出しようとしているイスラエル企業の仲介もしている。彼の仲間の一人が教えてくれた。「キーナンはイスラエルのさまざまな警備会社の仲介をしている。まじめな会社も腹黒い会社も含めてね。軍にいたころのキーナンは、とても強かったよ」カマラが、同じ民族の人間に戦闘訓練を施し、護衛を固めようとしているという話を聞くと、早速キーナンが話をまとめた。ジヴがコナクリにやって来て、ギニア政府とグローバルＣＳＴとの間に一〇〇〇万ドルの契約が交わされた。しかし、この会社がギニアで請け負った仕事の詳細についてはっきりしない。その仕事が最終的にどんな目的に利用されることになるのかを会社が知っていたかどうかも明らかではない。この会社が、カマラの民族の民兵に訓練を施したという話もあれば、カマラ政府に軍事物資を売ったという話もある。[36] ティアムは言う。「この契約が後に、大統領の警護特務部隊の訓練にまで発展した。新兵募集を担当したのは、カマラに近い、同じ民族の人間だ。その民族が暮らす地域から大勢の男を連れてきたんだ[37]」

こうして、秘密の場所で訓練を受けた非正規兵と大統領護衛隊によるカマラの私設軍が生まれた。この軍が敵視する相手ははっきりしていた。ギニア最大の民族、プル人である。ナイジェリア北部一帯に広がるフラニ人（大半がイスラム教徒）と同じ民族であり、ギニアの人口のおよそ四〇パーセントを占める。カマラの民族は、この勢力の存在を怖れていた。実際、国立競技場に集まったデモ参加者の多くはプル人だった。カマラが退陣を受け入れれば選挙で当選することが確実視されていた反政府指導者セル・ダーレン・ディアロもプル人である。

デモ参加者に降りかかる惨事のきっかけになったのは、催涙ガスの一斉発射だった。そのころにはすでに、警察、兵士、民兵から成る総勢数百名の軍勢が、競技場を取り囲んでいた。正午を過ぎると、カマラのトレードマークである赤いベレー帽をかぶった大統領護衛隊のメンバーが、隊長の指揮のもと、正面入り口から攻め込んだ。

競技場に集まった武器を持たないデモ参加者たちは、金魚鉢の中の金魚同然だった。弾丸が参加者の体を貫いた。逃げ惑《まど》う人々に押しつぶされて圧死する者もいた。競技場の更衣室に数時間も身を隠し、命拾いをした者もいる。だがその外は、阿鼻叫喚《あびきょうかん》の地獄と化していた。何十人もの女性が公然とレイプされた。何日も監禁され性的暴力を受け続けた女性もいる。ある女性は、フィールド上で二度犯される間に、友人の女性が赤いベレー帽の男に犯され、至近距離から頭を撃ち抜かれるさまを目撃したという。この虐殺で少なくとも一五六人が殺され、一〇〇〇人以上が負傷した。カマラの私設軍は、カマラ政権の脅威になるプル人を選び出して殺した。プル人は肌の色が薄いため、肌の色が薄ければ殺戮《さつりく》の標的にされた(38)。大統領護衛隊の男たちは、ある若い女性をレイプしながらこう言ったという。「おまえらのごまかしにはうんざりなんだよ。プル人の息の根を止めてやる(39)」

NGO団体ヒューマン・ライツ・ウォッチはこの虐殺に関する包括的な報告書をまとめ、「計画的かつ組織的な」残虐行為だと断定した。すると大国はこぞってカマラ軍事政府を非難した。西アフリカ諸国経済共同体はギニアへの武器の禁輸を宣言し、EUは軍事政府の主要メンバーおよびその配下の文官数十人に制裁を科した。マフムード・ティアムもその中に含まれる。

ティアムはパリで知らせを聞くと、「一触即発の緊張状態にある」コナクリに帰った。ティアムが後に話してくれたところによれば、自分やほかの大臣や兵士が二四時間ずっとカマラのそばについていなければならなかったという。「パニック状態になった強硬な兵士や士官がひっきりなしに、反乱軍や傭兵や外国軍が攻めてくるといった誤った物騒な情報を持ってくる。私たちがそばにいて正確な状況を教えていなければ、いつ何時一般市民の虐殺が始まってもおかしくなかった(40)」

私は、国立競技場で大虐殺があった数日後にティアムに電話してみた。するとティアムは狼狽《ろうばい》した声で、虐殺については話したくないと言ったが、自分が最近交わした取引については喜んで語ってくれた。ギニアは危うく世界から見放されるところだったが、こんな軍事政府とでも喜んでビジネスをしようとする者がいた。

ティアムが徐京華や羅方紅と行った会談が実を結んだのだ。この電話での話によれば、数日後にクイーンズウェイ・グループが中国国際基金を通じ、ギニア政府と合弁会社を設立することを公表するらしい。その合弁会社は、鉱業、エネルギー、インフラ関連のプロジェクトを請け負うが、そのプロジェクト全体の規模は、ギニアの経済規模の一・五倍に相当する七〇億ドルに及ぶ。中国国際基金がプロジェクトに融資を行い、返済はギニア政府が提供する採掘権から生まれる収益でまかなわれるという。この取引では、クイーンズウェイ・グループやマフムード・ティアムと結びつくマヌエル・ヴィセンテも恩恵を受けた。ヴィセンテが責任者を務めるアンゴラの国有石油企業ソナンゴルは、チャイナ・ソナンゴル株の三〇パーセントを所有している。このチャイナ・ソナンゴルが、ギニア沖の海域の三分の二を開発する権利を与えられたのだ。当時、近隣の海域で油田がいくつも発見されており、ギニア沖でも油田が発見される可能性が大いに高まっていた。

ティアムはこれから行うべき仕事として、立派な事業を滔々《とうとう》と並べ立てた。「低所得者や平均的所得者のための住宅建設や、航空事業などだ」しかしこの取引の肝は、虐殺後の制裁により財政が逼迫《ひっぱく》していたカマラ軍事政権に助け船を出すことにあった。この契約に署名したのは、虐殺からわずか一二日後の一〇月一〇日のことだ。前政権の高官も、この契約は「異例なほど速かった」と述べている。一一月一九日にはパリのアメリカ大使館が、ギニアで武器の搬入が行われ、南アフリカやイスラエルの教官がカマラの戦闘部隊を訓練していることに懸念を表明する外交電報を発信しているが、そこにはこうも記されている。「中国国際基金からの〝手付金〟一億ドル以上など、軍事政府にかなりの資金を利用できる状態にある」(41)

ティアムものちに話してくれたが、クイーンズウェイ・グループは実際に、苦境にあるギニア軍事政府に一億ドルを送金したらしい。そのうちの五〇〇〇万ドルは、あの七〇億ドル規模の契約の中で最初に予定されていたプロジェクトに利用された。残りの五〇〇〇万ドルは、急速に減少しつつある外貨を下支えするため、中央銀行に預け入れられたという[42]。私はこの取引をまとめた極秘書類の入手に成功した。それによればクイーンズウェイ・グループは、シンガポールに登記した合弁会社の株式のうち、ギニア政府が所有する株式の一部を買い取ることで、軍事政府に資金を提供することに合意したという。またこの際、ルサールのボーキサイト事業の監査資金として、ギニア政府に三三〇万ドルを融資することにも合意している。これはつまり、ロシアのオリガルヒから金を搾《しぼ》り取るための資金である。ルサールがギニア政府に支払いをすることに同意した場合には、チャイナ・ソナンゴルが二パーセントの分け前を受け取る約束になっている[43]（ルサールはティアムの申し立てに異議を唱えており、二〇一四年には国際法廷でルサールに有利な判決が出た[44]）。

　大国からは散々非難されたが、国内では怖るべき暴力で反対勢力を弾圧し、国外では資源取引を進めることで、カマラは軍事政権を維持した。ところが、軍事政権が間もなく一周年を迎えるという二〇〇九年一二月のある木曜日の夜、カマラは自分の護衛隊長に頭を撃たれた。

　発砲したのは、カマラが政権を掌握して以来、片時もカマラのそばを離れたことのなかったアブバカール・ディアキテ中尉である。若くして大統領護衛隊の隊長のほか、赤ベレー隊の副官や指揮官も務めていたディアキテは、カマラと同じ民族から募集した兵士をたくさん従えていた。虐殺が行われたあの日も、暴れ回る部隊を先導して競技場に入っていった。目撃者の話によれば、ディアキテはデモ参加者に発砲する際にこう宣言したという。「生き残りなどいらん。皆殺しにしろ。ここではおれたちが正義だということを思い知らせてやる[45]」しかしその後、国際刑事裁判所の検察官がこの虐殺について調査を始めた。国連の調査委員会もギニアを訪れ、事件の全貌を調べ出した。すると、やがてディアキテは、カマラが虐殺の責任を自分だけに負わせようと工作しているのではないかと疑うようになった[46]。そのため一二月三日、コナクリの兵舎でカマラに狙いを定め、発砲したのである。

弾丸はカマラの頭を直撃した。しかし、国立競技場であれだけの人間を殺戮した男も、カマラだけは殺せなかった。致命傷には至らなかったのだ。カマラは治療のためモロッコに搬送され、そのまま追放された。ディアキテもすぐさま身を隠した。結局、軍事政府のナンバーツーに当たる高官が政権を引き継ぎ、政権を国民に返還することを約束した。

その場に居合わせた政財界の名士たちは、巨大なケーキを見てマリー・アントワネットを連想したかもしれないが、それを口に出す者はいなかった。国旗の色である赤、緑、金で飾られたこのケーキは、ギニアを代表する航空会社エア・ギニア・インターナショナルの設立を祝って作られた。一〇年前に倒産した航空会社に代わる新たな会社である。コナクリのホテル、ノボテルの大宴会場に集まった閣僚やビジネスマンは、おしゃべりに興じては自国の発展を称賛し、拍手喝采《かっさい》した。ギニアはいまだに貧しい国の筆頭だったが、国を代表する航空会社を復活させることで、支配者層はやや誇りを取り戻していた。スピーチがあり、食事があった。かつてトーマス・クック航空に勤めていたドイツ系エジプト人のパイロットが、この航空会社の最高経営責任者として紹介され、二言三言話をした。続いて運輸大臣がスピーチを行った。大臣の説明では、新航空会社の飛行機エアバスA３２０の納入が数か月遅れているが、この設立パーティのために小型のレプリカを製作したという。

暗殺未遂によりカマラが追放されてから六か月後、ギニア史上初の民主的な選挙を数日後に控えていたときのことである。今回の選挙の立候補者は文民のみだった。有力な候補者はいずれも、軍事政府が結んだ商業取引を調べ、不正なものは破棄することを公約していた。だが、ノボテルのパーティに集まった官僚や投資家たちは、これまで軍事政府と手を組んできたにもかかわらず、不安を感じていないようだった。会場を歩き回っていたマフムード・ティアムは自信ありげに見えた。会場の隅で傍観者然としていたもう一人の男もそうだ。その男とは、この航空会社に資金援助している中国国際基金の代表、ジャック・チャン・チュン・フェイである。

企業は、民主的に選ばれた指導者に政権が移った後も自社の利益を守ろうと画策していた。クイーンズウェイ・グループも例外ではない。たとえば、このエア・ギニア・インターナショナルの副最高経営責任者には、今回の選挙における最有力候補の一人、セル・ダーレン・ディアロの妻を任命していた。[47] 中国国際基金は採掘権を手に入れた見返りに、すでにほかのインフラプロジェクトにも着手しており、二つの発電所の建設や、鉄道用車両の搬送を始めていた。[48] だが、ギニアの鉱物資源プロジェクトについては、同グループはほとんど公にしていない（私は先のパーティでジャック・チャンに接触したが、こうした質問には答えてくれなかった）。ギニアで事業を行っているほかの鉱業企業の幹部は、中国国際基金のことを「幽霊《ゴースト》」と表現していた。

ティアムは、文民の大統領が就任したらニューヨークに戻るつもりだという。政府から大臣に無料で貸与された天井の高いアパートで話を聞くと、彼はソファにもたれながら、一八か月間の嵐のような在職期間に満足していると述べた。ティアムには、今後一〇年以内にギニアを世界最大の鉄鉱石輸出国にするためのプロジェクトを始動させたのだという自負がある。それが実現すれば、ボーキサイトの主要供給国でもあるギニアは、世界の産業経済の要になるだろう。ティアムはそのための仕事を完璧にやってのけた。「私たちが成し遂げたことは、もう元には戻せない」[49]

コナクリの街では、この選挙でようやくギニアもみじめな運命から抜け出せるという期待が、かつてないほどの高まりを見せていた。道端で中古の靴を販売している二一歳の男性、ラフィウ・ディアロは、興奮を抑え切れないような口調で話してくれた。「何もかも変わるよ。政府が変われば、生活も変わる。もっと靴が売れて、もっと儲かるようになる」安っぽいハイヒールを熱心に磨きながらディアロは、民政で商売はよくなると自信を持って予言した。現在の売上は一日二万五〇〇〇ギニアフラン（およそ四ドル）だが、もっと増えるはずだという。だがそれよりも重要なのは、これからのギニアの支配者は、ギニア国民に対して責任を負うことになるということだ。「おれたちに選ばれた政府なんだから」

私は二〇一三年一一月、その大統領選に勝利したアルファ・コンデにパリのホテルで会った。ちょうど大統領の任期を半分ほど務めたころである。コンデは故国から亡命し、成人してからかなりの期間をフランスで過ごしていた。パリ大学で法律学の教授を務めていたこともある。故国では、独立前には独立運動を、独立後には相次ぐ暴政に対する反政府運動を指揮した。セク・トゥーレ政権下では欠席裁判で死刑判決を下され、ランサナ・コンテ政権下では帰国した際に投獄されている。そんなコンデが七五歳になった今、ギニアを国際社会にもう一度受け入れてもらうため、ギニア大統領としてフランスに戻ってきた。そしてフランスの大臣との会合の合間に、私のインタビューに応じてくれたのだ。

コンデは、高齢なのに驚くほどのエネルギーを秘めた男だ。側近の話では、コナクリを歩き回っているときなど、コンデについていくだけで汗だくになるという。しかし大統領職はかなりの負担になっているはずだ。写真撮影の際にもそわそわと体を動かしており、笑顔を見せたのは、つかの間サッカーの話題を持ち出したときだけだった（ちょうどその週にフランスがワールドカップの予選をかろうじて通過したのだ。ギニアは早々に敗退していた）。

コンデは大統領になるまで、政府の仕事についたことがなかった。コンデの支持者も、彼がまじめな人間であることは疑わなかったが、政治の素人《しろうと》であることは認めざるを得なかった。そのため反対派はいまだに、コンデが選挙に勝利したことを問題視している。大統領選の一回目の投票では票が分散し、圧倒的勝者が出なかった。すると各候補者の支持者の間で、言い争いや不正の申し立てが相次いだ。だが結局、決選投票ではコンデがかなりの劣勢を跳ね返してディアロを打ち負かし、プル人の野望を打ち砕いた。外国の選挙監視団もこの結果をためらいがちに承認した。こうして二〇一〇年一二月、ギニアの独立後五二年二か月一九日を経てようやく、正式な大統領が生まれた。

コンデの仕事は苦難続きである。まずは、長らく法の適用を受けない存在だった軍の改革に着手した。だが大統領に就任してから七か月後、それに反対する兵士がコンデの私邸に携行式ロケット弾を撃ち込む事件が発生した[50]。コンデはまた、ギニアの債権者から債務を減免してもらい、インフレを抑え、投資家を呼び寄せた。しかし、資源国家の貧困問題など数年で解決できるものではない。コンデは、さまざまな場面で影響力のある友人から助言をもらっていた。ハンガリー生まれの億万長者、ヘッジファンドマネージャーにして慈善家でもあるジョージ・ソロスや、イギリス元首相のトニー・ブレアなどである。だが、ギニアの民族間の対立は根深く、定期的に衝突を繰り返している。当初こそ新しい大統領がギニアのビジネス（特に鉱業）を変えてくれるという期待は高かったが、任期が過ぎていくにつれてその期待も薄れていった。やがて、過去の腐敗との決別を公約していたコンデの膝元で、新たなスキャンダルも現れ始めた[51]。

かかわった金銭の額、および敵対した企業の規模という点でコンデ最大の戦いは、ギニアの鉱物資源を巡るものだった。コンデは、世界有数の腐敗度を誇る国の政府を引き継ぐにあたり、ジョージ・ソロスが奨励する考え方を採用することにした。ソロスは常々、石油産業や鉱業の「透明化」を訴えており、契約内容や収益を公表すれば汚職が減り、政府の責任能力も高まると考えていた。コンデがソロスの意見を採用した結果、クイーンズウェイ・グループの七〇億ドルに及ぶ石油・鉱業・インフラ契約は瞬く間に頓挫《とんざ》した。大統領は調査委員会を設置し、過去の独裁政権下で行われた鉱業取引の検証を行った。するとある取引を巡る巨大資源企業同士の争いに巻き込まれることになった。

BSGRは、軍事政権が間もなく終わろうとしているころ、世間を驚かせる取引を行った。ベニー・スタインメッツの目から見ても一世一代の取引である。世界一の鉄鉱石産出量を誇るブラジルの大企業ヴァーレに、BSGRがギニアに持つ資産の五一パーセントを二五億ドルで売却する契約を結んだのだ。その資産の中には、豊かな鉱床があるシマンドゥの北半分も含まれる。BSGRはその採掘権に関する手数料をまだ一銭も払っていない（一般的に企業は、産出を開始するための投資を行うこと、鉱区使用料を支払うことを約束するだけで、前もって手数料を払うことはない）。それなのに、同社の公式声明によれば、鉱床の予備調査に一億六〇〇〇万ドルしか使っていない。それなのにヴァーレは、前金として五億ドルを支払った。つまりBSGRは、これだけで投資額の三倍に近い利益を上げたことになる。産出量が目標に達すれば、残りの額も支払われる予定だという。ギニアの資源産業で長く仕事をしているある外国人は、コナクリの繁華街でビールを飲みながらうらやましそうに頭を振り、スタインメッツは「大当たり」を引いたのだと言った。

マフムード・ティアムはこの取引を認めたが、アルファ・コンデの新政権は、最初にBSGRがこの鉱業権を獲得した方法に問題があったのではないかと疑った。そこでヴァーレとBSGRに操業を中止するよう指示し、アメリカの法律事務所DLAパイパーのベテラン弁護士スコット・ホートンを雇い、BSGRの活動の調査を依頼した。DLAパイパーは、汚職や人権侵害の調査を専門に行う法律事務所である。やがてホートン率いる調査チームは、調査結果をまとめ上げた。そこには、かつての独裁者の妻ママディエ・トゥーレに賄賂を贈る取り決めも記されている。二〇一二年一〇月、ギニア政府調査局の局長は、BSGRに罪状を並べた書簡を送り、返答を求めた。

するとBSGRは反撃に出た。アフリカ西部の辺鄙《へんぴ》な山岳地帯を巡る争いは、輝かしい実績を持つ世界的な一流企業を巻き込んだ舌戦となった。BSGRの代表は、自社は大胆かつ機敏に行動しただけで、政府に資産を不正に押収されなければ、ギニア国民にも利益の分け前を提供できるだろうと述べた。つまり、同社は汚職をしているわけではなく、たまたま運がよかっただけだというのだ。「ルーレットのようなものだ」鉱業ビジネスについてスタインメッツはそう語っている。賭けに出て一生懸命努力すれば、「幸運をつかむ」こともある、と。(52)

BSGRはさらに、ジョージ・ソロスが主導する陰謀の犠牲になっていると主張した。ソロスはコンデの顧問であるばかりか、ギニアの鉱業改革を支援する透明性促進団体レヴェニュー・ウォッチの大口献金者であり、贈収賄に関する報告書を公表している汚職防止団体グローバル・ウィットネスにも資金を提供している。そのソロスが「組織的だが粗雑な誹謗《ひぼう》中傷運動」を行っているというのだ。[53] 実際にベニー・スタインメッツはこれに関連して、コンサルティング会社のFTIコンサルティング、およびそのヨーロッパ・中東・アフリカ担当局長であるマーク・マロック＝ブラウンを告訴した。同社がこの汚職疑惑によりBSGRとの取引を中止したからだが、BSGRによれば、これはソロスが裏で糸を引いているのだという。その証拠としてBSGRは、マロック＝ブラウンがかつてソロスの仕事をしていたことを挙げている。結局この訴訟は示談で解決された。[54]

BSGRは、ロンドンの法律事務所ミシュコン・デ・レヤやロンドンの広告会社パワーズコートを雇い、批判者に戦いを挑んでいる（パワーズコートは、かつてサンデー・タイムズ紙の経済部長を務めていたロリー・ゴッドソンが設立した会社である）。その矢面に立たされているのがアルファ・コンデだ。BSGRの代表に言わせれば、コンデ政権は「違法」で「信頼できない政権」であり、[55]「適正と考えられるあらゆる手続きを無視して」過去の契約の調査を行っているという（マフムード・ティアムはこの調査を、投資を妨げるだけの「魔女狩り」と呼び、民間の投資家はこの国を素通りしていると述べた）。[56] ママディエ・トゥーレに賄賂を支払うことを取り決めたとされる契約書についても、BSGRは偽造だと言い張り、次のように述べている。「経済的利益を得ようとする個人が、偽造文書や恐喝や迷惑行為を利用して、繰り返し金銭を強要してくる。弊社はその犠牲者に過ぎない」（私は二〇一四年、こうした強要について詳細をBSGRに尋ねたが、回答は得られなかった）。つまり、BSGRの主張はこうだ。「弊社のギニアにおける活動および地位にまったく違法性のないことが、いずれ立証されると確信している」[57]

だがアルファ・コンデはあきらめてはいない。私にパリでこう語ってくれた。「簡単なことではない。悪政と汚職が五〇年も続くうちに、悪習がはびこってしまった。五〇年にわたる悪習は、二年や三年では変わらない。しかし、時間がかかり過ぎることも問題だ。国民はいらいらしている。具体的な成果を待っている」ギニアは、資源産業において透明性を確保するための実験室のようになりつつある。透明性は、完全に実施されれば申し分ないが、資源国家の政府や企業が長らく育んできた秘密主義に逆行する。私がそう指摘すると、コンデはこう言った。「政治的にも個人的にも、私はかなりのリスクを抱えることになる。だがリスクを負わない人生などない」[58]

本章の冒頭で紹介したように、フレデリック・シランは二〇一三年四月、ママディエ・トゥーレと会った。そして、BSGRに協力する見返りに現金と株式を受け取ることを取り決めた契約書を破棄し、飛行機でアメリカを去るよう説得した。だがこのとき、シランは知る由《よし》もなかったが、FBIが二人の会話を盗聴していた。トゥーレは夫のランサナ・コンテが死ぬとフロリダへ飛び、そこでアメリカ人から軽蔑的に「豪邸《マク・マンシヨン》」と呼ばれることになる家を購入した。美しさよりも大きさにこだわった豪壮な家である。[59] やがてアルファ・コンデ政権が誕生すると、BSGRの権利取得にまつわる調査の手がその家まで伸びてきた。ギニア新政府の雇った調査員が、明らかになった事実をアメリカ検察当局に知らせると、当局は二〇一三年初頭に大陪審を開き、独自の調査を進めることにしたのだ。

やがてFBIの捜査員がトゥーレに接触した。トゥーレには選択肢が二つしかなかった。何もかも否認し、有罪判決を受けて投獄されるか、無罪放免か減刑になることを願ってすべてを話すかだ。

シランから連絡が来ると、トゥーレはＦＢＩに電話の盗聴を許可した。ジャクソンビル国際空港でシランと会ったときには、トゥーレは盗聴器を身につけており、ＦＢＩ捜査員が密かに二人を見張っていた。そして、必要なことをすべて聞き終わったところで、捜査員の一人がシランに近づき、逮捕したというわけだ。シランは拘置所で一年ほど過ごした後、ニューヨークに移された。ニューヨークでは大陪審が開かれ、ギニアにおけるＢＳＧＲの活動について、贈賄およびマネーロンダリングの罪で起訴状を発行すべきかどうかを審査していた。やがて判事は、ＢＳＧＲもシランの弁護士も偽造だと主張していた契約書に対し、科学捜査の実施を認めた。すると二〇一四年三月、公判が始まる三週間前に、シランは司法妨害の罪を認めた(60)。同年七月、シランは未決勾留《こうりゅう》期間を含め、懲役二年の判決を受けた。さらに七万五〇〇〇ドルの罰金が科せられ、逮捕時に所有していた二万ドルは没収された(61)。

ギニアにおけるＢＳＧＲの取引に関する調査は、三大陸にまたがる大規模なものとなった。同社はイギリスのガーンジー島に登記されているが、取締役や幹部は、ロンドンのメイフェア地区やスタインメッツが暮らすジュネーヴのオフィスから会社の運営を行っている。そこで、ギニアから協力要請を受けたスイスの検察当局も、独自の調査を始めたのだ。当局は二度、ベニー・スタインメッツを取り調べた。その自宅や自家用ジェット機を調べ、ＢＳＧＲと関連のあるオフィスを強制捜査した。だが本稿執筆時点ではまだ、アメリカでもスイスでも（ほかのどこの国でも）ＢＳＧＲやスタインメッツは起訴されていない。シランが有罪を認めたときも（ＢＳＧＲは、シランは取引を仲介しただけで、自社の従業員ではないと頑《かたく》なに主張している）、同社はこう言っただけだ。「これまでも述べてきたとおり、ＢＳＧＲの誰も間違ったことはしていない(62)」

スタインメッツの代理人によれば、正式にはスタインメッツはBSGRの顧問でしかないという。だがこの会社名には彼のイニシャルが含まれているうえ、複雑なグループ構造やオフショア会社を通じて利益を受け取っているのは、主にこのスタインメッツである[63]。ギニア政府調査局が発表した資料が示すとおり、スタインメッツはギニアで単なる顧問以上の役割を果たしていた。

調査局に提出されたママディエ・トゥーレの宣誓供述書によると、スタインメッツはさまざまな会合に出席していた。二〇〇七年六月にトゥーレが、夫の大統領とBSGRの使者を引き合わせたときにも、スタインメッツは同席していたらしい。また、BSGRのための陳情活動についてトゥーレと話をしたこともある。さらには、トゥーレがBSGRに協力する見返りに現金や株式を受け取ることを決めた契約にも、直接かかわっていたという[64]。BSGRはこの供述を否定し、「以前BSGRに金銭を強要したことのある人物が、信憑性《しんぴょう》に欠ける根拠のない説明をしている」と述べているが、この強要について詳細を尋ねても回答は一切ない[65]。二〇一四年四月、同社の関係者が、匿名を条件に電話でこんな話をしてくれた。「ベニー・スタインメッツは、パスポートなどを証拠に、二〇〇八年までギニアに行ったことがないことを証明しようとしている」これが本当であれば、スタインメッツが二〇〇八年以前の会合の場に同席していたというトゥーレの供述が間違っていたことになる（スタインメッツが二〇〇八年にギニアに何をしに行ったのか代理人に尋ねたが、やはり回答はなかった）。

スタインメッツの関与を示唆《しさ》する情報はほかにもある。フレデリック・シランとママディエ・トゥーレの会話の録音を聞くと、証拠書類を破棄した際に支払われる金銭の話の中で、シランがこう言っている。「この話は、いちばん上のボスから直接聞いた。名前は言えないがね」そこでトゥーレが誰のことなのか尋ねると、シランが「ベニー」とささやいたのだ。シランはフロリダに来る前にスタインメッツに会い、こう言われたらしい。「好きなようにしろ。『終わりました。書類はもうありません』という言葉を待っているからな」[66]二〇一四年にギニア政府調査局が報告書を公表した後、私はシランがうっかり漏らしてしまったこの内容について、ＢＳＧＲの代理人に尋ねてみたが、これについても回答はなかった。シランの弁護士に尋ねても結果は同じである。

西アフリカには「ゾウが喧嘩《けんか》をすると草地が荒れる」ということわざがある。そのとおり鉱業界の大企業やそれを牛耳る大物実業家が、ギニアをすっかり荒らしてしまった。二〇一四年四月、アルファ・コンデ政府はＢＳＧＲの採掘権を無効にした。過去の鉱業取引について二年間調査を行い、同社が採掘権を獲得した方法について「不正行為があったことを間違いなく示す、一貫した詳細な証拠」があったと結論づけたからだ。[67]すると、ゾウはまた暴れ始めた。

アンゴラでは、政府当局者が石油事業の持分を隠し持っていたことを、コバルト・インターナショナル・エナジーは知らなかったと主張していたが、ギニアでも事情は変わらない。リオデジャネイロにあるヴァーレ本社は、以下のような声明を発表した。「弊社は、詳細なデュー・ディリジェンスを行った社外の専門アドバイザーから、ＢＳＧＲが違法あるいは不適切な約束や支払いなどによらず、合法的に採掘権を取得したという説明を受け、ＢＳＧＲとの取引をまとめた」[68]だが結局、ヴァーレがＢＳＧＲと合同で所有することになっていた採掘権は無効とされ、ブラジル企業がアフリカへ進出する足掛かりとなる取引は頓挫してしまった（ブラジルもインド同様、中国のアフリカ進出ほど話題にならないが、石油や鉱物資源、および市場を確保しようと躍起《やっき》になっている）。ヴァーレはその持分の前金として五億ドルをBSGRに支払っていたが、残りの二〇億ドルはまだ支払っていない。それでも、そのプロジェクトに費やしたほかの資金を合わせると、ヴァーレは一一億ドルを失ったことになる。

ギニア政府が流行し始めていたエボラウイルスと闘っていた二〇一四年四月、シマンドゥを巡る戦いは、遠い国の法廷に舞台を移した。ヴァーレは、BSGRが権利獲得に何ら不適切な点はなかったと断言していたことを受け、「自社の法的権利や法的選択肢を前向きに検討しているところだ」と言明した。当のBSGRは、ギニア政府を国際調停の場に引きずり出した。その一方でリオ・ティントも、ヴァーレ、ベニー・スタインメッツ、BSGR、マフムード・ティアム、フレデリック・シラン、ママディエ・トゥーレほかをニューヨークで告訴した。この全員が共謀し、シマンドゥの北半分を「盗み取る」陰謀を二〇〇八年から企てていたとの理由である。リオ・ティントはこの不正で数十億ドルもの損害を被《こうむ》ったとして、損害賠償を要求した。本稿執筆時点ではまだ、これに対する答弁書は提出されていない。だがBSGR、スタインメッツ、ティアムはこの申し立てを強く否定している。またヴァーレも、自社に不正のないことはギニア政府の調査でも明らかになっていると主張している。(69)

この間、ギニア最大の価値を持つ鉱物資源は、山の中で手つかずのまま眠っている。国を横断して鉄鉱石を運ぶための鉄道も敷設されていなければ、海外の製鋼所にそれを輸送するための港も建設されていない。鉱業界を支配する巨大企業の間で数十億ドルが行き来しているというのに、鉄鉱石が実際に眠っているギニアは何も受け取っていないのである（ちなみに、ギニアの年間予算は一五億ドルである）。

いや、ギニア政府もシマンドゥ絡みでいくばくかの金銭を受け取った。アルファ・コンデが大統領に就任した後、リオ・ティントが政府に七億ドルを支払ったのだ。シマンドゥの残り半分に関する「未解決の問題すべてを解決」し、ギニア政府による鉱業取引の再検証および「今後の再検証」から同社を除外してもらうためである。[70] リオ・ティントは、まだ軍事政権下にあった一年前に、シマンドゥの南半分の持分の一部を中国の大手国有鉱業企業、中国鋁業に一三億五〇〇〇万ドルで売却することに合意していた。ギニア政府が受け取った額は、この金額の半分に相当する。[71]

リオ・ティントは、ギニア政府と和解した際、二〇一五年までに鉄鉱石の産出を始めることを約束した。しかし期限は何度も延期された。どこの大手鉱業企業も、シマンドゥを手に入れようとするだけで、そこを採掘するつもりはないようだ。ヴァーレもリオ・ティントも、それぞれブラジルとオーストラリアに、世界有数の規模を誇る鉄鉱石の鉱床を所有している。シマンドゥの採掘を始めて鉄鉱石の流通量を増やしてしまうと、鉄鉱石の価格が下がり、ほかの採掘プロジェクトの収益に悪影響が出る。それに、鉱山の開発やインフラの整備には二〇〇億ドルもの大金がかかる。だがそうは思いつつ、どちらの会社もシマンドゥの支配権を相手に譲り渡したくはない。本稿を執筆している時点では、鉄鉱石の価格は下落している。その状況が続くかぎり、ここ一〇年以内にシマンドゥの採掘が始まる見込みはない。

ギニア政府調査局は、ヴァーレに不正の疑いはないと判断した。そして、シマンドゥの北半分の採掘権の入札が再び行われる際に参加を禁じられるべきは、ＢＳＧＲだけで十分だという見解を示した。[72] その結果、リオ・ティントもヴァーレも自由に入札できることになった。もちろん、入札に参加を希望する鉱業企業はほかにもある。リオ・ティントがヴァーレを告訴した際に、アルファ・

コンデ政権の関係者が次のように語っていた。「シマンドゥを巡っては決死の攻防が繰り広げられるだろう。誰もが理解しているように、あそこを手に入れた会社が次代の鉄鋼業界を支配できる。だからこの訴訟も、これまでのシマンドゥではなく、これからのシマンドゥを巡る戦いの一環と考えるべきだ」

シマンドゥで産出が行われ、ギニア政府に数十億ドルもの収入をもたらすようになったとしても、その資源レントでギニアのあらゆる問題が解決できると考えるのは危険だ。ほかの国を見れば、資源レントが悪影響を及ぼすことは証明されている。ギニア政府は二〇一二年、債権者に二一億ドルの負債を免除してもらい、ＩＭＦとともに経済政策の詳細な計画書を作成した。そこにはこう記されている。「鉱業部門が急成長すると、いわゆる〝オランダ病〟により、経済のほかの部門に悪影響を及ぼす可能性がある(73)」ＩＭＦのギニア担当代表であるハリー・スヌークはオランダ人であり、自国の名前のついたこの経済的病弊の影響を熟知している。スヌークは言う。「ほかのアフリカ諸国と同じように、ギニアにおいても資源でどう収益を上げるかが大きな課題になるだろう(74)」

アフリカは独立以前から鉱業界や石油業界のゾウに踏み荒らされてきた。しかし二一世紀に入るころから、この闘技場に新たな巨獣が入ってきた。その巨獣は、かつての植民地支配者を追い出し、天然資源への隷属状態から抜け出す新たな道を作り上げると約束している。だが巨獣の進路にある草から見れば、どちらの足に踏みつぶされようが大した違いはない。

［原注］

(1)フレデリック・シランとママディエ・トゥーレとの会話の詳細は、ＦＢＩの録音記録を書き起こした資料による。以下を参照。'Report and Recommendation of the CTRTCM [Guinea's Comité Technique de Revue des Titres et Conventions Miniers] on the Licenses and Mining Convention Obtained by VBG', April 2014, www.contratsminiersguinee.org/blog/publication-report-recommendation-VBG.html.（原文はフランス語）

（2）当の「契約書」のコピーについては、ギニア政府調査局が公表した以下の資料を参照。ＢＳＧＲの活動に関する報告も含まれる。'Report and Recommendation of the CTRTCM …' www.documentcloud.org/documents/1105518-declaration-de-mamadie-toure-et-pieces-jointes.html.（原文はフランス語）

（3）以下を参照。'About Beny Steinmetz', Beny Steinmetzwebsite, http://beny-steinmetz.com/about.html; William MacNamara, 'Dealmaker with Eye for Wilder Frontiers', *Financial Times*, 19 February 2012, www.ft.com/intl/cms/s/0/c2df0cca-562a-11e1-a328-00144feabdc0.html.

（4）Rebecca Bream, 'Nikanor and Katanga to Merge', *Financial Times*, 7 November 2007, www.ft.com/intl/cms/s/0/5e9f1a68-8ca1-11dc-b887-0000779fd2ac.html; Eric Onstad, Laura Macinnis and Quentin Webb, 'The Biggest Company You Never Heard Of', Reuters, 25 February 2011, www.reuters.com/article/2011/02/25/us-glencore-idUSTRE71O1DC20110225.（訳注：リンク切れ）

（5）Martin Meredith, *The State of Africa*（London: Simon and Schuster, 2006）, 67.

（6）世界銀行が発表した二〇一二年の世界開発指標による。http://data.worldbank.org/indicator/SH.DYN.MORT.

（7）リオ・ティントのウェブサイトに、シマンドゥ・プロジェクトの経緯の説明がある。'Simandou', Rio Tinto, www.riotintosimandou.com/ENG/project_overview/33_history.asp.

（8）Powerscourt, 'Response to Press Speculation', statement on behalf of BSGR, 9 May 2013, www.prnewswire.

com/news-releases/bsgr-response-to-press-speculation-206749511.html.

(9)シランは、ヴェラシティという会社の調査員スティーヴン・フォックスに自分の活動内容を語った。ヴェラシティは、後のアルファ・コンデ政権がＢＳＧＲに関する調査を行うにあたって雇った会社である。

(10)二〇一三年一二月一二日にママディエ・トゥーレがフロリダで行った宣誓供述書による。この供述書は、ギニア政府調査局の報告とともに公開されている。'Report and Recommendation of the CTRTCM …'.

(11)同前。

(12)同前。

(13)Tom Burgis, Helen Thomas and Misha Glenny, 'Guinea Reignites $2.5bn Mining Tussle,' *Financial Times*, 2 November 2012, www.ft.com/cms/s/0/06d895f4-24f7-11e2-8924-00144feabdc0.html#axzz3HUSpQnyc.

(14)'Corruption Perceptions Index 2006,' Transparency International, www.transparency.org/research/cpi/cpi_2006.

(15)トゥーレの宣誓供述書による。

(16)www.bsgresources.com/about/senior-management に掲載されていたアシャー・アヴィダンのプロフィールによる。二〇一四年五月二日にアクセスしたが、後にＢＳＧＲのウェブサイトから削除された。

(17)トゥーレの宣誓供述書による。

(18)Burgis, Thomas and Glenny, 'Guinea Reignites $2.5bn Mining Tussle.'

(19)Angolan Embassy in London, 'Ministry of Finance Denies Misuse of Chinese Loans,' 17 October 2007.

(20)Jon Lee Anderson, 'Downfall,' *New Yoker*, 12 April 2010, www.newyorker.com/magazine/2010/04/12/downfall-3.

(21)二〇一三年四月に著者がマフムード・ティアムと交わした電子メールによる。

(22)センター・フォー・レスポンシヴ・ポリティクスがまとめた、選挙献金リストによる。http://www.opensecrets.org/pres08/search.php?cid=ALL&name=&employ=UBS&cycle=2008&state=&zip=&amt=a&sort=n&page=14.

(23)Tom Burgis, 'Rusal Seeks Help over Mining Dispute', *Financial Times*, 22 September 2009, www.ft.com/cms/s/0/b0ddbe9a-a6d2-11de-bd14-00144feabdc0.html#axzz3HUSpQnyc.

(24)Tom Burgis, Tom Mitchell and Catherine Belton, 'Guinea Demands Share of UC Rusal Offering', *Financial Times*, 25 January 2010, www.ft.com/intl/cms/s/0/d2bb3c8a-0a1a-11df-8b23-00144feabdc0.html.

(25)'UC RUSAL Starts the Realization of Dian-Dian Project of State Importance in Guinea', Rusal press release, 10 July 2014.

(26)二〇一〇年九月二八日にヘンリー・ベリンガムがギニアの外務大臣バカリ・フォファナに宛てた書簡による(コピーを著者が所有)。この書簡は、マフムード・ティアムほかにもコピーが送付されている。

(27)二〇〇九年九月に著者がマフムード・ティアムに電話で行ったインタビューによる。

(28)二〇一四年四月三〇日にリオ・ティントが起こした、ヴァーレ、ベニー・スタインメッツ、BSGR、マフムード・ティアムらに対する訴訟を参照。www.riotinto.com/media/media-releases-237_10305.aspx.

(29)二〇一四年四月三〇日に著者がマフムード・ティアムと交わした電子メールによる。以下も参照。James Wilson, Tom Burgis and Joe Leahy, 'Rio Tinto Sues Vale and BSGR over Guinea Mine Controversy', *Financial Times*, 30 April 2014, www.ft.com/intl/cms/s/0/8ef9c710-d06c-11e3-af2b-00144feabdc0.html#axzz3Ezf9d5kT.

(30)二〇一三年一二月に著者がマフムード・ティアムに電話で行ったインタビューによる。ティアムがクイーンズウェイ・グループと行った初期の取引については、このインタビューをもとにしている。

(31)二〇一二年六月にルアンダで、著者がマヌエル・ヴィセンテに行ったインタビューによる。その内容は二〇一三年一二月にマフムード・ティアムへのインタビューで確認している。

(32)二〇〇九年九月二八日の事件については、以下に詳しい説明がある。'Bloody Monday: The September 28 Massacre and Rapes by Security Forces in Guinea', Human Rights Watch, December 2009, www.hrw.org/sites/default/files/reports/guinea1209webwcover_0.pdf; UN Security Council, 'Report of the International Commission of Inquiry Mandated to Establish the Facts and Circumstances of the Events of 28 September 2009 in Guinea', 18 December 2009, www.securitycouncilreport.org/atf/cf/%7B65BFCF9B-6D27-4E9C-8CD3-CF6E4FF96FF9%7D/Guinea%20S%202009%20693.pdf.

(33)Rukmini Callimachi, 'Civil War Feared in Guinea as Militia Grows', *Associated Press*, 6 December 2009, www.sify.com/news/civil-war-feared-in-guinea-as-militia-grows-news-international-jmgbujcggadsi.html. フォレカリアの訓練施設にイスラエルや南アフリカの教官がいたことは、ほかの資料でも報告されている。たとえば、以下を参照。US Embassy in Rabat, 'Guinea: Update on Dadis Camara's Health', diplomatic cable, 17 December 2009, WikiLeaks, 4 December 2010, https://wikileaks.org/cable/2009/12/09RABAT988.html.

(34)イスラエル・ジヴのＳＮＳ、リンクトインのプロフィールによる。http://il.linkedin.com/in/zivisrael.(二〇一四年五月二日にアクセス)

(35)グローバルＣＳＴのウェブサイト(二〇一四年五月二日にアクセス)、および以下の資料による。US Embassy in Bogota, 'Colombian Defense Ministry Sours on Israeli Defense Firm', diplomatic cable, 1 December

2009, WikiLeaks, 6 April 2011, http://wikileaks.org/cable/2009/12/09BOGOTA3483.html.

(36)グローバルＣＳＴやカマラの民兵について調査している人間やキーナンの仲間に話を聞いても、同社がギニアで請け負った仕事の全体像はわからなかった。ギニアの鉱業権利・協定検証専門委員会は、二〇一二年一〇月三〇日にＢＳＧＲへ宛てた書簡の中でこう述べている。「グローバルＣＳＴがギニア共和国軍に、一〇〇〇万ＵＳドルで軍事物資を密売した」（原文はフランス語）。一方、'Promising Contracts', *Africa Confidential*, 28 May 2010, www.africa-confidential.com/article-preview/id/3544/Promising_contracts には、ジヴがギニアに来たのは民兵を訓練するためだとある。ちなみに、二〇一〇年にイスラエル当局は、ギニアでの契約に対してグローバルＣＳＴに罰金を科したと発表している。以下を参照。'Israel Fines Security Firm for Negotiating Deal to Supply Arms to Military Junta in Guinea', *Fox News*, 18 May 2010, www.foxnews.com/world/2010/05/18/israel-fines-security-firm-negotiating-deal-supply-arms-military-junta-guinea.

(37)二〇一三年四月に著者がマフムード・ティアムと交わした電子メールによる。

(38)Callimachi, 'Civil War Feared in Guinea as Militia Grows'.

(39)Human Rights Watch, 'Bloody Monday'.

(40)二〇一三年四月に著者がマフムード・ティアムと交わした電子メールによる。

(41)US Embassy in Paris, 'Guinea: Das Fitzgerald's Consultations in Paris', diplomatic cable, 19 November 2009, WikiLeaks, 1 September 2011, www.wikileaks.org/plusd/cables/09PARIS1532_a.html.

(42)二〇一三年一一月に著者がマフムード・ティアムに電話で行ったインタビューによる。

(43)'Accord Cadre entre Fonds International De Chine Sa et le Gouvernement de la République de Guinée', 12 June 2009.（著者が所有）; 'République de Guinée et CIF Singapore Pte Ltd et China Sonangol International(S)

Pte. Ltd, Pacte d'actionnaires', 10 October 2009.（著者が所有）付随するＣＩＦシンガポールとギニア政府との融資契約も、著者が所有する資料による。

(44) Rusal, 'RUSAL Won a Three-Member ICC Arbitral Tribunal Case Against the Republic of Guinea', 21 July 2014, www.rusal.ru/en/press-center/news_details.aspx?id=10762&ibt=13&at=0.

(45) UN Security Council, 'Report of the International Commission of Inquiry …'.

(46) 国連調査団は、九月二八日の残虐行為において「刑事責任があると考えられる正当な理由」のある指揮官として、カマラとディアキテ、さらに密輸対策局長官のムーサ・ティエボロ・カマラの名を挙げている。UN Security Council, 'Report of the International Commission of Inquiry Mandated to Establish the Facts and Circumstances of the Events of 28 September 2009 in Guinea'. ラジオ・フランス・アンテルナショナルのインタビューでディアキテは、カマラは虐殺の全責任を自分に押しつけようとしていると主張している。'Camara Betrayed Me, Says Diakité', RFI English, 16 December 2009, www1.rfi.fr/actuen/articles/120/article_6202.asp.

(47) エア・ギニア・インターナショナル設立時に配布された宣伝資料には、副最高経営責任者としてハジャ・ハリマトゥ・ディアロの名前がある（著者が所有）。彼女は、ギニア民主勢力連合から立候補していたセル・ダーレン・ディアロの妻である。ディアロは大統領選における最有力候補と見なされていたが、決戦投票でアルファ・コンデに負けた。

(48) China South Locomotive and Rolling Stock Corporation, '5 CSR locomotives & 22 Carriages Exported to Guinea', press release, 6 May 2010, www.csrgc.com.cn/g981/s2889/t59603.aspx. この資料に、同社と中国国際基金の代表者、および駐中国ギニア大使が出席し、ギニア向けの鉄道用車両を積み込む式典が行われたとあ

る。

(49)二〇一〇年六月にコナクリで、著者がマフムード・ティアムに行ったインタビューによる。

(50)'Guinea Soldiers Arrested for Attack on President's Home', BBC News, 20 July 2011, www.bbc.com/news/world-africa-14197052; 'Presidential Guard Fall Out', *Africa Confidential*, 22 July 2011, www.africa-confidential.com/article-preview/id/4109/Presidential_guard_fall_out.

(51)国有鉱業企業がいかがわしい融資取引にかかわったパラディノ事件が好例である。以下を参照。'A New Battle to Control the Mines', *Africa Confidential*, 22 July 2011, www.africa-confidential.com/article-preview/id/4508/A_new_battle_to_control_the_mines.

(52)Patrick Radden Keefe, 'Buried Secrets', *New Yorker*, 8 July 2013, www.newyorker.com/magazine/2013/07/08/buried-secrets.

(53)たとえば、以下を参照。Powerscourt, 'Response to Press Speculation'.

(54)マーク・マロック＝ブラウンとＦＴＩは九万ユーロの和解金を支払った。ＢＳＧＲが新たに契約した広告会社パワーズコートは声明を発表し、マロック＝ブラウンとＦＴＩは「敗北を認め、多額の賠償金と訴訟費用を支払うことに同意した」と述べた。するとＦＴＩは、「ＦＴＩコンサルティングもマロック＝ブラウン卿《きょう》も、いかなる意味であれ『敗北を認め』てはいない」と反論した。たとえば、以下を参照。James Wilson and Cynthia O'Murchu, 'Steinmetz and Malloch-Brown Settle Guinea Damages Claim', *Financial Times*, 10 June 2013, www.ft.com/intl/cms/s/0/6f62f158-d1ce-11e2-b17e-00144feab7de.html#axzz3Ezf9d5kT. ＦＴＩによれば、和解金の九万ユーロは、法廷闘争になった場合にかかる訴訟費用ほどではないという。ベニー・スタインメッツはまた、ＢＳＧＲの三人の取締役とともにグローバル・ウィットネスも告訴している。ベニー・スタインメッツ・グループが保持しているＢＳＧＲの情報を開示させようとした行為が、データ保護法に抵触するとの主張である。たとえば、以下を参照。Henry Mance, 'Beny Steinmetz Tests UK Data Laws in Global Witness Dispute', *Financial Times*, 10 March 2014, www.ft.com/cms/s/0/fc1d57a2-a606-11e3-b9ed-00144feab7de.html#axzz3EzpqJvFU.

(55) BSG Resources, 'Opportunities Available for People of Guinea Being Destroyed by Discredited Regime', 22 March 2013, www.bsgresources.com/media/opportunities-available-for-people-of-guinea-being-destroyed-by-discredited-regime.

(56) 二〇一二年一〇月に著者がマフムード・ティアムに電話で行ったインタビューによる。

(57) Powerscourt, 'Response to Press Speculation', and BSG Resources, 'Opportunities Available for People of Guinea Being Destroyed by Discredited Regime.'

(58) 二〇一三年一一月にパリで、著者がアルファ・コンデに行ったインタビューによる。

(59) Keefe, 'Buried Secrets.'

(60) Tom Burgis, 'US Court Allows Forensic Tests in Guinea Case', *Financial Times*, 16 January 2014, www.ft.com/cms/s/0/9b29f9f0-7ece-11e3-8642-00144feabdc0.html?siteedition=uk#axzz3HUSpQnyc; Tom Burgis, 'French Businessman Pleads Guilty in Guinea Mining Case', *Financial Times*, 10 March 2014, www.ft.com/intl/cms/s/0/a138edec-a87c-11e3-b50f-00144feab7de.html.

(61) Tom Burgis, 'French Businessman Jailed for 2 Years in Guinea Mining Case', *Financial Times*, 25 July 2014, www.ft.com/intl/cms/s/0/64fb3f4e-1427-11e4-9acb-00144feabdc0.html#axzz3EzpqJvFU.

(62) 二〇一四年三月一〇日、フィナンシャル・タイムズ紙の質問に対し、ベニー・スタインメッツやＢＳＧＲの代理人であるパワーズコートが送った回答による（著者が所有）。

(63)二〇一三年一二月一二日に、ベニー・スタインメッツおよびＢＳＧＲの三人の取締役がロンドンの高等法院に提出したグローバル・ウィットネスに対する損害賠償請求には、スタインメッツが「ＢＳＧＲの金銭面における主たる受益人」と記されている（著者が所有）。

(64)トゥーレの宣誓供述書による。

(65)二〇一四年三月七日、ＢＳＧＲの代理人であるパワーズコートが発表した声明文による（著者が所有）。著者は、フィナンシャル・タイムズ紙でこの事件の進展動向を報道していた際、ＢＳＧＲおよびスタインメッツの代理人に対し、ママディエ・トゥーレが行った説明（トゥーレの宣誓供述書を参照）およびギニア政府調査局の最終報告に関する質問リストを送付したが、代理人は回答を拒否した。

(66)'Report and Recommendation of the CTRTCM ...'.

(67)同前。

(68)Vale, 'Vale Informs on Simandou Developments', press release, 25 April 2014, http://saladeimprensa.vale.com/en/releases/interna.asp?id=22674.

(69)以下を参照。James Wilson, Tom Burgis and Joe Leahy, 'Rio Tinto Sues Vale and BSGR Over Guinea Mine Controversy', *Financial Times*, 30 April 2014, www.ft.com/intl/cms/s/0/8ef9c710-d06c-11e3-af2b-00144feabdc0.html#axzz3EzpqJvFU, and Tom Burgis, 'Rio Tinto and Vale Step Up Battle over Guinean Deposit', *Financial Times*, 1 May 2014, www.ft.com/intl/cms/s/0/e1ec7172-d141-11e3-81e0-00144feabdc0.html.

(70)Rio Tinto, 'Rio Tinto and Government of Guinea Sign New Agreement for Simandou Iron Ore Project', statement, 22 April 2011, www.riotinto.com/media/media-releases-237_6340.aspx.

(71) Rio Tinto, 'Rio Tinto and Chinalco Sign Memorandum of Understanding to Form Iron Ore Joint Venture for the Simandou Project in Guinea', statement, 19 March 2010, www.riotinto.com/media/media-releases-237_1455.aspx.

(72) 'Recommendation Concernant les Titres Miniers et la Convention Minière Détenus par la Société', Comité Technique de Revue des Titres et Conventions Miniers on the Vale-BSGR rights (held in a joint venture called VBG), 9 April 2014.

(73) 'Guinea: Letter of Intent, Memorandum of Economic and Financial Policies and Technical Memorandum of Understanding', International Monetary Fund, 11 February 2012, www.imf.org/External/NP/LOI/2014/GIN/091814.pdf.

(74) 二〇一二年一〇月に著者がハリー・スヌークに電話で行ったインタビューによる。

第5章

北京への懸け橋

2010年、任期終了を2ヶ月過ぎても退陣を拒み、独裁政権を築き始めたニジェールのタンジャ大統領を、欧米は非難した。抗議を先導したのはフランスだった。フランスはシャルル・ド・ゴール大統領の時代から旧植民地に対する影響力を確立し、彼の死後もこのアフリカ支配システムは維持され、資源取引や裏金、汚職のネットワークへと発展していった。タンジャは、フランスの陰の支配から脱却し、搾取から逃れようとしていたが、そのためには、フランスに代わる援助国が必要だった。そこに現れたのが中国だ。

世界最貧国の一つ、ニジェールの大統領官邸は、首都ニアメの緑豊かな大通り沿いにある。そばにはニジェール川が蛇行しており、橋の上を遊牧民が行き交い、ラクダがのんびりと歩いている。昼間は、砂漠の太陽にあぶられているが、夜になると、砂だらけの裏通りに見える明かりは、ガス灯か揺らめくろうそくの火ぐらいしかない。二〇一〇年二月一八日の午前、ママドゥ・タンジャ大統領は官邸に大臣を集め、毎週恒例の閣議を開いた。議題には事欠かなかった。サハラ砂漠の南端に位置するこの海に面していない不毛の国では、またしても飢饉《ききん》が広がりつつあった。しかし、ニジェール国内に緊張した雰囲気が漂っていたいちばんの理由は、その飢饉ではない。羊飼いの家に生まれ、国軍大佐にまで出世したタンジャは、ニジェール史上初めて二度続けて選挙に勝利した大統領だった。クーデターが頻発する国では驚くべき偉業である。しかし最近になって、タンジャは民主主義をないがしろにし始めた。任期はすでに二か月前に終わりを迎えていたが、いまだに退陣する気配を見せない。

タンジャが西アフリカの名だたる専制君主の列に加わろうとする兆候は、二〇〇八年の暮れに同国初の石油精製所の礎石《そせき》を置く式典が開かれたころから見られた。その際、タンジャの支持者の一団がデモを行い、憲法の制限を超えてタンジャが大統領職を続けるよう要求したのだ。支持者が着ているTシャツには大統領の顔とともに、ハウサ語で「継続」を意味する「tazartché《タザルチェ》」という言葉がプリントされていた。こうした集会はその後も続いた。表面的には一般大衆が自発的に行動しているようだったが、そこには大統領に味方する各界の大物も参加していたという。やがて大統領は、これが国民の声だと述べ、自分にはなすべき仕事があり、まだ辞職はできないと宣言した。ニジェールの憲法裁判所は、この大統領の行為は違法だとの判決を下したが、大統領はそれを無視した。裁判所がなおも異議を唱えると、大統領は判事を解任した。そして任期制限のない新憲法を定め、国民投票で承認を得ようとした。この計画に国会が反対すると、大統領は国会も解散させ、大統領布告のみで統治を始めた。二〇〇九年一〇月に国民議会選挙が行われたが、反対派がボイコットしたため、結果的にタンジャが圧倒的勝利を収めた。

すると国際的な非難が殺到した。ニジェールが参加する西アフリカ諸国経済共同体も例外ではない。この共同体に参加する国には民主的な指導者などほとんどいないが、それでも公然と大統領の任期制限を取り除くようなまねはしない。共同体はニジェールの参加資格を停止した。支援国も援助を打ち切った。欧米諸国の抗議を先導したのはフランスだった。フランスの外務大臣ベルナール・クシュネルはこう宣言した。「憲法を尊重し、憲法秩序を取り戻す必要がある」[1]

このような場合、感情的に異議を唱える者はあまりいないが、フランスにはタンジャを非難する隠れた動機があった。タンジャが、ニジェールの元宗主国であるフランスを嫌っていたのだ。フランスは過去数十年間、ニジェールにとって戦略的に重要なウランを事実上独占していた。この国はアメリカに次ぎ、世界で二番目にウランの消費量が多い。電力の四分の三を原子力発電でまかなっているからだ。国営同然とも言えるフランスの原子力関連企業アレヴァは、ニジェール北部にある世界有数のウラン鉱床を支配している。同社が産出しているウランのおよそ三分の一がニジェール産である（残りはカナダとカザフスタンほかで産出している）。原子力関連企業としては世界最大の規模を誇り、その年間収益はニジェールの国内総生産の二倍に及ぶ。だがタンジャはこの巨大企業に戦いを挑んだ。アレヴァの独占を打ち破り、自国に有利になるよう取引をまとめ、フランス以外の六か国の企業にウラン採掘権を与えたのだ。フランスとの関係は急速に悪化した。アレヴァは北部のトゥアレグ人の反乱軍と共謀した罪で告訴され、従業員二名が国外退去を命じられた。

これほど堂々とフランスとの関係を絶つためには、その代わりとなる世界的な大国を味方につける必要がある。タンジャは、原子力産業を急速に成長させているある国と関係を結んだ。中国である。

中国は、ニジェールでウランを採鉱し、未開発の油田を掘削する権利を受け取る代わりに、タンジャが独裁政治を遂行するために必要な手段を提供した。地元の反汚職活動家アリ・イドリッサによれば、中国のアレヴァに相当する原子力企業、中国国核海外鈾資源開発が、ニジェールにおけるウラン採掘権を五六〇〇万ドルで購入したが、そのうちの四七〇〇万ドルは、トゥアレグ人の反乱を鎮圧する武器の購入に充てられたという[2]。さらに、中国石油化工に次ぐ中国第二の国有石油企業、中国石油天然気集団が、欧米諸国ににべもなく開発を断られた石油鉱区の開発権を手に入れたが、その際にも契約金として、三億ドルがニジェール政府に支払われている。政界におけるタンジャの反対勢力の指導者の一人、モハメド・バズームは言う。「タンジャがEUや西アフリカ諸国経済共同体、アメリカをばかにできるのは、中国の金があるからだ。あの男はニジェールの王様になりたがっている[3]」資金源はほかにもある。後に政府調査局が発見したところによれば、タンジャが政権を掌握していた一〇年ほどの間に、横領や汚職により、ニジェールの国庫から一億八〇〇〇万ドルが消えたという[4]。

タンジャは、大統領の権力を抑えるための機関を強引に押しつぶし、国民や兵士の間に湧き上がってきた不満にも耳を貸さなかった。中国に寄り添っていれば、もしものときには中国政府が助けてくれると思っていたのかもしれない。だが、その考えは間違っていた。本章の冒頭で紹介したあの日、タンジャが閣議を開いているさなかに銃撃が始まった。間もなく大統領官邸から、もくもくと煙が上がった。この襲撃で、少なくとも三人が死んだ[5]。反乱兵士の一団が大統領官邸を占拠し、タンジャや大臣らを拘束したのだ。

タンジャに対する軍事クーデターが起こると、アフリカではある不安が高まった。アフリカ大陸の資源を巡って中国が旧勢力と争うようになったことで、再び冷戦時代のような泥沼の対立関係が生まれつつあるのではないか、という不安である。冷戦時代は、独裁者が共産主義諸国や資本主義諸国にすり寄り、互いに争い合っていた。

しかし今回のクーデターは、イデオロギーに基づく対立ではなく、経済的利益（天然資源の支配権）を奪い合う対立に起因している。いや実際は、冷戦時代もそうだったのかもしれない。たとえばアンゴラでの冷戦は、時として『不思議の国のアリス』のような混沌とした様相を呈していた。アンゴラの共産主義政権は、アメリカ企業が運営する石油施設からの収入で支えられていた。そのため政権を支援するキューバ軍は、結果としてこのアメリカの企業を守るために、アメリカや南アフリカの支援を受ける反政府軍と戦っていたのである[6]。しかし今や中国政府は、ニジェールなどのアフリカ諸国と、これまでになかった取引を始めている。政治的干渉を一切しないでインフラ投資のみを行うという取引だ。中国は、元宗主国や冷戦時代の支援国には想像もできないほどの規模で、道路や港や石油精製所を建設する約束をした。そしてその見返りに、共産主義や資本主義を押しつけるのではなく、石油や鉱物資源や市場を手に入れる権利を求めたのだ。

ニジェールのような国から見れば、このような申し出は魅力的だった。ウランはその戦略的重要性において、石油に匹敵する唯一の商品と言える。原子力エネルギーにも核兵器にも使用できる。ただし食料にはならない。私はクーデターの後、ダヒル・マンガルが支配するナイジェリア北部の密輸地帯を通り抜け、あの寂《さび》れた国境検問所を越えてニジェールに入ると、南部の食糧配給所を訪れた。干ばつが続き、食糧価格が高騰したことで、当時は数百万人が飢えに苦しんでいた。ニジェールではこうした飢饉が定期的に発生している。その配給所では、ある三歳児がベッドに寝そべり、一心に天井を見つめていた。異常なほどやせこけ、骨に皮が張りついているだけだ。体重は通常の半分ほどしかない。もしこの子がウラン鉱でできていたとしたら、七〇〇ドルほどの価値がある。だがニジェールの子供は、五歳になるまでに四分の一が死亡する。この子もきっと、その一人になってしまうのだろう。この衰弱している子供たちは、そっとすすり泣く程度で何も言わない。だがその姿は、これほど天然資源が豊富なのに最低限の生活もできないことを非難しているように見える。

これほどの貧困を目の当《ま》たりにすると、中国がこの地に経済発展を促す莫大な投資をしてくれるという話に魅力を感じるのも当然だと感じざるを得ない。独立前も独立後も欧米諸国はアフリカを商業利用するばかりで、現地のためにほとんど何もしてくれなかったことを考えれば、なおさらである。

アフリカに派遣される中国政府の要人から話を聞ける機会はめったにない。だが、クーデター後のこの時期であれば、ニアメに駐在する中国政府関係者も口を開いてくれるのではないかという気がした。タンジャ政権が突然崩壊し、ニジェールのウランや石油に対する中国の権利が危機に瀕しているからだ。案の定、私は中国大使との面会を取りつけることができた。中国大使館の設備の整った会議室に入ると、外の猛烈な暑さがうそのようだ。会議室には、壁一面を覆うように三峡の絵画が飾られていた。三峡には水力発電ダムがあり、南アフリカを除くサハラ以南アフリカ全体の発電量に匹敵する電力を生産している。世界一の人口を誇る中国であれば、世界一貧しいアフリカ大陸にこれほどの豊かさを提供できるのだと宣伝する意図があるのかもしれない。

やがて、在ニジェール中国大使の夏煌がやって来た。気品と自信に満ちた男で、以前パリに駐在していたこともあるため、非の打ちどころのないフランス語を話す。大使は慎重に言葉を選んで話していたが、その内容ははっきりしていた。「この国では四〇年近くウランの採掘が行われてきました。ですが、ウランから直接得られる収益は、玉ねぎの輸出による収益とほとんど変わりません。ここに問題があります。ウランは、戦略的にきわめて重要なエネルギー資源です。それなのに両者の収益が等しいというのは問題です。中国はこのアフリカ大陸で、探査プロジェクト、産出プロジェクト、変革プロジェクトに取り組んでいます。それによりアフリカ諸国の選択の幅が広がります」[7]

私はそこで、中国は、欧米諸国が提供してきたものに代わるものを提供しているということなのかと尋ねた。大使はくすりと笑うと、中国が台頭すると旧勢力の脅威になると思われることのないようにこう言った。「いえ、私は『選択の幅が広がる』と言っただけです。経済発展にとっても社会の進歩にとっても有利な、利益になる選択肢が増えるということです」

夏煌の話によれば、中国はニジェールなどのアフリカ諸国に、真の経済発展につながる道を提供しているのだという。かつてこうした国々は、諸外国が天然資源を持ち去る条件を交渉する程度だった。だが、中国が整備したインフラを産業基盤として利用すれば、工業化に着手できる。つまり、オランダ病を駆逐できるのだ。大使は力強く言った。「この国を貧困から救い出すためには工業化が必要です」

こうした中国の考え方は、ニジェール国民にも浸透している。もちろん、アフリカに進出した中国企業にも不満はつきまとっている。働き手を中国から呼び寄せている企業もあれば、低賃金および劣悪な条件で現地の人間を雇っている企業もある。しかし、中国がニジェールで実際に約束を果たしていることは、見ればわかる。タンジャ政権下で中国は、ニジェール川に第二の橋を建設し、水力発電ダムを建造した。また、アガデム石油鉱区でニジェール初の原油掘削を行うとともに、同じくニジェール初となる石油精製所を建設する五〇億ドル規模のプロジェクトを始めた。これまでこの国は、原油を輸出しながら、石油精製品を輸入したり燃料を密輸したりしなければならなかった。しかし精製所ができれば、この陸地に囲まれた貧困国も、そんなおかしな状況から脱け出せる。

巨大鉱山の運営に関連する形ばかりの社会事業に資金を投じるだけでなく、それ以上のことをしてくれる相手がついに現れたのだ。ニジェール国民は喜びに打ち震えた。ニジェールの商工会議所会頭イブラヒム・イッディ・アンゴは、細心の注意を払いながらも、中国に目を向け始めた。通信や保険、セメントに投資している如才ない実業家でもあるイッディ・アンゴは、私が話を聞いたニジェールのビジネスマンや政治家同様、中国の登場を喜んでいる。中国は、欧米の企業ができないと言ったことでもしてくれる。ここ数年の間に政府は、アガデム石油鉱区の探査を、フランスのエルフ（現トタル）やアメリカのエクソン（現エクソンモービル）といった石油大手に打診していた。だが、とイッディ・アンゴは言う。「そのたびに政府は『石油が欲しいのなら、精製所を作ってくれ』と言った。すると相手はいつも、それはできないと言う。そこへ中国人が来て、こう言ったんだ。『精製所が欲しいって？　規模は？』」[8]

中国は、アフリカの変化に合わせて、アフリカ諸国に支援の手を差し伸べようとしている。アフリカは一世紀以上にわたりダイヤモンドや金、エネルギー資源や各種金属を世界に供給している。世界全体の天然資源供給量に占めるアフリカの比率は、かなりの割合に上る。だがその割にアフリカ大陸では、経済発展に必要なインフラの整備がほとんど進んでいない。二〇〇八年、人口九億人を誇るサハラ以南アフリカで生産された電力は、人口四七〇〇万人のスペインで生産された電力とほとんど変わらない[9]。また、経済学者が全貧困国の二〇〇一年のデータを比較したところ、アフリカ以外の貧困国では、一〇〇〇平方キロメートルあたりの舗装道路が平均一三四キロメートルあったが、アフリカでは三一キロメートルしかなかった（ちなみに、アフリカ以外の「高中所得国」に分類される国では七八一キロメートルだった）[10]。ヨーロッパの帝国が消滅して数十年の間に、アフリカ以外の世界は工業化により貧困から脱け出した。だがアフリカは、経済的には一次産品の輸出元以上の存在になる手段もないまま、ほかの地域に後れを取っている。人口一〇〇万人あたりの発電量を見ると、一九七〇年にはサハラ以南アフリカのほうが南アジアより三倍も多かった。ところがそれから三〇年も経つと、南アジアのほうがサハラ以南アフリカより二倍も多くなっている[11]。その間にアフリカの石油や天然ガスなどの燃料が世界中の発電所で利用されていたにもかかわらずである。世界銀行の二〇一〇年の推計によると、アフリカのインフラ需要を満たすためには、年間九三〇億ドルが必要になるという。これは、現在の支出の二倍以上、二〇一二年のロンドン・オリンピック六回分のコストに相当する。[12]

二〇〇四年にアンゴラで最初の協定を結んでから数年の間に、中国政府はコンゴやスーダンとも同様の取引を結んだ。いずれも、インフラを提供する見返りに天然資源をもらう数十億ドル規模の取引である。こうして中国は、アフリカ大陸の隅々にまで気前のよいプレゼントを提供していった。中国の海外での契約の三分の一は、アフリカとの契約である。最近では、アフリカにおけるインフラ支出の三分の二は、中国の資金が占める。[13] たとえば中国は二〇〇七年までに、アフリカの主要水力発電ダム一〇基の建設資金の大部分を提供する契約に署名した。これらのダムで、アフリカ大陸全体の発電量の三分の一に相当する電力を生産できるという。[14]

確かに中には、モーリタニアの鉄道のように、鳴り物入りで契約されたが実現しなかった交通事業もある。中国が建設した道路が劣悪だったために雨で流れてしまったという報告もある。それでも、中国がアフリカに進出して一〇年が経つ間に、中国の建設事業の質は向上している。エチオピアでは、中国が構築した携帯電話網が利用され、中国が建設した空港を通じて貨物が流通している。アフリカにおける中国の野心を象徴しているのは、二億ドルをかけて二〇一二年に完成したアフリカ連合の新本部ビルだ。この曲線が印象的な壮麗な建物は、エチオピアの首都アディスアベバでいちばんの高さを誇る。

この二億ドルを支払ったのも、もちろん中国である。ほかのプロジェクトでは、中国の国有銀行がかなりの融資を行い、それをアフリカの各国政府がインフラプロジェクトの資金に利用している。

こうした中国の貸付金利は、世界銀行など従来の支援機関の貸付金利よりも高いが、商業銀行の貸付金利よりは低い。しかもアンゴラでのように、返済が現金でなく天然資源で行われることも多い。

中国が利用できる資金は莫大な額に上る。アフリカへの融資の最大の資金源となっているのは、国有の中国輸出入銀行だ。その経営幹部は二〇一三年、中国政府は二〇二五年までにアフリカに一兆ドルもの投資や融資を行うだろうと予測している。二〇一三年のサハラ以南アフリカ全体のＧＤＰの四分の三に相当する額である。中国とアフリカの取引関係を構築してきた人物の一人、趙昌会は言う。「私たちには使える資金が豊富にある」[15]世界最大の輸出国である中国には、三兆五〇〇〇億ドルもの外貨準備がある。それをアメリカ国債に預けておくだけというのは、マットレスの下に現金を突っ込んでおくようなものだ。趙はさらに続ける。「その一部を海外投資に利用すべきだ。アフリカは二〇年後には、中国の数多くの巨大企業が活躍する唯一にして最大の舞台になる」

ニジェールには、石油もウランもあり、元宗主国の束縛から逃れたがっている大統領もいる。格好のターゲットを見つけた中国は、アフリカの資源を支配する欧米に戦いを挑んだ。タンジャが独裁に走り、やがてクーデターに倒れた一連の出来事は、中国のこうした動きが引き起こした最初の大きな政治的動乱だった。しかしそれは、アフリカにおける新勢力と旧勢力が、双方が認める以上に多くの共通点を持っていることを示してもいる。

フランスがアフリカの元植民地に影響力を行使するシステムを作り上げたのは、シャルル・ド・ゴールだった。第二次世界大戦中にフランス亡命政府を率いたド・ゴールは、戦後フランスの指導的政治家となり、一九五九年に大統領に就任した。フランスがアルジェリアの反乱に直面し、騒然としていた時代である。ド・ゴールはアルジェリアや西アフリカの植民地に独立を認めたが、ある取り決めを提示し、独立した国のほとんどの指導者にそれを受け入れさせた。その取り決めとは、独立国は今後もフランスの保護を受けられるが、その代わりにフランスの経済権益を従来どおり維持し、フランスの指示に従った外交政策や国防政策を行うというものだ。独立後にフランス語圏アフリカ諸国に増えてきた独裁者に対しても、ド・ゴールの支配力は絶大だった。中央アフリカ共和国で皇帝を自称していたジャン＝ベデル・ボカサは、「パパ」と呼んで敬愛していたド・ゴールが一九七〇年に死ぬと、葬儀の場でむせび泣いたという[16]。

ド・ゴールの死後、フランスのアフリカ支配システムは、主にド・ゴール支持者によって維持された。だが、やがてこのシステムが、資源取引や裏金、汚職のネットワークへと発展していった。そのネットワークは「Françafrique《フランサフリック》」と呼ばれたが、この名称がその性質をみごとに言い表している。一見するとこの名称は、単にフランス語の「France（フランス）」と「Afrique（「アフリカ」）」を組み合わせ、両地域が利害を同じくする共同体であることを示しているだけだ。しかし、この単語を声に出して読むと、このネットワークの本質に近い意味が現れてくる。この単語は「France à《フランサ》 fric《フリック》」とも読み替えられる。「fric」とは「現金」のことで、これを意訳すれば「フランスのＡＴＭ」ということになる。

フランサフリックは一時期、確かに相互に利益となるシステムだった。ただし、国民全体の利益になるシステムではなく、アフリカの専制君主やフランスの官僚のためのシステムでしかなかった。やがて一九九〇年代の終わりごろ、腐敗調査に執念を燃やすパリの判事エヴァ・ジョリが、不審な取引の糸をたどり、巨額の不正資金がフランスの石油企業エルフのアフリカ事業部に流れていたことを突き止めた。ノルウェー出身のジョリは、調査の過程で殺害の脅迫を受け、「独自の法が支配する未知の世界に入り込んだような気分だった」と述べている[17]。

この未知の世界の中心に位置していたのが、エルフのガボン事業部である。同事業部は石油マネーを利用してフランスの政治家に賄賂を渡し、パリの高級マンションを購入し、ガボン大統領オマール・ボンゴの財布を膨らませていた。当時ガボンは、国民一人あたりのシャンパン消費量が世界一と喧伝されていたが、ガボン国民は最底辺の生活水準に苦しんでいた。エルフはさらに、フランス語圏を越えて触手を伸ばし、アフリカ各地の原油を確保していた。エルフの元幹部が二〇〇〇年に行った証言によれば、エルフの裏金を受け取っていた人物には、アンゴラのジョゼ・エドゥアルド・ドス・サントス大統領も含まれるという[18]（ドス・サントスはこれを否定している）。

ジョリの調査は、フランスの支配層を震撼《しんかん》させるとともに、アフリカ諸国には影の政府があることを明らかにした。影の政府は、天然資源の権利を取引することで、不当な影響力や個人的な利益を手にしていたのだ。結局エルフの従業員数十名が投獄され、汚職は封じ込められた。ニコラ・サルコジを始めとするフランスの政治家は、フランサフリックの時代は終わったと告げた。実際、元植民地に対するフランスの直接的な影響力は弱まったかもしれない。しかし、アフリカにおけるフランス企業の力は、いまだに強いままだ。エルフの跡を継いだのは、エクソンモービルやＢＰ、シェルなどに並ぶ巨大石油企業に成長したトタルである。トタルは、アフリカ有数の産油国であるアンゴラやナイジェリアで優良油田の採掘権をいくつも所有しているほか、ガボンでも採掘を行っている。

ニジェールでは、一九六〇年に独立する二年前から、アレヴァが操業を始めている。それ以来フランスは、合法的ではあるが公正とは言えない方法で、戦略的に重要なウランの利権を維持している。

アレヴァは契約内容を公表していない。だがロイターの記者が、二〇一三年末までの一〇年間の契約内容が記された文書を入手した。それによるとアレヴァは、ニジェールに持ち込む鉱業設備に対しても、ニジェールから持ち出すウランに対しても、税金を支払う義務を免除されている。また、鉱業企業が採掘した鉱物の量に応じて政府に支払う鉱区使用料は、採掘したウランの五・五パーセントとされている。これは、ほかのもっと裕福な国が課している鉱区使用料よりはるかに安い。しかも、新たな鉱業法が制定され、鉱区使用料が値上げされたとしても、アレヴァはこの規定から除外するという条項まである。[19] 鉱業界は、長期投資を行うにはこのような条項が不可欠だと主張する。だが、ニアメに滞在するあるフランス人によれば、ニジェールでは反フランス感情が強く、タンジャはそれを利用して支持を取りつけ、独裁政治を行ったという。アレヴァの欲深な契約内容が反感を招いていることを、そのフランス人はこう表現している。「アレヴァによる新たな植民地政策だという気がするんだろうね。フランスは仲間意識など持たず、ただ利権だけに目を向けているという認識が、ここの国民にはある」

中国大使も述べていたように、ニジェールなどの資源国家に対する中国の強みは、出し惜しみをする旧勢力に比べ、気前がよいことだ。しかしアフリカの資源を手に入れようとする中国の手段にも、旧勢力の常套《じょうとう》手段と同じような要素がある。中国政府はアフリカの発展を口にしながらも、旧勢力と同じように、仲介者を通じて有力者と個人的な絆を育むことに熱心だ。アフリカの石油や鉱物資源の採掘権を管理している支配層との絆である。

こうした仲介者の一人を探していると、ニアメの動物園にたどり着いた。その動物園は、砂ぼこりが舞うニジェールの首都の中心部、ユラニウム通りとシャルル・ド・ゴール通りの交差点の近くにある。反乱兵士がタンジャを拘束した大統領官邸からも遠くないその場所を、クーデター後間もなく訪れると、貧相なハイエナが苛立たしげに走り回っていた。皮膚の干からびたカバが、浅いコンクリートの水槽にうずくまっている。ダチョウはしばらくじっとしていたが、やがて見物人の拍手に合わせて檻の中を駆け始めた。子供たちが歓声を上げる。だが、この動物園のいちばんの目玉である七頭のライオンは、狭い檻に閉じ込められていた。しかし、そんな状態も間もなく改善されることになっている。新たに一〇〇〇平方メートルものライオンの飼育エリアが、六万ドルをかけて建設される予定なのだ。

この費用を受け持つのは、トレンドフィールドというコンサルティング会社である。この会社は、情報の秘匿に便利な租税回避地、イギリス領ヴァージン諸島に登記されているが、北京を本拠地としている。二〇〇六年に中国国核海外鈾資源開発がニジェールのウラン採掘権を手に入れる際に仲介を行い、このプロジェクトの五パーセントの持分を獲得した[20]。リバプール大学でＭＢＡを取得したフランス人ギー・デュポールが最高経営責任者を務めており、そのリンクトイン（ビジネスに特化したソーシャル・ネットワーキング・サービス）のページにはこう記されている。「中国核工業集団［中国国核海外鈾資源開発］とニジェール共和国とがウラン鉱山開発・掘削において戦略的な連携構築を計画し、その枠組みを整える際に、私の交渉技術が役に立った[21]」

二〇〇九年にこのウランプロジェクトが実現すると、トレンドフィールドはニアメの動物園のライオンの飼育エリアの拡張を約束した。中国政府が関連企業とともにアフリカ諸国で気前よくインフラを提供している活動のミニチュア版である。デュポールは報道発表でこう述べている。「このプロジェクトは、わが社の社会発展プログラムに欠かせないものだと考えています。こうした活動が土台となって外国企業がいっそう直接的に社会活動に関与するようになり、ニアメの国立博物館や動物園だけでなく、地域全体が発展していくことになるのです[22]」トレンドフィールドはさらに、ミズーリ州の動物園から獣医を呼び寄せ、一〇年ぶりにライオンの健康診断を行わせている（同社の報告によると、この獣医はライオンだけでなく、「二二種の哺乳類、二八種の鳥類、四種の爬虫《はちゅう》類」をすべて診察したという）。

だが、タンジャ政権の内部関係者（当時この人物が行っていた仕事の性質上、名前は明かせない）によれば、トレンドフィールドは動物園の動物の世話をしつつ、タンジャやその家族に近づいていた。とりわけ狙っていたのが、ニジェールの商務官として中国に赴任していた大統領の息子ウスマンである。

私は、ニアメの閑静な脇道沿いにあるトレンドフィールドの支局を訪れた。そこで働いているイギリス人地質学者は「私たちは記者とは話をしない」と言っていたが、エル＝モクタル・イチャという人物がインタビューに答えてくれた。トゥアレグ人のイチャは、アレヴァに雇われてニジェール北部のウラン採掘を行ったり、政界に進出したりして二〇年ほど過ごした後、トレンドフィールドのニジェール支局の責任者となった[23]。その話によればトレンドフィールドは、中国国核海外鈾資源開発の仲介を行う際、一般的なコンサルティング会社が行う業務をしたに過ぎないという。ビザや現地査察の手配をしたり、許可証を請求したりといったことだ。「私たちはこの国に中国を紹介する手助けをしています。ニジェール人はあまり中国という国を知りませんから[24]」私は、トレンドフィールドとタンジャの息子との関係を尋ねた。「それは単なる憶測でしょう。確かに彼は中国にいますが、それだけで〝関係〟があるということにはなりません。私たちにはかかわりのない質問ですので、お答えはできませんね」そしてこうつけ加えた。「私たちはきわめて高い倫理基準に従って仕事をしていますよ」私は、ニジェールにおけるトレンドフィールドの事業について、ギー・デュポールにも質問状を送ったが、回答はなかった。

タンジャが政権の延長を試みていた当時、ニジェールでは兵士たちが行動を起こす数週間前から危機感が高まり、民族対立がただならぬ様相を呈していた。やがて一部のニジェール軍兵士が我慢の限界に達した。クーデター直前の軍内の行動については諸説ある。一説によれば、別々に生まれた二つのグループ（上級司令官で構成されるグループと若い士官のグループ）が同じ日に、大統領を退位させるのは今だと決断したという。銃撃の音が響き渡ると、街路から人の姿が消えた。国営ラジオが午後遅くまで軍楽ばかりを流していた。これは、クーデターが成功したことを示す典型的な合図である。中国政府と固く結びついていた大統領は密かに連れ去られて監禁され、新たな軍事政府が樹立された。新政府の報道官が、迷彩服に身を包んだ高級将校たちの前に座り、現行の憲法と政府機関の停止を告げた。新たな指導者に選ばれたのは、これまで国民にほとんど知られていなかったサル・ジボ大佐である。

ニアメは不穏な空気に包まれたが、欧米の外交官はほっと胸をなで下ろした。彼らはタンジャの強権政治に批判的で、この憲法危機に乗じてサハラ砂漠を根城にするアルカイダ系の過激派組織が活発化し、ニジェールを混乱に陥れるのではないかと心配していたからだ。そのほか、商業的な理由からクーデターを歓迎した人たちもいる。

たとえばオリヴィエ・ミュラーも、このような事態の展開にほっと胸をなで下ろした一人だろう。安心するのも無理はない。ミュラーはニジェールにおけるアレヴァの責任者だからだ。彼のオフィスは、壁一面がニジェールのウラン鉱床の地質図で覆われている。私がそこを訪れると、ミュラーはちょうど、軍事政府の指導者であるジボとの会談から戻ってきたところだった。剽軽《ひょうきん》なフランス人のミュラーは早速その話をしてくれた。「今朝一時間ほど新しい指導者と話をしてきたよ。アレヴァにとても好意的で、事業をもっと発展させてもらいたいと言っていた。いい男だよ。一時間も話せばうまくいく。一時間もなければ五分でもいい」[25]だが、こうつけ加えるのを忘れなかった。「もちろん、政治の話はしない。ビジネスの話だけだ」対照的にタンジャは、交渉が「大変だった」という。アレヴァ側から見れば、悩みの種がなくなった。「フランスやアレヴァは、この国での存在感を高めていくつもりですか?」と私が尋ねると、ミュラーは答えた。「ああ、そのつもりだ」

だがそんなミュラーも、先の中国大使と同様、新勢力と旧勢力との間で資源を巡って全面対決することには慎重である。むしろその逆だ。確かに両者は今も、アフリカの政府に取り入ろうと張り合っている。だが将来的には、国家目標よりも、資源取引を円滑に進めることのほうが重要になるのではないかとミュラーは言う。「実際のところ競争はないと思う。今後一〇年の間に、未開発鉱床が発見される機会はどんどん減っていく。そうなると協力が必要になる。ライバル会社同士でインフラを共有することになるかもしれない」

ミュラーの言うことは正しい。これはニジェールのウランに限った話ではない。ニジェールの南に位置するナイジェリアでは、フランスのトタルが中国の石油会社と提携し、海底の原油を採掘している。この合弁事業で同僚となったフランス人と中国人が、ラゴスの高級住宅地のバーで酒を酌《く》み交わしている姿を見ることもある。天然資源を巡る経済戦争とはほど遠い光景だ。またギニアでは、イギリスとオーストラリアを拠点とするリオ・ティントが中国鋁業の支援を受け、シマンドゥの巨大鉄鉱床の開発を行っている。中国の国有企業である中国鋁業は、この鉱区最大の持分所有者である。

中国は海外支出の三分の二を、資源産業で活躍する外国企業から持分を購入する資金に充てている。[26]二〇〇九年から二〇一二年までの間に中国の国有企業は、シエラレオネから南アフリカに至るアフリカの天然資源資産を持つ欧米の企業から、二三〇億ドルを費やして持分を購入した。[27]不透明な条件のもと、インフラの整備や低利の融資を行う代わりに天然資源を受け取る「アンゴラ方式」を、中国がアフリカの資源を手に入れる第一の手段とするならば、これは第二の手段と言える。アフリカの石油と鉱物資源から長らく利益を得ていた欧米の大企業の中に、金の力で割って入っていくのだ。徐京華が率いるクイーンズウェイ・グループはこの手法もまねている。

二〇一〇年六月、ギニアの大統領選の第一回投票が行われる数日前に、私はコナクリのホテルのバーでニック・ズークスと会った。鉱業関連のベンチャー企業ベルゾーン・マイニングを立ち上げたオーストラリア人のズークスは、開拓者のような雰囲気を漂わせた白髪混じりの男だ。アンゴラで数年過ごしたのちにギニアにやって来たという。ベルゾーンは、ロンドン証券取引所の中でも新興企業を対象としたＡＩＭ市場に上場している小企業である。ハイリターンを見込んでハイリスクに賭ける投資家から資金を集めようと、さまざまなレベルの小規模鉱業会社がこの市場を利用している。ベルゾーンはそんな小企業にふさわしく、ギニアの沿岸近くにある鉄鉱石の鉱床の採掘権を獲得していた。シマンドゥほどの規模はないが、それでも相当な規模の鉱床があると見込まれている。それに、辺鄙な場所にあるシマンドゥよりも輸出に便利だ。

ズークスは上機嫌で、投票日の前夜には同僚とシャンパンを飲んでいた。その理由はすぐにわかった。クイーンズウェイ・グループがベルゾーンと契約を結んだからだ。中国国際基金（ＣＩＦ）は、カマラ軍事政権と七〇億ドルに及ぶ不透明な鉱業・インフラ契約を結んでいた。しかしこの大統領選の結果次第で、この契約が破棄されてしまうおそれがある。クイーンズウェイ・グループはその場合の保険として、ベルゾーンと契約したのだ。

ズークスによれば、クイーンズウェイ・グループのインフラ・鉱業部門であるＣＩＦは、資源産業界に風穴を開ける存在だという。リオ・ティントなど従来の多国籍企業の支配を免れる方法を編み出したうえに、世界銀行などの国際的な金融機関や欧米の大手銀行に頼らなくても資金を確保できるのだ。ズークスは言う。「中国人はフットワークが軽い。それに決断も早いんだ」(28)

この軽いフットワークのおかげで、新政府が七〇億ドルの巨額契約を破棄した後も、クイーンズウェイ・グループはギニアの資源事業を維持できた。私がパリでアルファ・コンデにインタビューした際、コンデはこう述べていた。「私が政権を取って以来、徐京華はギニアに来たことがない」ＣＩＦの支援を得て、ギニアに新たな航空会社エア・ギニア・インターナショナルを設立する計画は、設立祝賀パーティまで開かれたものの、結局一機も飛行機を飛ばすことなく頓挫してしまった。それでも徐京華は、ギニアでまだ存在感を放っている。とはいえ、本人がギニアにいるわけではない。ロンドンの株式市場を通じて力を誇示しているのだ。ＣＩＦは結局、軍事政権を支援するためにギニアに送金した一億ドルについて、その大半の返還を要求した。その資金はやがて、同グループとアンゴラの国有石油企業との合弁会社であるチャイナ・ソナンゴルがベルゾーンの株式を購入する際に使われることになる。[29]

選挙の一か月前、ベルゾーンはＣＩＦとある契約を交わしたことを公表した。ＣＩＦは軍事政府から、ベルゾーンが採掘権を持つ鉱床に隣接する鉱床の採掘権を与えられていた。そこでＣＩＦは、この契約で二つの鉱床を統合することにしたのだ。今後は両鉱床の開発を二社合同で行い、ＣＩＦが二七億ドルの資金を提供するという。[30]その後さまざまな紆余曲折《う よ きよくせつ》を経て、二〇一二年一二月にようやく、一九六六年から途絶えていた鉄鉱石の輸出が再開された。

ベルゾーンと提携したことでクイーンズウェイ・グループは、欧米の資源産業界のさらに奥深くへと足を踏み入れていった。後にベルゾーンとＣＩＦはともに、自社の持分の鉄鉱石をグレンコアに売る協定を結んだ。グレンコアとは、コンゴでイスラエルの実業家ダン・ゲルトラーとも取引していた巨大商社である。

徐京華は、北京やアフリカ諸国の首都でのコネに、さらにロンドンでの〝関係〟を加え、もはや中国のスパイ兼仲介役といった役回りを超え、グローバルな資源産業に関与するようになった。鉱業企業がよく利用している証券取引所に、トロント証券取引所がある。クイーンズウェイ・グループはそこでも仲間に加えられそうな企業を探し、ウェスト・アフリカ・アイアン・オーアという会社を見つけて融資を行った。この会社が採掘権を所有しているギニアの鉱区が、ベルゾーンとＣＩＦが開発している鉱区のそばにあったからだ。それはまさに、仲介者同士の連携だった。というのは、ウェスト・アフリカ・アイアン・オーアは、あのギー・デュポールの会社だったからだ。トレンドフィールドを通じてニジェールのウラン産業に中国企業を招き入れた男であり、ニアメの動物園のライオン飼育エリアの拡張資金を提供した男である[31]。一方アンゴラでは、クイーンズウェイ・グループは、イギリスのBP、フランスのトタル、イタリアのエニ、ノルウェーのスタトイル、アメリカのコノコ・フィリップスなど、世界有数の石油企業が主導する事業の少数持分を数多く集めている。

徐京華は、中国企業のアフリカ進出を仲介する際、フランサフリックの戦術を採用している。つまり、政府の要職にある人間の権力を、民間企業の事業と結びつけ、アフリカの天然資源から両者が利益を得られるようにするのだ。クイーンズウェイ・グループは実際に、かつてのフランサフリックのネットワークを利用しているとも言われている。たとえばアメリカ議会の報告書によれば、チャイナ・ソナンゴルはピエール・ファルコンの手も借りているらしい。ファルコンはフランスの武器商人で、アンゴラの内戦時代にはＭＰＬＡ政府に七億九〇〇〇万ドル相当の武器を供給し、その見返りに石油を受け取っていた。別のアメリカ上院の報告書によれば、ジョゼ・エドゥアルド・ドス・サントス大統領とも「近しい関係」にあるという[32]（ファルコンは北京にコンサルティング会社を設立しているが、チャイナ・ソナンゴルとは商業上の関係はないと主張している）。

クイーンズウェイ・グループの企業は、旧勢力のエルフ同様、望みの資源を持つ国の役人に資金を注ぎ込んでいるようだ。中国人実業家の武洋は、貴重な仲介役を果たしたにもかかわらず、しかるべき報酬を受け取っていないとして、クイーンズウェイ・グループの創業者を相手に訴訟を起こしている。その際に香港の裁判所が公開した支払台帳を調べると、クイーンズウェイ・グループが現金を使ってアフリカ諸国の政府に「取り入って」いた実態が垣間見える。たとえば、二〇〇九年の金融取引を記入した欄には、次のような項目がある。「アントニオ・イナシオ・ジュニア　プロジェクトへの融資（二二三四万香港ドル）」[33]

これは、クイーンズウェイ・グループのある企業が二〇〇九年、アントニオ・イナシオ・ジュニアという人物に対し、およそ三〇万米ドルの融資をしたことを意味している。一見すると、この取引に何も怪しい点はない。だが、アントニオ・イナシオ・ジュニアというのは実は、モザンビークの駐中国大使である。[34] 中国での外交行事の際に撮られた写真を見ると、髪を短く刈り込み、きちんとしたスーツを身につけている。私は北京のモザンビーク大使館に電話をし、この融資について大使に説明を求めた。その際に要求されたとおり質問状をファックスで送ったが、返答はない。

モザンビークの政府記録を見ると、二〇〇八年九月に、中国国際基金と現地企業との合弁会社シフィ＝モズが設立されている。[35] 設立目的は、農業、工業、鉱業、建築資材の生産などのビジネスのためとある。これにより徐京華らはモザンビークに足場を築いた。モザンビークでは当時、近年の鉱物資源の需要の急増を受け、資源関連の大手企業が未開発の炭鉱や天然ガス田を求めて争っていた。二〇〇九年一一月（その年に大使への融資が行われている）、シフィ＝モズは首都マプトの南にある石灰石鉱山の採掘権を取得した。[36] その後には、三五〇〇万ドルに及ぶセメント工場の建設計画を立ち上げている。[37] 私はクイーンズウェイ・グループの弁護士に、同グループがビジネスを行おうとしている国の役人に融資を行った理由を尋ねたが、回答は得られなかった。[38]

モザンビークは、クイーンズウェイ・グループの一つのターゲットに過ぎない。同グループは、アンゴラを起点にアフリカ全土に矢継ぎ早にビジネスを拡大している。クイーンズウェイ・グループがギニアの軍事政権を救済する取引を仲介した鉱業大臣マフムード・ティアムは、同グループの特使としての顔も併《あわ》せ持っている。マダガスカルでクーデターが発生した際には、クイーンズウェイ・グループの代表者と新政府のエネルギー大臣との交渉にティアムも参加した。ティアムは言う。「ギニアでしていることと何ら変わりはない。発展していくと思われる興味深いプロジェクトを探しているだけだ」[39] チャイナ・ソナンゴルはこのとき、ライバル企業から油田を奪い取ろうとしたが、結局失敗に終わった。[40]

ティアムはまた、クイーンズウェイ・グループの使者としてニジェールのクーデターの指導者たちとも会った。ティアムの話によれば、同グループはニジェールの軍事政府に四〇〇〇万ドルを支払い、アガデム石油鉱区に関心を示したという。アガデム石油鉱区といえば、中国の国有石油グループ、中国石油天然気集団がニジェール初の原油掘削をしている鉱区である。これはつまり、クイーンズウェイ・グループは、利益を手にするチャンスがあるのなら、中国の国益に挑むことさえ辞さないということになる。しかし、とティアムは言う。「暫定政府の指導者は賢明なことに、正式に合意するまでは、受け取った金に手をつけないことにした。結局合意には至らなかったため、その金は返還してきたよ」[41]（ティアムは大臣を辞職して以来、チャイナ・ソナンゴルやクイーンズウェイ・グループとの仕事はしていないと主張している）

クイーンズウェイ・グループは結局、マダガスカルやニジェールでは成果を上げることができなかったが、こうして見ると、そのビジネス手法の特徴が明らかになる。徐京華は、国際社会からのけ者にされ、誰もビジネスをしたがらない政府を見つけ、その政府に天然資源を現金に変える既存のテクニックを提供するのだ。軍事クーデターにより設立された政府は「資金に飢えている」とティアムは言う。「彼らはそんなときに近づいてきてこう言う。『ほかの誰も資金を出してくれないのなら、私たちが出そう』国家の利益や自分自身の権威が危機に瀕していれば、その資金を受け取るに決まっている」

中国のアフリカ進出を欧米諸国は批判しているが、そこには偽善のにおいがはっきりと感じられる。スーダンの独裁者オマル・アル・バシールが反政府勢力を虐殺した際、アメリカの大統領ジョージ・W・ブッシュは、この独裁者への制裁を強化しようとした。しかし中国政府は、スーダンの石油利権を守ろうとしてこれに反対し、国際社会から非難を浴びた。しかし中国は、アメリカ政府と同じ現実的な資源政策を採用したに過ぎない。ブッシュ政権の国務長官コンドリーザ・ライスは、赤道ギニアの大統領テオドロ・オビアン・ンゲマが訪米すると、この泥棒政治家を温かく歓迎した。ンゲマはブラックビーチ刑務所の恐るべき施設に政敵を監禁している一方で、アメリカの石油企業を手厚く保護しているからだ。それでも、インフラを提供する代わりに天然資源を受け取る中国の取引が不透明であることは、責められてしかるべきかもしれない。だが、アメリカでもこんなことがあった。国会議員が画期的な透明性促進法を導入し、石油企業や鉱業企業が外国政府に行った支払いを公表するよう義務づけようとした。すると、アメリカの石油業界の団体であるアメリカ石油協会が訴訟を起こし、この法の成立を阻止しようとした。また、南アフリカに停泊している中国船から、ジンバブエのロバート・ムガベ政権に引き渡される武器が見つかり、このときも中国は世間の非難にさらされた。しかし、アフリカで流通している大量の武器を供給しているのは、中国だけではない。ノルウェーの二つの研究機関が共同で、数年にわたる武器輸入統計やガバナンス指標をもとに調査したところ、独裁的なアフリカ政府に武器を売る傾向があるのは、中国よりもむしろアメリカのほうだという。[42] また、一九九二年から二〇〇六年までのアフリカへの武器輸出額を見ると、中国よりもウクライナのほうが多い。

資源を求めて中国がアフリカへ進出し、東洋と西洋の間で天然資源を巡る争いが始まったと考えるのは、いかにも事態を単純化しすぎている。もちろん競争もあるが、協力して資源事業を展開している場合もある。しかし、海外の投資家からの注目度がこれだけ高まっているにもかかわらず、アフリカの大半の国々はグローバル経済の底辺から脱け出せないままだ。

ニジェールの商工会議所会頭イブラヒム・イッディ・アンゴは、指導者たちは中国との交渉の際、この国の価値を過小評価していると主張する。「彼らは戦略上重要な資源を欲しがっている。だからこちらからこう言うべきなんだ。『それが欲しいのなら、条件はこうだ。第一に、現地の労働者を使うこと。第二に、輸送など、事業に必要な仕事があれば、少なくとも五〇パーセントは現地の企業を使うこと』とね。だが、政府はこうしたことは何も言わない。事業の上前をはねるだけで、あとは中国人のしたいようにさせている」アフリカの資源を欲しがる中国を利用し、ニジェールのためになる技術やインフラを確保できれば、経済の幅が広がり、資源の呪いから脱け出せるかもしれない。しかし、そのようなわずかばかりのチャンスは消えつつある。「多様化することが大切なんだ」というイッディ・アンゴの言葉は正しい。ニジェールはアフリカ諸国の中でも特に、わずか数種の一次産品の輸出に大きく依存している国だ。これはつまり、はるか彼方の消費者の気まぐれに自国の経済が左右されるということだ。アフリカ開発銀行がある指数を発表している。この指数は、高ければ高いほど経済が多様化していることを示している。それによると、経済が資源取引のみに縛られておらず、比較的裕福なモーリシャスやモロッコは、それぞれ二二と四一である。発展している北アフリカを含め、アフリカ大陸全体の平均は四・八だが、石油への依存度がきわめて高いアンゴラやチャドは最低の一・一しかない。ニジェールも、二・四とそれよりわずかに高いだけである。[43]

イッディ・アンゴは言う。「アフリカの数多くの国が、中国にしたいようにさせている。すると中国は、石油や鉱物資源の代金を支払うだけで、中国の労働者、中国のトラックを使う。それが大きな問題だ。彼らは、資源があるからここに来る。だが、それがいつまでも続くわけではない。今のうちに何とかしないといけない。ウランや石油がなくなれば、彼らは離れていく」

タンジャが打倒された際にも明らかになったように、中国には、アフリカ諸国との絆を守るために国内政治にまでかかわる意思はない。だが、中国が進んで資金を投入し、建設プロジェクトを推進したことで、時の政権に対するクーデターが発生しても、それに耐えうるほど強固な足場を中国は確保できた。ニアメ駐在の中国大使、趙昌会は言う。「ニジェール川には、両岸を結ぶ橋ができました。それとともに、中国とニジェールを結ぶ橋もできたのです」

中国は、経済的多様化・工業化へとアフリカを導き、資源の豊かな国に繁栄をもたらすと言う。だが実際のところ、中国の建設プロジェクトの目的は、資源を支配する指導者に取り入るためなのだろうか？　それとも国民全体の生活水準を高めるためなのだろうか？　中国が権利を保有する鉱山と、鉱物資源を輸出するために中国が建設した港とを結ぶだけの鉄道では、住民の役には立たない。同様に、コストがかかるばかりで経済的な利便性がほとんどない無価値なプロジェクトでは、資源国家の住民を貧困から救い出すことはできない。南アフリカのコンサルティング会社フロンティア・アドバイザリーの最高経営責任者で、アフリカにおける中国の取引にアドバイザーとして参加したこともあるマーティン・デイヴィースは言う。「資源に依存する経済では、多くの国民が排除される縦割り型の経済になってしまう。全体的な成長を促すインフラを整備するのはとても難しい。中国が出資するインフラで、多様な経済が生まれるのか？　それとも、経済を多様化しないと、インフラは整備できないのか？」そしてデイヴィースはこうつけ加えた。「いずれにせよアフリカの各国政府は、アフリカを発展させる仕事を中国に外注していると考えてはいけない」

中国政府は、取引のこうした側面を考慮していないように見える。中国企業がいくら道路や鉄道を建設しても、模造繊維製品など中国製の品々が大量に流れ込んでくるため、ナイジェリア北部では工業化は遅々として進まない。二〇〇九年から二〇一四年までナイジェリア中央銀行の総裁を務めたラミド・サヌシは、そのあたりの事情をうまく表現している。「中国はアフリカで原料を仕入れ、アフリカに製品を売っている。これはかつての植民地政策と本質的には同じだ。イギリス人はアフリカやインドに行き、原料や市場を確保した。今やアフリカは、新たな帝国主義に進んで身をさらしている(44)」

タンジャ政権が崩壊するころにはすでに、ニジェール川の橋梁工事は終わっていた。中国の石油プロジェクトやウラン採掘プロジェクトは進み、中国が建設していた石油精製所は完成し、ニアメの動物園のライオン飼育エリアの拡張計画も策定されていた。中国大使の趙昌会によれば、軍事政府の指導者は、中国の立場が脅《おびや》かされることはないと保証してくれたという。中国もフランスも、政権が変わってもニジェールの資源開発プロジェクトを着々と推し進めている。アレヴァは新たに、二六億ドルに及ぶ鉱山開発に着手した。これにより、同社がニジェールで産出するウランの量は二倍になるという。中国も、当初の見積もりよりも多くの石油を発見した。ニジェールはアフリカでも中位クラスの産油国になりつつある。

タンジャを打倒した軍事政府は、約束を忠実に守った。選挙を実施し（国際監視団により合法と認められた）、クーデターから一四か月後の二〇一一年四月に政権から手を引いたのだ。選挙で選ばれたマハマドゥ・イスフ大統領は、ギニアのアルファ・コンデと同じように長らく反政府勢力を率いてきた人物で、大統領に就任するとすぐに汚職撲滅運動を展開した。マリ国境周辺でイスラム過激派が混乱を引き起こしているが、それでもイスフは、この騒然とした国に安定をもたらしてくれる人物との評判を獲得している。

イスフが大統領就任から一年ほどしてイギリスに外遊した際、私はロンドンでイスフに会った。大統領は存在感のある雄弁な人物で、そのどっしりとした体軀《たいく》には、ニジェールを改革しようとする強い意志がみなぎっていた。

イスフは、ニジェールの資源を求める国々に対して、タンジャのように自分に取り入るよう仕向けるのではなく、一部の国に利益が片寄らないようにしており、中国を優遇するつもりはないという。「中国はアフリカで、ウランにしろ石油にしろ、積極果敢な天然資源ビジネスを展開している。ニジェールは開かれた国だ。どこの投資家が来てもいい。だが私たちは、双方にプラスになる関係を望んでいる。中国との関係もそうだ。私たちは私たちの利益を、彼らは彼らの利益を守るということだ[45]」

イスフはフランスにも戦いを挑んだ。アレヴァがニジェールに支払うウラン収入の割合について、一八か月に及ぶ交渉を始めたのだ。交渉は難航し、アレヴァは一か月間、鉱山を閉鎖した。表向きは保守のためとしているが、実際は政府収入を減少させて同社の力を見せつけようとしてのことだろう[46]。しかし二〇一四年五月、両者の間で合意が成立し、結局アレヴァは鉱山使用料の値上げを認めるとともに、北部ウラン産出地域と首都とを結ぶ道路の建設にも同意した。ただし、公開されていない契約書面で、一部の税制優遇措置は維持されることになった[47]。

こうした動きは、ニジェール側の勝利に見えるかもしれない。だがそれでも、資源国家の収入がグローバル経済の波に大きく左右されることに変わりはない。二〇一一年に日本を襲った大地震で福島第一原子力発電所が被災すると、世界各国の政府が原子力発電からの撤退を決め、ウランの価格が下落した。アレヴァは、ニジェール政府との新たな合意について公表した当日、新規の大規模ウラン鉱山の開発を延期すると発表した。ウランの価格が下がり、このプロジェクトでは利益が出ないと判断したためだ。

西アフリカでは、数十年にわたる混乱から脱け出し、代議員制による統治や安定に向かいつつある国が、わずかながら増えている。ギニアやシエラレオネ、リベリアのほか、ニジェールもそうした国に含まれる。しかし、近隣でもっとも安定しているガーナを見れば、いくら平和であっても資源の呪いは消えないことがわかる。アフリカの貧困の緩和に取り組んでいる国際機関、およびアフリカの天然資源の収益を奪う金融システムが、呪いをいっそうあおっているのだ。

［原注］

（1）'France Condemns Niger President's Emergency Powers', RFI, 2 July 2009, www1.rfi.fr/actuen/articles/115/article_4174.asp.

(2) 二〇一〇年四月にニアメで、著者がアリ・イドリッサ（ニジェールの透明性促進団体ロタブの代表）に行ったインタビューによる。以下も参照。Tom Burgis, 'Strategic Resources: A Richer Seam', *Financial Times*, 20 May 2010, www.ft.com/cms/s/0/d9853fda-6441-11df-8618-00144feab49a.html.

(3) 二〇一〇年四月にニアメで、著者がモハメド・バズームに行ったインタビューによる。

(4) 'Vast Embezzlement Under Previous Niger Regime: Report', Agence France-Press, 27 March 2011, http://en.starafrica.com/news/vast-embezzlement-under-previous-niger-regime-report-157192.html; 'L'ex-président nigérien Mamadou Tandja est sorti de prison', Jeune Afrique, 11 May 2011; 'Fire Consumes Niger's Anti-Corruption Files', Reuters, 3 January 2012, http://ca.reuters.com/article/topNews/idCATRE8021A720120103.

(5) Abdoulaye Massalatchi, 'Niger Capital Calm, Business as Usual Day After Coup', Reuters, 19 February 2010, www.reuters.com/article/2010/02/19/idUSLDE61I0CG_CH_2400.

(6) Edward George, *The Cuban Intervention in Angola, 1965-1991: From Che Guevara to Cuito Cuanavale* (New York: Frank Cass, 2005), 190.

(7) 二〇一〇年四月にニアメで、著者が夏煌に行ったインタビューによる。

(8) 二〇一〇年四月にニアメで、著者がイブラヒム・イッディ・アンゴに行ったインタビューによる。

(9) Vivien Foster, 'Africa Infrastructure Country Diagnostic', World Bank, September 2008, http://siteresources.worldbank.org/INTAFRICA/Resources/AICD_exec_summ_9-30-08a.pdf.

(10) Tito Yepes, Justin Pierce and Vivien Foster, 'Making Sense of Africa's Infrastructure Endowment: A Benchmarking Approach', World Bank, January 2008, http://elibrary.worldbank.org/doi/boo

k/10.1596/1813-9450-4912.

(11)Foster, 'Africa Infrastructure Country Diagnostic'.

(12)Vivien Foster and Cecilia Briceño-Garmendia, 'Africa's Infrastructure: A Time for Transformation', World Bank, 2010, http://siteresources.worldbank.org/INTAFRICA/Resources/aicd_overview_english_no-embargo.pdf.

(13)Simon Freemantle and Jeremy Stevens, 'BRIC and Africa: New Partnerships Poised to Grow Africa's Com mercial Infrastructure', Standard Bank, 15 October 2010; 'China-Africa Economic and Trade Cooperation', In formation Office of the State Council, Beijing, August 2013, www.safpi.org/sites/default/files/publications/China-AfricaEconomicandTradeCooperation.pdf.（訳注：リンク切れ、以下のサイト参照。http://english.gov.cn/archive/white_paper/2014/08/23/content_281474982986536.htm.）

(14)Vivien Foster, William Butterfield, Chuan Chen and Nataliya Pushak, 'Building Bridges: China's Growing R ole as Infrastructure Financier for Sub-Saharan Africa', World Bank, 2009, http://siteresources.worldbank.o rg/INTAFRICA/Resources/BB_Final_Exec_summary_English_July08_Wo-Embg.pdf.

(15)Toh Han Shih, 'China to Provide Africa with US$1tr Financing', *South China Morning Post*, 18 November 2013, www.scmp.com/business/banking-finance/article/1358902/china-provide-africa-us1tr-financing.

(16)Martin Meredith, *The State of Africa*（London: Simon and Schuster, 2005）, 227-228.

(17)Eva Joly, 'Est-ce dans ce monde-là que nous voulons vivre?', Arènes, 2003. これは以下に引用されている。Nicholas Shaxson, *Poisoned Wells: The Dirty Politics of African Oil*（New York: Palgrave Macmillan, 2007）. エルフ事件の詳細については、このシャクソンの書籍を参考にしている部分もある。

(18) Meredith, *State of Africa*, 615.

(19) Daniel Flynn and Geert de Clercq, 'Special Report: Areva and Niger's Uranium Fight', Reuters, 5 February 2014, www.reuters.com/article/2014/02/05/us-niger-areva-specialreport-idUSBREA140AA20140205.

(20) トレンドフィールドのウェブサイトによる。'Société des Mines d'Azelik SA（SOMIA）: Teguidda', http://trendfieldonline.com/niger.html.（二〇一四年五月一六日にアクセス）

(21) ギー・デュポールのリンクトインのページ内容 https://cn.linkedin.com/in/guyduport（二〇一四年三月七日にアクセス）、およびトレンドフィールドのウェブサイトにある経営陣プロフィール（二〇一四年三月七日にアクセス）による。

(22) Marketwired, 'Trendfield Lion Habitat', press release on behalf of Trendfield, Hong Kong, 15 April 2010, www.marketwired.com/press-release/trendfield-lion-habitat-1168639.htm.

(23) トレンドフィールドのウェブサイトにある経営陣プロフィールによる。

(24) 二〇一〇年四月にニアメで、著者がエル＝モクタル・イチャに行ったインタビューによる。

(25) 二〇一〇年四月にニアメで、著者がオリヴィエ・ミュラーに行ったインタビューによる。

(26) 二〇〇七年から二〇一一年までに中国が海外で行った買収・合併のうち、六八パーセント（取引額換算）は、エネルギーや天然資源関連である。次に多い分野は金融関連で一一パーセント、その次は工業・化学関連で一〇パーセントを占める。以下を参照。'China Outbound M&A', Squire Sanders, May 2013, www.squiresanders.com/files/Publication/d54c8c99-e6a0-425e-80d4-4d8b122b7553/Presentation/PublicationAttachment/a1854 6e6-281d-43d2-adbc-4e01424eed20/Squire_Sanders_Briefing_May2013.pdf.（訳注：リンク切れ、以下のサイト参照。http://www.squirepattonboggs.com/~/media/files/insights/publications/2013/05/china-outboun

d-ma/files/squire-sanders-briefing-may-2013/fileattachment/squire_sanders_briefing_may2013.pdf.)

(27) Ecobank, 'Six Top Trends in Sub-Saharan Africa's (SSA) Extractives Industries', 23 July 2013, www.ecobank.com/upload/20130813121743289489uJudJb9GkE.pdf.

(28) 二〇一〇年六月にコナクリで、著者がニック・ズークスに行ったインタビューによる。

(29) 二〇一三年一一月にマフムード・ティアムに行ったインタビュー、および以下による。Bellzone, 'CIF Strategic Investment and Proposed Fundraising', statement to the stock exchange, 1 March 2011.

(30) Bellzone, 'Binding MOU Reached with Chinese Partner to Develop Rail and Port Infrastructure for the Kalia Iron Project and to Form a 50/50 Joint Venture to Develop Additional Iron Permits in Guinea, West Africa', statement to the stock exchange, 24 May 2010.

(31) West Africa Iron Ore, 'West African Iron Ore Signs Binding Letter of Intent for a $30 Million Finance Facility and Offtake Agreement with Strategic Partner China International Fund', statement to the stock exchange, Newswire, 4 Sptember 2012, www.newswire.ca/en/story/1029729/west-africa-iron-ore-signs-binding-letter-of-intent-for-a-30-million-finance-facility-and-offtake-agreement-with-strategic-partner-china-international.(訳注：リンク切れ、以下のサイト参照。http://www.newswire.ca/news-releases/west-african-iron-ore-signs-binding-letter-of-intent-for-a-30-million-finance-facility-and-offtake-agreement-with-strategic-partner-china-international-fund-510668771.html.)

(32) Levkowitz et al., 'The 88 Queensway Group'; 'Keeping Foreign Corruption Out of the United States: Four Case Histories', US Senate Permanent Subcommittee on Investigations, Committee on Homeland Security and Governmental Affairs, February 2010, www.hsgac.senate.gov/subcommittees/investigations/

hearings/-keeping-foreign-corruption-out-of-the-united-states-four-case-histories. In Lee Levkowitz, Marta McLellan Ross and J. R. Warner, 'The 88 Queensway Group: A Case Study in Chinese Investors' Operations in Angola and Beyond', US-China Economic and Security Review Commission, 10 July 2009, http://china.usc.edu/App_Images/The_88_Queensway_Group.pdf.（訳注：リンク切れ、以下のサイト参照。http://origin.www.uscc.gov/sites/default/files/Research/The_88_Queensway_Group.pdf.）の中で、アメリカ議会の研究者はこう記している。「チャイナ・ソナンゴルは、国際的に著名なコンサルティング会社ピアソン・アジアの顧客である」このピアソン・アジアは、ピエール・ファルコンが設立・運営している会社だ。ファルコンはフランスでのアンゴラゲート事件で収監されたが、釈放後は北京に拠点を置いて活動している。フトゥンゴに近い関係者から二〇一四年四月に聞いた話では、ファルコンは、クイーンズウェイ・グループのアンゴラ進出を「手配した人間の一人」だという。著者がファルコンに繰り返しインタビューを求めると、ファルコンは二〇一四年四月にメールでこう述べてきた。「はっきり申し上げておきますが、チャイナ・ソナンゴルとは、仕事上・商業上のいかなる関係もありませんし、過去に関係があったこともありません」

(33) 香港特別行政区高等法院第一審裁判所の判決による。HCMP 2143/2011, in *Wu Yang v. Dayuan International Development Limited et al.*, 4 June 2013.

(34) 'Missões Diplomáticas e Consulares da República de Moçambique', Mozambique government, www.embassymozambique.se/down/missoes_diplomaticas.pdf; 'Vice Minister Fu Meets Ambassador of Mozambique to China', Chinese Ministry of Commerce, http://english.mofcom.gov.cn/aarticle/photonews/200808/20080805705121.html.

(35) モザンビークの政府公報 *Boletim da República*, series III, no. 36, 20 November 2009 によれば、シフィ＝モ

ズは二〇〇八年九月一六日に登記されたとある。この会社の株式の八〇パーセントを保有しているのが中国国際基金、二〇パーセントを保有しているのがＳＰＩジェスタン・エ・インヴェスティメントＳＡＲＬである。

(36)モザンビークの資源産業を管理する政府機関 *cadastro mineiro* のウェブサイトによれば、シフィ＝モズはマトゥトゥイネ地区２５６４Ｌ番の石灰石鉱区の採掘許可を申請し、二〇〇九年一一月三〇日に五か年の許可を受けている。だが、二〇一四年五月二六日に同サイトを確認したところ、それ以前のある時点で許可が取り消されていた。portals.flexicadastre.com/Mozambique/EN.

(37)'Chinese Companies Plan to Prospect for Raw Materials in Mozambique', Macauhub, 6 December 2010, www.macauhub.com.mo/en/2010/12/06/chinese-companies-plan-to-prospect-for-raw-materials-in-mozambique; 'It's Mine', Africa-Asia Confidential, February 2011, www.africa-asia-confidential.com/article-preview/id/530/It%e2%80%99s_mine.（訳注：リンク切れ、以下のサイト参照。http://www.africa-confidential.com/article-preview/id/10529/It%E2%80%99s_mine.）

(38)著者の質問状に対するチャイナ・ソナンゴルからの書簡による。この書簡の内容は、二〇一四年七月一八日付フィナンシャル・タイムズ紙において、クイーンズウェイ・グループに関する記事とともに公開している。www.ft.com/chinasonangolresponse.

(39)二〇一三年一二月に著者がマフムード・ティアムに電話で行ったインタビューによる。以下も参照。Laura Rena Murray, Beth Morrissey, Himanshu Ojha and Patrick Martin-Menard, 'African Safari: CIF's Grab for Oil and Minerals', Caixin, 17 October 2011, http://english.caixin.com/2011-10-17/100314766.html, and 'Top Salesman for China Sonangol', Africa Energy Intelligence, 12 January 2011, www.africaintelligence.com/AE

M/oil/2011/01/12/top-salesman-for-china-sonangol,87388022-ART.

(40)ツィモロ油田は、一〇億バレルもの原油を埋蔵している可能性があると言われている。この油田はすでに、ロンドン証券取引所に上場している小規模石油探査会社マダガスカル・オイルが権利を取得していたが、政府がその権利を没収する計画を立てているという噂があった。しかしチャイナ・ソナンゴルがいくら努力を重ねても、マダガスカル・オイルは権利を手放そうとしなかった。

(41)ティアムに行ったインタビューによる。

(42)Paul Midford and Indra de Soysa, 'Enter the Dragon! Are the Chinese Less Likely to Extend Politico-military Support to Democratic African Regimes?', paper prepared for the International Studies Association's annual meeting, New Orleans, February 2010.

(43)'African Economic Outlook 2013', African Development Bank, www.undp.org/content/dam/rba/docs/Reports/African%20Economic%20Outlook%202013%20En.pdf.

(44)Lamido Sanusi, 'Africa Must Get Real About Chinese Ties', *Financial Times*, 11 March 2013, www.ft.com/intl/cms/s/0/562692b0-898c-11e2-ad3f-00144feabdc0.html.

(45)二〇一二年六月にロンドンで、著者がマハマドゥ・イスフに行ったインタビューによる。以下も参照。Tom Burgis, 'Niger Leader Urges Action on Mali', *Financial Times*, 12 June 2012, www.ft.com/intl/cms/s/0/37f4b60e-b49a-11e1-bb68-00144feabdc0.html.

(46)Abdoulaye Massalatchi and Geert de Clercq, 'Areva's Niger Uranium Mines Shut for Maintenance as Licence Talks Continue', Reuters, 3 January 2014, www.reuters.com/article/2014/01/03/areva-niger-closure-idUSL6N0KD23620140103.

（47）Abdoulaye Massalaki, 'Areva Signs Uranium Deal with Niger, Delays New Mine', Reuters, 26 May 2014, http://uk.reuters.com/article/2014/05/26/areva-niger-idUKL6N0OC2TB20140526; Alice Powell, 'Niger Finally Sign Uranium Contract, But Is It a Fair Deal?', Publish What You Pay, 27 May 2014, www.publishwhatyoupay.org/newsroom/blog/areva-%E2%80%93-niger-finally-sign-uranium-contract-it-fair-deal.（訳注：リンク切れ、以下のサイト参照。http://goxi.org/profiles/blogs/areva-niger-finally-sign-uranium-contract-but-is-it-a-fair-deal.）

第6章

融資とシアン化物

2009年、ガーナのアハフォ鉱山。アメリカ最大の金採掘企業ニューモントが採掘を行っていたところ、鉱石から金を分離する際に使われるシアン化ナトリウムが漏れる事故が起こった。もともと、環境被害の恐れや地元住民の雇用が進まないなど問題点が指摘されていた事業だったにもかかわらず、このプロジェクトには世界銀行の一部門である国際金融公社（IFC）が出資をしていた。世界銀行とIFCはガーナ以外にもアフリカの資源プロジェクトに複数出資しているが、投資が地域の役に立っているか、環境コストや社会コストは適当かなど、検討点は多い。

ガーナの中央に位置するクワメブルクロム村。この近辺の動物たちは、二〇〇九年末のある事件をきっかけに、多少は安心して暮らせるようになった。それまでは、二頭の猟犬スキンピーとドント・フォゲットが、野生動物を狩って一日を過ごしていた。二頭が捕まえた獲物は、芋類や魚の並ぶ飼い主の食卓に添えられた。だがその日、飼い主が網で捕ってきた魚を犬に与えると、犬は両方ともうめき声を上げげて死んでしまった。こうして、丈の高い草むらに生息しているアンテロープ、タテガミヤマアラシ、アフリカアシネズミは、もはやこの二頭に命を狙われることもなくなった。飼い主のコフィ・ギャカーが、二頭の犬が中毒死したと考えるようになるのは、それからずいぶん後のことである。

ギャカーが毎日網を投げていた池の向こう側、荒れ放題の低木の茂みの上に、クレーンの赤いアームが空に向かって伸びている。三〇人ほどの村民は毎日、正午ごろに爆発音が鳴り響くのを耳にした。夜は夜で、岩を砕く機械の音がうるさく、とても眠れない。

アメリカ最大の金採掘企業ニューモント・マイニングは三年前にガーナで、七億ドルに及ぶアハフォ鉱山プロジェクトの第一段階を完了した。このプロジェクトは、民間プロジェクトへの融資を担当する世界銀行の一部門、国際金融公社（ＩＦＣ）の支援を受けている。ＩＦＣがこの融資を行う三年前、世界銀行は、同銀行が融資するガーナの鉱業開発プログラム全体について内部監査を実施した。世界銀行はIFCとともに、一九八〇年代初め以来低迷するガーナの鉱業の再活性化に取り組んでいる。このプログラムの目的は、国有鉱山を再建し、民間投資を呼び寄せ、小規模鉱業企業を支援することにある。だが全体的に、プログラムは失敗に終わっていた。内部監査では、ガーナでの鉱山開発は環境被害が少ないといったこれまでの主張が「明らかな誤り」とされるなど、数多くの不備が指摘された。(1)世界銀行の理事会に提出された報告書は、こう結論づけている。これらのプログラムに融資しても、外国の鉱業企業に対する税率が低く、地元民の雇用が進まず、鉱山付近に暮らす住民への賠償金もわずかしかないため、「ガーナの鉱業にとってどんな純便益も見込めない」

それでもIFCはさらに、アハフォの新鉱山を開発するニューモントに一億二五〇〇万ドルを融資した。この開発のために同社は九五〇〇人を立ち退かせたが、コフィ・ギャカーなどクワメブルクロム村の住民はそのまま残ることになった。村民は以前と同じ泥と藁《わら》でできた家で、作物を育て、漁《りょう》や狩りをして暮らしている。だが、子供たちを通わせていた学校は、間もなく閉鎖された。騒音は耐えられないほどになり、やがてシアン化物騒ぎが起きた。

金鉱山では、鉱石から金を分離する際にシアン化ナトリウムが使われる。二〇〇九年一〇月一二日、ニューモントはある報告を発表した。それによれば、センサーの故障により、アハフォ鉱山からシアン化物を含む液体が「わずかながら漏れた」らしい。漏れた液体は「鉱山施設内で食い止められ、中和」されており、一敷地から下流の水源の汚染は確認されなかった」が、同社のスタッフがなおも「魚類の死亡率が短期的に高まった」原因を調査中だという。(2)

汚染水は結局、クワメブルクロム村や近隣の村の水路に流れ込んでいた。水で薄められ、人間の命を脅かすほどではなくなっていたが、水中の生物はそうはいかない。汚染水が漏れると間もなく、ギャカーや仲間の漁師たちは、池の魚が腹を上にして浮いているのを見つけた。やがてニューモントの代表団が、村に清潔な水を運んできた（村人の話によれば、代表団の警備員も自分用のきれいな飲料水をきちんと持ってきていた）。事件から六か月後、ニューモントはガーナ環境省からの命令に従い、賠償金を支払うと発表した。ただし、汚染水を調査した政府の諮問機関は「住民の生活に悪影響を与えるいかなる証拠も確認できなかった」とあくまで主張している(3)。この賠償金は後に、国の二つの規制機関に支払われ、「影響を受けた地域の開発ニーズ」に充てられることになった。だが、この賠償金四九〇万ドルは、アハフォの全産出量と当時の金の価格から換算すると、ニューモントが三・五日で稼げる額でしかない。

事件の一か月後に現地を訪れると、「シアン化物」という言葉が、トウィ語のその地域の方言の中で自然に使われていた。ちなみにトウィ語とは、ガーナの主な現地語の一つである。ニューモントから使者が村に来て、水は安全だと住民に保証したが、ギャカーはその言葉を信用していない。スキンピーとドント・フォゲットが死んだという事実があるからだ。ギャカーは、ぼろぼろのシャツを着ているが、ひげはきれいに整えている。私はギャカーに村の池まで連れていってもらい、魚がどのくらい死んだか尋ねた。自分の幼い娘が後ろから恥ずかしそうに顔を覗《のぞ》かせると、ギャカーは怒ったような表情をしてたしなめた。「たくさんだ」と彼は言った。私たちは村へ戻り、小屋と小屋の間の乾いた地面に腰を下ろした。私をここまで案内してくれた地元の教師が、ギャカーの言葉を通訳してくれた。「ここで生活していると少しも安心できない。おれたちは無力だ」

ＩＦＣが、ニューモントのアハフォ鉱山開発に融資する計画を発表したのは、二〇〇五年のことである。当時のニューモントの時価総額（ニューヨーク証券取引所における発行済み株式の総価値）は一七五億ドルで、ガーナの経済規模の二倍に相当する。同社は収益を急速に増やしており、その年の売上高は四五億ドル、利益は四億三四〇〇万ドルに及ぶ。四大陸で操業を行い、世界で採掘される金の九パーセントを産出している。アハフォ鉱山だけでも、およそ一二〇億ドル分もの金が眠っているという。翌年ＩＦＣは、アハフォ鉱山への融資を正式に承認し、自身の資金から七五〇〇万ドルを提供するとともに、ロスチャイルドやロイヤルバンク・オブ・スコットランドなどの商業銀行からさらに五〇〇〇万ドルの融資を手配した。だがこれは、ニューモントの債務総額一九億ドルのわずか七パーセントに過ぎない。

ニューモントは高い信用を得ており、ＩＦＣの手を借りなくても商業銀行から容易に融資を受けられた。ＩＦＣは、設立許可書を見るかぎり、無理のない条件でよそから融資を受けられる企業には融資をしないことになっている。しかし、一九五六年に世界銀行の一機関として設立されて以来、ＩＦＣの役割は拡大の一途をたどった。ＩＦＣ設立の立役者となったのは、ウォール街の銀行家ロバート・Ｌ・ガーナーである。当時、第二次世界大戦後の復興を支援するために世界銀行が、為替相場を安定させるために国際通貨基金（ＩＭＦ）が設立されていたが、これはどちらも各国政府のみを融資の対象にしていた。しかしガーナーは、発展途上国への民間投資を支援する国際機関が必要だと考えた。従来の投資家は、リスクが高すぎる発展途上国への投資を嫌がるが、「立派な民間産業が確立されれば、発展途上国の未来はきわめて明るいものになる」とガーナーは考えたのだ。(4)

こうしてＩＦＣは、ワシントンＤＣに本部を置き、一二名のスタッフと一億ドルの資本をもとに活動をスタートさせた。初代長官にはガーナーが就任している。当初は、融資権限にかなりの制限があったが、時代とともに一般の投資銀行と変わらなくなった。ただしこの場合の出資者は、世界銀行やＩＭＦ同様、加盟一八四か国である。ＩＦＣの役割は徐々に拡大し、直接、企業に出資したり、国際資本市場で債券を発行して資金を調達したりすることも行うようになった。顧問業務を引き受けたり、民営化の資金を提供したりすることもある。こうしてＩＦＣは、二〇一三年になるころには総資産額が七八〇億ドルに及ぶ巨大金融機関へと成長した。現在ではおよそ一〇〇か国でのプロジェクトにより、絶えず年間一〇億ドル以上の利益を上げている。そのプロジェクトの五分の一は、サハラ以南アフリカで展開されており、コートジボワールの養鶏、ケニアの住宅建設、中央アフリカリフト系堆積《たいせき》盆地の石油探査など、あらゆる事業を支援している。世界銀行の一機関として設立された当初の目的は、資金のないところに資金を提供することだけだった。しかし今では、二〇三〇年までに貧困を撲滅する計画の支援や、「各発展途上国における繁栄の共有促進」といった領域にまで目的の幅を広げている。

石油や天然ガスなどの鉱業に対する世界銀行の支出の大部分は、ＩＦＣによるものである。ＩＦＣは二〇〇〇年から二〇一二年までの間、この産業のプロジェクトに年間八億ドルもの資金を投じている。石油産業・鉱業への投資は、ＩＦＣの支出全体のごく一部を占めるに過ぎない。それでもＩＦＣは、主にアフリカで大企業と提携し、この分野のきわめて大規模なプロジェクトにかかわっている。その中には異論の多いプロジェクトもある。実際、いくつかのプロジェクトはみごとに失敗している。

二〇〇〇年、世界銀行とＩＦＣは、チャドの三五億ドル規模の石油事業を支援することに合意した。チャドは、ニジェールとスーダンの間にある貧困と紛争が蔓延する国である。この事業は、石油の売上を国民生活の向上に役立てられることを証明する基幹プロジェクトになるはずだった。ところが事業は最初からつまずいた。チャドの大統領イドリス・デビが、資源レントをすぐさま軍に横流ししたのだ。軍は、一九九〇年以来大統領職にあるデビの支持基盤だった[5]。確かに、デビが軍に横流しした四五〇万ドルは、契約締結時にシェブロンなどの石油企業が支払ったシグネチャー・ボーナスから出たものであり、ＩＦＣがこの事業のために集めた二億ドルから出たものではない（シェブロンなどの企業は、チャドの原油を掘削し、カメルーンを通じて海外に輸出するためのパイプラインを建設する権利を獲得するため、相応のシグネチャー・ボーナスを支払っていた）。だがそれから間もなく、ＩＦＣが支援の見返りにデビ政権から取りつけた約束が、まったく守られていないことが明らかになった。デビ政権は、石油収入を、医療や教育、乾燥地帯の上水道整備などの「優先分野」に充てることを保証する革新的システムの導入に合意していた。それなのに、石油の掘削が始まったとたん、その優先分野リストに「安全保障」を加え、石油収入を軍の金庫に流したのだ。石油生産を始めたおかげで、チャドの経済成長率は三〇パーセント以上を記録した。二〇〇四年における世界最高の成長率である。だが、その利益のほとんどは、デビ政権の手に渡った。石油収入によりデビの力はいっそう強まり、本稿執筆時点でデビの長期政権は間もなく四半世紀を迎えようとしている。

チャドでの失敗により、ＩＦＣが支援をすれば資源の呪いを断ち切ることができるという甘い考えは打ち砕かれた。それでもＩＦＣは、世界有数の巨大企業で構成されるこの産業の指導者という立場に固執し、活動を続けた。たとえばギニアでは、リオ・ティントがなかなか着手しようとしないシマンドゥ鉄鉱床の開発プロジェクトに出資している。このプロジェクトを巡っては、アフリカ史上最大とも言われる開発プロジェクトに一向に取りかかろうとしない巨大鉱業企業と貧しいギニア政府との間に確執がある。ギニア高官にしてみれば、ＩＦＣは支援する相手を間違っていると言いたいところだろう。(6)だがＩＦＣは、リオ・ティント同様、シマンドゥほどの規模の複雑な事業になると、実を結ぶまでにはかなりの年月がかかるものだと主張する。しかしそうかと思えば、必要以上に素早い行動を見せることもある。資金の投入を続けて影響力を維持しようと熱心になるあまり、二〇一二年には、鉱山開発の社会・環境影響評価が完了していないにもかかわらず、シマンドゥの開発費としてさらに一億五〇〇〇万ドルを出資したのだ。しかも、最大の出資者であるアメリカ政府の反対を押し切っての出資である。アメリカ政府は、ＩＦＣ自体が当該地域を「生物多様性のホットスポット」と呼んでいたことに触れ、出資を行う前にその地域に対する影響を評価すべきだと指摘していた。(7)

ＩＦＣは、アフリカにおける石油事業や鉱山事業への出資を拡大している。その経営陣には、資源産業の収益を国民生活の向上に役立てられるはずだという固い信念があるようだが、それがうまくいかないことは数多くの経験が証明している。ＩＦＣは二〇〇六年、南アフリカでプラチナを採掘するイギリス企業ロンミンへの出資を計画した。「採掘事業において世界レベルの安全性や効率性の実現を目指すロンミンを支援し、周辺地域の持続的な経済発展を促進する」のだという。(8)ＩＦＣはロンミンとの提携について、南アフリカの鉱業がたどった不幸な進路を正すためだという高邁《こうまい》な目的を掲げた。世界銀行の理事会ではこう主張している。この事業が成功すれば、「南アフリカにおいて、国や地域と資源産業との間に新たな基準となる関係を打ち立て、相互に利益となる持続可能な関係を地域と築くことができる」と。

　ＩＦＣはロンミンに五〇〇〇万ドル出資し、さらに一億ドルを融資した。しかしその戦略には、最初から問題があった。世界銀行のオンブズマンが後に気づいたことだが、ＩＦＣは、ロンミンの経営陣とマリカナ近郊にある鉱山の労働者との間で緊張が高まっている事実を十分に把握していなかった。鉱山労働者が労働条件に不満を募らせていたのだ。二〇一二年八月には、緊張が高じて流血の惨事となった。ＩＦＣが当初思い描いていた南アフリカ鉱業の新たな夜明けとはほど遠い出来事である。警察がデモ隊に発砲する光景を見れば、天然資源から利益を得る人とそれを地下から掘り出す人との間に、いまだ厳然たる溝があることがわかる。

　マリカナでの虐殺の後、世界銀行のオンブズマンが調査を行った。それにより、出資プロジェクトにおける暴力事件をＩＦＣが予見できなかったことが暴露されただけではない。こうしたＩＦＣの投資アプローチそのものにも疑問が投げかけられた。ＩＦＣは、株式公開企業の少数株主となることで、ほかの投資家と同じように配当収入を得ていた。しかし、いかに民間の投資銀行のようにふるまおうとも、ＩＦＣの任務は、こうした企業の活動をいい方向へ改善していくことにある。それなのに少数株主では、そのような力を行使することもできない。つまりＩＦＣは、ロンミンなどへ投資することで、納税者の税金を民間の石油・鉱業企業の利益のために使っていたことになる。企業のいちばんの関心事は株主の利益を高めることであり、それに対してＩＦＣはほとんど支配権を持っていないからだ。それでもＩＦＣの経営陣は、こうした産業に投資することで、改革へ向けて圧力をかけることができるという。しかしこの機関はこれまでにも一度、アフリカなどの石油・

鉱業事業への支援に問題があるとはっきり警告されたことがあった。それは、ガーナでスキンピーとドント・フォゲットが死ぬよりもかなり以前のことである。

二〇〇一年六月、エミル・サリムは、ジェームズ・ボンドという人物から一本の電話を受け取った[9]。サリムは、カリフォルニア大学バークレー校で博士号を取得した著名なエコノミストで、一〇年間インドネシアの環境大臣を務めていた人物、ボンドは世界銀行における鉱業部門の元責任者である。当時はオーストラリアの銀行家、ジェームズ・ウォルフェンソンが世界銀行の総裁二期目を務めていた。このウォルフェンソンが第三者にある調査を依頼する決定を下した。石油・天然ガス産業や鉱業の発展を促進する世界銀行のプロジェクトが、実際に貧困の撲滅という目的に貢献しているかどうかを明らかにする調査である。ボンドはサリムに電話をかけ、その調査の指揮を依頼したのだ。

それは、世界の経済秩序の世話役である世界銀行、IMF、世界貿易機関（WTO）に対し、異例の強制捜査が行われることを意味する。前々年には、シアトルで開催されたWTO閣僚会議に数万人の抗議者が詰めかけ、WTOがグローバル資本の「カモ」になっていると非難し、機動隊と衝突する事件があった。ワシントンで世界銀行やIMFの年次総会が開かれた際も、数千人のデモ隊が会場を囲み、世界銀行による石油・鉱業事業への投資の中止など、さまざまな要求を掲げている。サリムは、調査の仕事を引き受けた経緯について、こう記している。「世界銀行は、従来の〝変わりばえのしない〟アプローチを、持続可能な発展へ向けたアプローチへと本気で変えようとしているのだと確信していた[10]」

サリムは二年を費やし、六つの調査プロジェクトを実施した。チームを従え、世界銀行が支援する石油・鉱業事業の現場を訪れ、アフリカやラテンアメリカ、東ヨーロッパ、アジアで公聴会を開いた。この調査については活動家の間で、世界銀行自身の過失や不備をごまかすためだけのものではないかという懸念もあった。サリムはかつてインドネシアのスハルト独裁政権の閣僚を務め、この産業に取り込まれているような印象があったからだ。しかし二〇〇三年一二月に公表された調査報告書は、世界銀行を痛烈に批判していた(11)。

サリムの調査チームは、天然資源の輸出に依存している国について、世界銀行のデータを詳細に検討した。その結果、一九六〇年から二〇〇〇年にかけて、天然資源が豊富な貧しい国よりも、そうでない貧しい国のほうが、成長が二～三倍速いことがわかった。この期間に経済成長を維持できなかった四五か国のうち、実に三九か国が石油や鉱物資源に大きく依存していた(12)。また、一九九〇年代、世界銀行から融資を受けていた国は例外なく、石油産業・鉱業に依存している割合が高い国ほど、経済が悪化していた。結果的にサリムの調査チームは、世界銀行の方針に誤りがあるようだと結論づけ、こう記している。「世界のどこを見ても、石油・鉱業関連の主要企業、市民社会、発展途上国の政府、地域の間で、知識、能力、資金、技術に大きな差がある。地域と多国籍企業との格差は、経済的な格差だけにとどまらない。政治権力に近づく手段、情報、法制度を理解して有利に利用する能力などにも差がある」サリムはまた、世界銀行らしい飾り気のない言葉で、略奪システムについて説明している。影の政府と資源産業が結託し、油田や鉱山のある地域に住んでいる人々の生活を踏みにじっている、と。

サリムの調査の手は、世界銀行のみならず、民間企業の支援を行う二つの傘下組織にも及んだ。

ＩＦＣと多数国間投資保証機関（ＭＩＧＡ）である。ＭＩＧＡとは、政治的に不安定な国に投資している企業に、政変等のリスクに対する保険を提供する機関である。サリムの結論によれば、両機関が石油・鉱業企業の活動を矯正《きょうせい》することに成功した事例もないわけではない。だがこれらの機関は、石油・鉱業事業への投資が国民の貧困を撲滅する役割を果たしているかどうかをほとんど考慮していない。実際、資源産業は、汚染（シアン化物に汚染された水の漏出など）、立ち退きの強制、放牧地の接収を通じて、むしろ貧困を助長しているという。サリムの報告書にはまた、鉱山が世界一危険な職場であることを示す統計資料も引用されている。それによれば鉱山労働者は、世界の全労働者の一パーセントに過ぎないが、仕事中に事故死した割合では五パーセントを占める。犠牲者は年間およそ一万四〇〇〇人に及ぶ。この産業がまるで、世界銀行の存在意義に逆行しているかのように見えるのだ。

こうした調査結果を受けた勧告は強烈だった。サリムはＩＦＣとＭＩＧＡに対し、「あらゆる外部要因を勘案して純便益が確保できる投資、収益が間違いなく持続可能な開発に利用される投資のみを支援すべきだ」と勧告した。つまり、両機関が支援する投資が実際に地域の役に立っているかどうか、環境コストや社会コストも含め、事業のあらゆるコストを考慮しているかどうかを検討すべきであり、収益が汚職に利用されたり、国外に流出したりする場合には投資を進めるべきではないと主張したのだ。サリムの勧告はさらにこう続く。両機関のスタッフの報酬は、投資金額の大小に応じて決めるのではなく、そのプロジェクトが貧困を撲滅したかどうかで判断されるべきだ。石油・鉱業プロジェクトのための強制立ち退きを支援すべきではない。契約書や収益は公表すべきである。世界銀行は環境上の理由から、五年を目途に石油事業への投資を段階的に廃止したほうがいい。そしてサリムはこう記した。「石油・天然ガス・鉱業部門における世界銀行グループの役割がないわけではない。ただしその活動は、これらの部門が持続可能な開発を通じ、貧困撲滅に貢献できるようなものでなければならない」

サリムの調査チームは、石油・鉱業企業は貧困撲滅に貢献できるとする神話を鋭く批判した。そして世界銀行に対し、同産業の支援にまつわる弊害を是正する具体的な措置を講ずるよう申し入れた。サリムがこの報告書を発表した九か月後、世界銀行はそれに対する回答を公表した。それには「勧告を真剣に検討する」と謳われていたが、勧告の大半は無視された[13]。

たとえばサリムは、「強制されることなく、事前に説明を受けて同意する」のでなければ、誰も石油・鉱業プロジェクトにより立ち退きさせるべきではないと述べている。だが世界銀行の回答では、全体主義的な口調で「強制することなく、事前に説明して協議する」としか述べていない。結局、石油事業への投資はその後も続くことになった。サリムは不快感をあらわにし、自分がこの仕事を始めたときに抱いた思いを苦々しく振り返りながら、世界銀行の経営陣のアプローチをこう評した。「わずかな変化があるだけで変わりばえがしない[14]」

世界銀行がエミル・サリムの勧告の大半を退けてからわずか一か月後、コンゴで残虐な事件が発生し、世界銀行が支援するプロジェクトが改めて注目を浴びた。

ＭＩＧＡの経営陣は以前から、アンヴィル・マイニングが採掘権を持つコンゴ南部ディクルシの銅山に重大な問題があると警告を受けていた。近郊の町キルワで政府軍が殺戮と破壊を繰り広げるかなり前のことである。二〇〇四年八月、コンゴなどの人権団体のグループが、当時ＭＩＧＡがリスク保証を検討していたアンヴィルの鉱業プロジェクトについて、MIGAの理事会に書簡を送った[15]。そこには、プロジェクトの支援者が主張する開発利益、雇用条件、安全性に対する懸念が表明されていた。また、コンゴでジョゼフ・カビラの影の政府を作り上げたオーギュスタン・カトゥンバ・ムワンケがこのプロジェクトにかかわっていることも、はっきりと記されていた。

だがMIGAの理事会はこれにかまうことなく、この書簡を受け取った一か月後に、一三〇〇万ドル相当の保証の発行を承認した。サリムの報告書が公表されてから初めての承認である。このような場合、MIGAやIFCが行っているほかの取引と同じように、保証金の額以上に、承認されたという事実が重要だった。世界銀行から承認を受けるということは、いわば経済的正義の守護神から正統性を与えられたということだからだ。すると翌月、政府軍が、ほとんど装備の整っていないキルワの小規模な反政府勢力に攻撃を仕掛け、一〇〇人を殺戮する事件が発生した。アンヴィルはその際、政府軍に協力して装備を提供したという。

翌年MIGAは、警告を発した人権団体のグループに自身の立場を弁明した。それ以前に、オックスフォードを拠点とする人権団体「開発における権利と説明責任（RAID）」を代表し、アフリカの鉱業の専門家であるパトリシア・フィーニーが、ルブンバシにあるアンヴィルのオフィスを訪れている。彼女はそこで番犬に襲われながらも会談を求めたが、フィーニーのメモによれば、同社の現地の代表者は、キルワでの政府軍の行動について遺憾の意を一切表明しなかったという[16]。一方MIGAは、活動家に送った書簡の中で、事件から七か月後の二〇〇五年五月にアンヴィルに保証を認めた際には、キルワでの事件の規模を知らなかったと述べている[17]。また、事件の後にアンヴィルと接触する機会があったが、アンヴィルからは、装備を政府軍に奪い取られたとの説明を受けたという。さらに、アンヴィルとカトゥンバとの関係も詳しく調べたが、「不適切な関係を示す証拠はなかった」とも断言している。だが実際のところ、カトゥンバはアンヴィルの現地子会社の取締役に就任している。それに同社は、カトゥンバの不動産を借りて本部の事務所にしている。ＭＩＧＡはそれを不適切だとは考えなかったらしい。

ＭＩＧＡは、このような鉱業会社のために公金を提供していたのだ。だがＭＩＧＡよりもかなり早い段階で事の真相に気づいていた機関もある。虐殺事件から一か月後の二〇〇四年一一月、アメリカ大使館が外交電報の中で、カトゥンバはこの鉱山の持分所有者だと指摘し、こう報告している。「政府軍による市民虐殺の申し立ては、十分に信用できる。コンゴ政府がディクルシ鉱山に多大な関心を寄せていることを考えれば、政府当局が調査を妨害している可能性はある[18]」

やがて人権団体の要請を受け、世界銀行のオンブズマンが、アンヴィルの事業に関するＭＩＧＡの判断について、独自の監査を実施した。そして、ＭＩＧＡが保証を提供する前に行ったデュー・ディリジェンスに過失があったことを突き止めた[19]。その報告書では、エミル・サリムの報告書と同じ内容が繰り返されていた。ＭＩＧＡは、支援を行う事業の社会的影響を評価する専門的技術がないにもかかわらず、強引に支援を進めたとあったのだ。ただしオンブズマンは、アンヴィルとカトゥンバとの関係については管轄外とし、組織公正総局に調査を委託した。組織公正総局とは、世界銀行内の汚職腐敗監視機関である。事件から一〇年後の二〇一四年、私は世界銀行に、調査により判明したことがあったかどうか尋ねた。すると、次のような答えが返ってきた。組織公正総局は、オンブズマンの委託を受け調査を行ったが、「情報開示方針により、調査プロセスの詳細を公表することはできない[20]」

結局ＭＩＧＡの保証は有効とされ、アンヴィルが財政難に陥り、二〇〇九年にディクルシでの採掘を中止するまで保証は続いた。二〇一〇年アンヴィルは、同じオーストラリアの鉱業企業であるモーソン・ウェストに、株式と引き換えにこの鉱山を売却した。アンヴィルは二〇一二年、中国の国有企業グループである中国五鉱集団に一三億ドルで買収されている。

この事件をきっかけに、人権を考慮した治安出動の指針となる「安全と人権に関する自主原則」が策定された。しかし、コンゴにおいて虐殺の加害者を裁く試みは失敗に終わっている。

ニューモントのガーナでの金採掘事業に話を戻そう。ＩＦＣがニューモントへの支援に踏み切ったころの状況は、混乱状態にあったコンゴとも、政情不安定なギニアとも、不満がくすぶっていたアパルトヘイト後の南アフリカとも違っていた。一般的にガーナは、こうした国々とは違うと考えられている。西アフリカの国々の大半は、内戦、暴動、汚職にまみれた独裁に苦しんでいる。だがガーナだけは例外的に、一九九〇年代にこうした問題を克服した。今では、各政党が僅差《きんさ》の選挙を戦い、勝者が政権を握り敗者が政権を離れる政治が行われている、アフリカでは数少ない国の一つとなっている。そんなガーナは近隣の大国ナイジェリアを、立派な学者の隣に腰掛けた手に負えない酔っ払いのように見ている。独立五〇周年を迎えた二〇〇七年にガーナ沖で油田が発見されると、首都アクラのエリートビジネスマンは、これを機にナイジェリアの銀行家が押し寄せてくるのではないかと不安に駆られた。原油にまつわる汚職で、ガーナも石油資源の呪いにかかったナイジェリアの二の舞を演じるような気がしたのだ。こうした不安はやや偏見に満ちているが（ナイジェリアにも立派な銀行家はいる）、わからないわけでもない。ガーナには守るべきものがある。どの国よりも天然資源の扱いに長けているという評判である。

ガーナは独立する前、天然資源が豊富なことから、ヨーロッパの貿易商や奴隷商から「ゴールドコースト（黄金の海岸）」と呼ばれていた。伝説によれば、かつてこの地に最大の王国を築いていたアシャンティ人の魂は、天から降りてきた黄金の床几《しょうぎ》に宿っているという（ちなみにこの王国の首都クマシは、アハフォ鉱山から一〇〇キロメートルほどのところにある）。イギリスの植民地行政官が、直轄植民地の代表者として、この床几に腰掛ける栄誉を与えられるべきだと主張したために、イギリスとアシャンティ王国の戦争が始まったと言われている。ガーナが一九五七年にアフリカの植民地で初めて独立を勝ち取ってから四〇年後には、アシャンティ・ゴールドフィールズという企業が、アフリカの企業で初めてニューヨーク証券取引所に上場を果たした。企業や金鉱山労働者が採掘する金は、ガーナ最大の輸出品である。かつては一党独裁が続いていたが、石油が発見されるころには、アフリカ大陸ではきわめてまれな国へと変貌を遂げていた。大量の鉱物資源を産出しながら、民主主義がきちんと機能している国家を築き上げていたのだ。

しかし、金がいくらきらびやかであろうと、そのおかげでガーナが豊かになったとは言えない。確かにガーナは、国連の人間開発指数（国ごとの平均余命・教育および所得指数の複合統計）で「中位国」に分類されている。サハラ以南アフリカで「中位国」に選ばれたのは一〇か国しかない（ほかの国は「低位国」に分類されている。混乱や独裁のため、信頼できるデータが入手できない国もある）[21]。しかし、アフリカ諸国の中では比較的安定しているからといって、ガーナに根強く残る貧困を無視することはできない。上記の指数ランキングでは、イラクやインドよりも下なのだ（二〇一四年報告書による）。また、国民一人あたりのＧＤＰを生活水準の向上に役立てているかどうかで国をランクづけする国連の指数では、ガーナは上位の数値を示している（ガーナの数値は二二、ちなみに赤道ギニアの数値はマイナス九七である）。だが、その一方でガーナ国民の平均収入は、リトアニア国民の一〇分の一である。さらには、ガーナ国民の三人に一人が読み書きができない。これはコンゴと同じレベルである。つまり、それでもガーナが称賛される背景には、アフリカ人には貧困の緩和程度の目標しか達成できないという悲しい認識があるのだ。

ガーナも、ほかのアフリカの資源国家と同じように、一九八〇年代初頭から世界銀行やＩＭＦが押しつける「構造調整プログラム」の軛《くびき》をかけられてきた。このプログラムでは、ワシントン・コンセンサスと呼ばれる新自由主義経済政策に基づき、厳密な要件を満たすことを条件に、貧しい国に融資が行われた。たとえば、公的支出を大幅に削減する、国有資産を民営化する、貿易の規制を緩和する、といった要件である。また当時は、経済成長には海外からの投資が欠かせないと考えられていた。そのためアフリカ諸国など貧しい国は、優遇税制など多国籍企業を誘致する政策に全力を尽くした。石油や鉱物資源に頼る資源国家は、相争って外国企業に寛大な条件を提示した。その結果、金鉱における標準的な鉱区使用料（産出量や鉱石の価値、採算性などに基づき、鉱物生産に課せられる税）は、アフリカ大陸全体でおよそ三パーセントにまで下がった。これほど低い鉱区使用料は、世界のどこを探しても見当たらない(22)。

二〇〇〇年代半ば、中国などの新興国で需要が増え、商品価格が急騰すると、アフリカの各国政府もこれまで金品を巻き上げられていたことに気づき始めた。世界有数の銅産出国であるザンビアでは、鉱業企業が支払っている税率が、鉱業企業で雇用されているザンビア国民五〇万人が支払っている税率より低かった。二〇一一年、ザンビアの銅の輸出額は七〇億ドルに及んだが、政府の収入になったのはそのうちのわずか二・四パーセントに過ぎない。[23] 隣接するコンゴでもこの数字は二・五パーセントであり、わずかに高いだけでほとんど変わらない。私は二〇〇九年、ニューモントの鉱山の近くでコフィ・ギャカーに取材した後、ガーナの首都アクラの鉱業会議所を訪れ、鉱業データを入手して分析してみた。それによると、ガーナの鉱業は前年に二一億ドルもの収入を生み出していた。だがそのうち、政府に支払われた鉱区使用料、税金、政府持分の配当の合計は、わずか七パーセント、一億四六〇〇万ドルしかなかった。しかもこの額には、鉱山が使用する電力に対する政府の補助金は考慮されていない。ＩＭＦの推計によれば、鉱業における実効税率の世界平均は四五〜六五パーセントである。それを考えれば、いかに微々たる数字であるかがわかるだろう。[24] 過去一八年にわたり、ガーナは一〇〇〇トンの金を産出している。標準的な金の延べ棒九万本に相当する量だ。私がアクラでインタビューした銀行幹部は言う。「国民はこう思っているよ。この国は一〇〇年も金を採掘していて、どうして何も手に入れられないんだ?」

私はこの疑問をソミット・ヴァルマにぶつけてみた。インド人のヴァルマは、ＩＦＣの石油・天然ガス・鉱業・化学部門の副責任者として、ニューモントのアハフォ鉱山への出資を決定した人物である。ヴァルマはその後、これらの部門の金融・顧問業務を担当するＩＦＣ＝世界銀行合同事業部の責任者に任命された後、ほか数名のＩＦＣ幹部と同じように、ＩＦＣの融資を得て利益を上げた民間企業に天下りしている。その企業とは、ニューヨークを拠点とする未公開株式投資会社ウォーバーグ・ピンカスである。ヴァルマが融資を担当していた当時、この会社が所有するエネルギー企業コスモス・エナジーがガーナで石油事業を展開しており、ＩＦＣから一億ドルの融資を受けていた。[25]

ヴァルマの答えはこうだった。「私たちは、あらゆる採掘プロジェクトで、こう自らに問いかけています。この取引は政府や民間セクターにとって公平だろうか、鉱区使用料や税制は公平だろうか、と」[26] そして、ニューモントの鉱山事業にまつわるプラスの効果を強調した。ニューモントは一万五〇〇〇人もの雇用を生み出した。二〇〇八年にはガーナに二億七二〇〇万ドルもの資金を注ぎ込んでいる。また、アハフォ鉱山の金一オンスにつき一ドル、および鉱山の純利益の一パーセントを地域開発プロジェクトに割り当てている。この産業の基準に照らせば、かなりの額である。

だがガーナにおけるニューモントの取引には、同社が公にしたがらない別の側面もある。ニューモントは、採掘した金のわずか三パーセント分しか鉱区使用料を支払っていない。また、アフリカ大陸で操業しているほかの鉱業企業と同じように、政府への支払い額をこのまま維持する「固定化協定」を結んでいる。ここでは、オークションとは逆の現象が起きている。貧しい国が、なるべく安い価格で貴重な資源を提供しようと躍起になっているのだ。資源企業グループとの寛大な取引により政府が失ったものは、海外からの支援で埋め合わされる場合が多い。これは、多くの資源国家の収入のかなりの部分を占める。つまり事実上、支援国の納税者の税金で、民間の石油・鉱業企業を助成していることになる。

エミル・サリムの勧告には、世界銀行は「国内にとどまる利益を最大化する」ような石油・鉱業取引を仲介するべきだとある。だがIFCは、ニューモントの固定化協定を喜んで支援している。ニューモントの取引が公平かどうか尋ねると、ヴァルマはこう答えた。「ガーナの鉱業部門に投資しようとしている企業が何百とあるわけではありません。企業には世界中に無数の選択肢がありま す。企業をこの国に呼び込めなければ、よその国に行ってしまうかもしれません」

ガーナの財務大臣クワベナ・ドゥフォーは、国とニューモントとの収入の分配が公平だとは思っていないようだ。ニューモントの汚染水漏れ事故後の二〇〇九年末、大臣は、海外の鉱業企業から受け取る鉱区使用料を、三パーセントから六パーセントに引き上げたいと明言した。そして、政府は「全鉱業部門の財政問題」に取り組むと述べた[27]。

ドゥフォーは、アフリカのほかの資源国家と同じことをしようとしていたに過ぎない。資源国家はこれまで、鉱物資源の価格が急騰したことで得られるはずの利益が目の前を通り過ぎていくのを、ただ眺めているだけだった。だが、各国が条件の再交渉を求めると、「資源ナショナリズム」の再来だと鉱業界からすさまじい非難を浴びた。そして、以前から言われてきた脅し文句がまたしても繰り返された。少しでも鉱区使用料や税率を上げると、投資家が逃げていくだろう、と。政府の取り分を増やそうとする過去のこうした試みを研究したアフリカ開発銀行のエコノミストによれば、そのような言い分を証明する「経験的証拠はほとんどない」という[28]。しかし、「投資家を優遇」するよう迫る海外のアドバイザーのオブラートに包まれた脅迫に屈し、アフリカの各国政府は抵抗をあきらめてしまう。多国籍企業は、思いどおりに行動する術《すべ》を弁《わきま》えているのだ。ニューモントのアフリカ担当上級副社長ジェフ・ハスペニに、鉱区使用料を上げようとするガーナの試みをどう思うか尋ねると、こんな答えが返ってきた。「私たちが交わした投資協定は、国内の鉱業法に優先する[29]」ガーナも、同じ金産出国であるタンザニアも、銅が豊富なザンビアも、結局は鉱区使用料を上げる計画を撤回せざるを得なかった。

アフリカの各国政府が、世界銀行や資源産業の脅迫や甘言に惑わされず、石油・鉱物資源収入からの取り分を増やすことができたとしよう。だがそれでも、自国から流出していく資金の流れを食い止めることはできない。金融のグローバル化により脱税が可能になったからだ。こうした資金の流出は、何も石油産業・鉱業に限ったことではない。だが、こうした産業は、貧しい国から資金を流出させるのにきわめて適している。貧しい国では、石油産業・鉱業が輸出の大半を占めており、その取引の三分の二は、多国籍企業グループ内で行われる。そのため、どれだけの収入について、どこで税金を支払えばいいのかを、企業側が決めることができる。つまり、税率の高い国では納税を回避し、税率の低い国で税金を納めるようにできるということだ。

たとえば、ゴム製のニワトリのおもちゃを製造している多国籍企業を例に考えてみよう。この企業を仮にファウル・プレイ社とする。この会社の本部はアメリカにあり、その顧客もほとんどはアメリカ人である。その子会社であるファウル・プレイ・カメルーンは、カメルーンでゴム農園を経営している。ここで生産されたゴムは、中国にある別の子会社ファウル・プレイ・チャイナに出荷され、その工場でおもちゃに成型され、梱包《こんぽう》される。こうしてできたゴム製のニワトリのおもちゃが、アメリカにあるファウル・プレイの親会社に出荷され、アメリカの顧客に販売されるのである。

ファウル・プレイは、どの国でどれだけの収益があったかを単純に算定し、それぞれの国でその額に応じた税金を支払うこともできる。だが企業は株主に対し、収益を最大化する義務を負っている。また経営幹部は、多額の収益があれば多額のボーナスを受け取ることができる。そのため、税率の低い国でなるべく多くの収入を計上し、税率の高い国では計上する収入をなるべく少なくして、実効税率を最小化しようとする。これをファウル・プレイを例に説明しよう。ファウル・プレイは、中国では工場を建設する海外企業に対し、一定期間、税が免除される。そのためファウル・プレイは、中国に収益を移転させれば、カメルーンやアメリカで支払う税額を減らせる。そこで、カメルーンの子会社から中国の子会社に売るゴムの価格を安く抑え、中国の子会社からアメリカの親会社に売る完成品のおもちゃの価格を高くする。こうしたことは同じ企業グループ内で行われるため、実際の原価とは関係なく行える。その結果、この企業グループ全体の実効税率は、公正に収益を計上した場合に比べ、格段に低くなる。しかも、こうした税操作の多くに何ら違法な要素はないのだ。あくまで倫理的に行おうとすれば、こうした同一企業グループ内で財やサービスを売買する「移転価格」も、別企業同士が市場で売買する場合と同じ価格になる。だが実際には、移転価格を操作するケースは無数にある。鉱業企業が海外から持ち込む機械の価格を操作したり、石油企業が親会社のロゴの使用権として子会社に大金を請求したり、といった具合である。

ファウル・プレイがもっとずる賢い企業だった場合を考えてみよう。ファウル・プレイはもう一つ、イギリス領ヴァージン諸島に子会社ファウル・プレイBVIを設立する。ここは有名な租税回避地で、法人税がゼロである。ファウル・プレイBVIは、カメルーンの子会社に桁《けた》外れに高い利率で融資をする。すると、カメルーンの子会社の利益は利払いで相殺《そうさい》されてしまい、その利益はそのまま課税されることなく、ファウル・プレイBVIのものになる。その一方で、ファウル・プレイや業界の圧力団体は、カメルーンや中国、アメリカに対し、脅しをかけることもできる。もし税率を上げたり利益操作を取り締まったりすれば、事業もそれに付随する雇用もよその国に移すと言えばいいのだ（BVIはペーパーカンパニーであり、誰一人雇用していないが、イギリス領ヴァージン諸島の法人税率はゼロなので、脅しをかけてこれ以上税率を下げさせる必要もない）。

こうした租税回避は問題視され、数多くの調査が行われているが、いまだその規模は把握できないという。貧しい国では、信頼できるデータが不足しているため、その実態はなおさらわからない[30]。二〇一三年、世界の富裕国の組織である経済協力開発機構（ＯＥＣＤ）は現状を認め、こう述べている。「多国籍企業は、移転価格に適用されるルールを悪用し、収益とその収益を生み出す経済活動とを分離して、税率の低い環境へと収益を移転している[31]」そして、「税制は各国の主権の根幹にかかわるものである」と主張し、多国籍企業への課税方法の「抜本的改革」を求めている。

多国籍企業が利益を生み出した場所で利益を申告していれば、利益の規模と経済の規模との間に大まかな相関関係が認められるはずだ。二〇〇九年、アメリカ議会の調査機関で研究を行っている経済学者ジェーン・Ｇ・グラヴェルが、ちょうどそのような想定に基づいた分析を行っている[32]。この分析によれば、アメリカ以外の最富裕国七か国におけるアメリカ企業の税引前利益は、平均すると、利益が申告された国のＧＤＰの〇・六パーセントだった。そこでグラヴェルは、この数値を基準に分析を進めた。ほかの国でこれより大きな数値が出れば、企業はその国で、実際に行っている事業よりも多くの利益を計上していることになる。

グラヴェルは、租税回避地とされる比較的経済規模の大きい一〇か国を選んで分析を行った。すると、ＧＤＰに対する税引前利益の比率は一気に上がった。香港で二・八パーセント、スイスで三・五パーセント、アイルランドで七・六パーセント、ルクセンブルクで一八・二パーセントである。これは多国籍企業が、税率の低い国に意図的に収益を移転していることを意味している。その企業の鉱山や銀行や工場がある国の国庫に入るべき税収を奪っているということだ。

グラヴェルは分析の最後に、租税回避地の中核を形成している各諸島に目を向けた。チャンネル諸島のジャージー島では、この比率は三五・三パーセントに達している。イギリスの三つの海外領土（カリブ海に浮かぶイギリス領ヴァージン諸島とケイマン諸島、および北大西洋に浮かぶバミューダ諸島）や、アメリカが部分的に支配する太平洋のマーシャル諸島では、一〇〇パーセントを超える。この数値がもっとも高いのはバミューダ諸島で、何と六四七・七パーセントである。ここまで来ると、租税回避地を利用している多国籍企業が公正に利益を計上していると考えること自体がばかばかしく思えてくる。アメリカの企業が申告している利益の総額は、租税回避地それぞれの経済規模の数倍に及んでいるのだ。

グラヴェルが引用している試算によれば、利益移転による租税回避で、アメリカだけで年間六〇〇億ドルが失われているという。アメリカはおそらく、脱税者を追跡して支払いを強要するシステムが世界一進んだ国であるにもかかわらずである。緊縮財政時には、その収入の割にわずかな税金しか支払っていない多国籍企業に、大衆の怒りが集中した。アメリカではスターバックス、イギリスではアマゾンＵＫなどだ（反貧困活動家としても有名なロックバンドＵ２のボーカル、ボノもまた二〇〇六年に、税金を減らすためにビジネスの一部をアイルランドからオランダに移したとして非難された）。貧しい国になれば、政府の税収に対する損失の割合は、それよりもかなり大きくなると推測される。多国籍企業の租税回避を政治課題にしようと活動しているワシントンを拠点とする団体、グローバル・フィナンシャル・インテグリティの推計では、二〇一一年に発展途上国から違法に流出した資金は、九四七〇億ドルに及ぶ。過去一〇年では五兆九〇〇〇億ドルに達するという。こうした流出の五分の四は、企業が財やサービスを売買する価格の操作が原因である。これには、子会社間で取引をする場合も、他企業と取引をする場合も含まれる。残りの五分の一は、汚職や横領、マネーロンダリングが原因である。こうしてアフリカでは、ＧＤＰの実に五・七パーセントに当たる資金が流出している。これはほかのどの地域よりも高い値であり、しかも一年に二〇パーセントの割合で増えている。ちなみに、価格操作取引によるアフリカの損失額は、アフリカが支援を受けている額にほぼ匹敵する。[33]

　資源産業では価格操作取引が横行しており、それが略奪システムの隠れた資金ルートになっている。透明化促進団体パブリッシュ・ホワット・ユー・ペイのノルウェー支局が、石油・鉱業企業大手一〇社が二〇一〇年に公表した会計報告を詳細に調べている。エクソンモービル、シェル、グレンコア、リオ・ティントなど、ここに含まれる一〇社を合わせると、この年の売上高は一兆八〇〇〇億ドル、利益は一四五〇億ドルに及ぶ。[34]この一〇社には、延べ六〇三八の子会社があるが、その三分の一がいわゆる守秘法域に登記されている。ごく基本的な企業情報以外の情報を隠匿できる租税回避地である。そのような場が、利益移転の重要なルートになっていると思われる。アフリカの資源国家には権限の弱い、腐敗した監視機関しかなく、こうしたごまかしのいい〝カモ〟になっているのだ。ある試算によれば、二〇〇五年からの三年間で、価格操作取引により違法に資金が流出した額がもっとも多い貧困国は、ナイジェリアである。ガーナは六位、チャドは九位となっている。[35]

　こうした事実を考えると、鉱区使用料を低く抑える「固定化協定」を結んだニューモントをIFCが支援するのも、大した問題ではないと思えるかもしれない。しかし、これらの仕組みすべてが、同じ合法的略奪システムの一部なのだ。国際金融システムは、天然資源から公平な分け前を受け取ろうとするアフリカ諸国に不利な仕組みになっている。貧困撲滅を支援する国際機関の活動も、守秘法域における租税回避の構造も、その一翼《いちよく》を担っている。

世界銀行やＩＭＦにも、誠実で健全な判断ができる教養豊かな人材はたくさんいる。こうした人々は、困難な環境のもと、人類の幸福を増進しようと奮闘している。私はアフリカ諸国の首都で、そんな人を何十人と見たが、その多くは洞察力鋭く、資源産業が幸福を損なっている現状を批判していた。しかしこれが、国際機関と多国籍石油・鉱業企業との関係になると、何かがおかしくなる。その原因は、国際機関がグローバル経済の進路を是正する任務を果たすためには、金融業と並んで強大な力を誇るこの産業に対し、ある程度の妥協を強いられるからなのかもしれない。あるいは、一部の職員が、この産業の莫大な富と力に魅入られてしまうからなのかもしれない。この産業の幹部ともなれば、年間数千万ドルもの報酬を手に入れ、大統領と食事をし、高級ワインを飲み、社用ジェット機を乗り回し、異性と楽しい時間を過ごすこともできるのだ。このように、世界銀行やＩＭＦには、石油産業・鉱業の言うことを聞かずにはいられないような動機が山ほどある。そのため、ＩＦＣなどの機関を通じ、いかがわしい利点しかない資源事業を繰り返しアフリカ諸国に押しつけることになるのだ。

世界銀行やＩＭＦは数十年間、アフリカの正統な経済政策の決定者として確固たる地位を築いてきた。両機関は、融資の流れをコントロールすることで、自らの主張を押しつけた。その主張は正しいこともあれば、間違って大惨事を引き起こすこともあったが、その力が揺らぐことはこれまでほとんどなかった。だが近年、中国の台頭により、その影響力に陰《かげ》りが見え始めている。中国は、両機関に匹敵するほどの財力を備えているうえ、アフリカの各国政府の石油・鉱業事業に融資をする際に、さほど多くの条件を求めない。

二〇〇五年六月、世界銀行の総裁に就任したポール・ウォルフォウィッツは、その直後、中国のアフリカ進出に対抗すると明言した。当時のアフリカの各国政府には、中国の低金利融資が、世界銀行やＩＭＦによる条件つき融資よりも魅力的に見えた。二〇一〇年までの一〇年間に中国輸出入銀行がアフリカに貸与した資金は、六七〇億ドルに及ぶ。中国はこの国有銀行を通じて、融資の大半をアフリカに行っていた。この額は、同時期に世界銀行が行った融資より一二〇億ドルも多い。[36]かつてアメリカ国防省のタカ派として知られ、二〇〇三年のイラク侵攻を提案した中心人物でもあったウォルフォウィッツは、早々にこうした中国の動きに気づいた。二〇〇六年のインタビューでは、過去の欧米のアフリカ融資に問題があったことを認めながらも（コンゴのモブツ政権への融資など）、中国に危機感を示している。中国は、アフリカ諸国に借金を背負わせ、支配者を肥え太らせるだけの愚行を繰り返すおそれがあると述べているのだ。「正直に言おう。アメリカはモブツ政権下のコンゴに（中略）実にひどいことをした。これこそ正にスキャンダルだ。しかしアメリカがそうしたからと言って（中略）中国がまた同じことをしてもいいということにはならない。中国がそうしないことを望む。いや、望むだけでは不十分だ[37]」さらにウォルフォウィッツは、中国の銀行は〝赤道原則〟を無視しているという。赤道原則とは、ＩＦＣの主導で作成された自主的な行動規範で、投資する際に考慮すべき社会的・環境的な事柄を規定している。ウォルフォウィッツは、いずれ「中国と直接、率直な話し合いを」しなければならないと述べていた。

三年前、エミル・サリムにアフリカなどでの石油・鉱業事業のあり方を非難されていた機関の責任者の言葉にしては、少々立派すぎるのではないかと言えなくもない。だがウォルフォウィッツの言うことにも一理はある。世界銀行やＩＭＦや欧米の支援国から数十年間苦しめられてきたアフリカ諸国は、中国から低金利融資の提案を受け、再び主権を主張するチャンスだと考えたかもしれない。だが、このような融資では、賢明な経済運営をしなければならないという意欲も減退してしまう。信用審査もなく発行されたクレジットカードと同じである。

ウォルフォウィッツの前に世界銀行の総裁を務めたジェームズ・ウォルフェンソンも、二〇一一年に自分の任期を振り返るインタビューの中で、懸念を口にしている。中国と欧米諸国との間でアフリカの石油や鉱物資源を巡る競争が激化したことで、改革を推進する世界銀行の力が弱くなっているというのだ。「現在、アフリカの天然資源の需要が急増している。アフリカ諸国の発展については、アフリカ開発銀行や世界銀行が考えているほどの不安はないと思う。しかし、あまりに多くの国々に現金があふれている。そのため、私が総裁を務めていた当時より、汚職を駆逐し、よい統治を実現しようとする力が弱まっているような気がする。この問題に対処するには時間がかかるだろう[38]」

アフリカの資源国家に対する影響力が低下していると感じているのは、世界銀行だけではない。世界の金融システムの安定化を目的とする姉妹機関、国際通貨基金（ＩＭＦ）も、アフリカでの評判はよくない。ワシントン・コンセンサスに基づく条件を課し、アフリカ諸国を新自由主義経済の実験台にしたとして、改革論者からも泥棒政治家からも批判されている（新自由主義経済は結局サブプライムローン問題を生み出し、欧米の金融システムを崩壊寸前にまで追いやった）。エミル・サリムは、石油産業・鉱業に関する世界銀行の記録を調査し、こう記している。「採掘部門に対するＩＭＦのアプローチは主に、財政赤字を短期的に補う財源として、重要な石油・鉱業資産の民営化を積極的に推進するというものだった。このアプローチは、同部門の競争の創出、効率の向上、国内民間セクターの発展、環境的・社会的に健全な開発戦略の推進といった点で、何の役にも立たなかった」

ＩＭＦは、構造調整プログラムに基づく厳格な条件を課したことで反発を招いた。だが、条件を緩めてアフリカ諸国に安易に融資を行うことには不安があった。融資を武器として利用すれば、新たな植民地主義的な横暴と揶揄されやすいからだ。しかし、そのような事例がないわけではない。ＩＭＦは二〇一二年、五億ドルに及ぶコンゴへの融資プログラムを中止した。ダン・ゲルトラーとの不透明な銅取引の詳細を公開するようジョゼフ・カビラ政権に圧力をかけるためだ[39]。とはいえ、それ以外の場面では、ＩＭＦもアフリカの汚職政府との取引にかなり柔軟に対応するようになってきた。今やアフリカの資源国家は、従来の貸し手と財力のある中国政府とを競わせ、自己の利益を図ることができる。

アンゴラで内戦が終わると、融資資金の行き先を説明しようとしない政府に対し、ＩＭＦや欧米諸国は融資を拒否した。するとそこへ中国の手が伸びてきた。アンゴラ財務省によれば、アンゴラは二〇〇七年までに、中国輸出入銀行から少なくとも四〇億ドルの融資を確保した。そのうえさらにクイーンズウェイ・グループからも、中国国際基金を通じて二九億ドルの融資を受けている[40]。アジアやラテンアメリカの新興国が石油や鉱物資源を大量に消費するようになると、二〇〇〇年代の初めには二五ドルだった石油一バレルの価格は、二〇〇八年の半ばには一四〇ドルまで上昇した。フすると、政府収入の四分の三を石油に頼っているアンゴラでは、ソナンゴルに収益が流れ込み、フトゥンゴは盤石の基盤を築き上げた。しかしその年の九月、リーマン・ブラザーズが倒産してグローバル経済は大打撃を受け、石油の需要は一気に急落した。二〇〇八年一二月には、石油一バレルの価格は三五ドルにまで落ち、贅沢《ぜいたく》な生活に慣れ親しんでいた石油国家は、突如として予算も確保できない状況に陥った。アンゴラもその例に漏れない。ＩＭＦにとっては、アンゴラに再び融資をするチャンスだった。

ジョゼ・エドゥアルド・ドス・サントス政権には早急に資金が必要だった。二〇〇九年七月、政府はＩＭＦに緊急の資金提供を要請し、そのためであればこれまでの行いを改める用意があると述べた[41]。間もなくＩＭＦの特使がルアンダへ飛び、会談が行われた。するとこの動きに対し、石油やダイヤモンドで肥え太ったアンゴラの支配層の悪政を告発する活動に取り組んでいるグローバル・ウィットネスが警告を発した。アンゴラの不透明な国家財政を適切に管理するために必要な厳しい条件を課すこともなく、ここで融資を認めてしまえば、ＩＭＦは「汚職を許す」ことになる、と[42]。

しかしＩＭＦは二〇〇九年一一月、アンゴラがこの二年間を乗り切るために必要な一四億ドルの融資を行うと発表した。この取引には「集中的な改革政策」が付帯していた[43]。ＩＭＦによればアンゴラ政府は、「国有石油企業ソナンゴルなど、主要国有企業の監視を強化する」ことに同意したという。これまで借り入れや支出に何の監視もなく、自身が国家であるかのようにふるまっていたソナンゴルの「準国家的な財政活動」を終わらせることを約束したのだ。この融資取引を発表した際、ＩＭＦの副専務理事、加藤隆俊は言った。「石油部門などの財政透明性を高めようとする当局の意向を歓迎したい[44]」

だが実際に行われたのは、うわべだけの改革だった。ＩＭＦは融資を行った政府に対し、国家財政がどのように管理されているか、融資条件が満たされているかどうか、といった点を定期的に審査している。そこでアンゴラ政府についても報告書を詳細に調べてみると、数値に食い違いがあることが判明した。二〇〇七年から二〇一〇年に政府が受け取ったはずの収入（主に石油販売による）を合計し、その数字を実際に国庫に入った額と比較してみると、両者の差はＩＭＦのベテラン職員さえあぜんとするほど大きかった。何と三二〇億ドルである。[45] しかも、その失われた額の大半は、ソナンゴルが網の目のように張り巡らせた金融取引の中で消えたことが確認できたが、残りの四二億ドルについてはまったく行方がわからないという。アンゴラ政府は、金融危機によりグローバル経済が混乱したせいで資金繰りに困っていたわけではない。もちろんそれもあるだろうが、フトゥンゴの影の政府が国庫の収入を略奪していたのだ。しかしそれでもＩＭＦは、すぐに改革を行うというアンゴラ政府の主張を盾《たて》に、少しずつ融資を続けた。確かにソナンゴルは、以前よりも取引に関する情報を公開するようになり、監査報告書さえ公表するようになった。ドス・サントス大統領も、ソナンゴルの帳簿外の支出の大半を政府会計に記録することに同意した。だが、中国の国有銀行やクイーンズウェイ・グループが行っている石油を担保にした融資は、そこから除外されている。二〇〇七年にはアンゴラ政府が三五億ドルの巨費を投じ、同グループのインフラプロジェクトを救済している。そのほかにも、いまだ満たされていないＩＭＦの融資条件はいくつもある。

　アンゴラ情勢に詳しく、オックスフォード大学でフトゥンゴを研究しているリカルド・ソアレス・デ・オリヴェイラは、ＩＭＦの甘さを痛烈に批判した後にこう述べている。「甘いのはＩＭＦだけではない。欧米諸国の多くが、中国の進出に不安を抱いているのか、我先にと改革推進方針を撤回している。（中略）アンゴラの石油経済はかつてないほど透明化されてはいるが、それがこの国のガバナンスに及ぼす影響力は微々たるものだ。いやむしろ、現体制を強化しているとさえ言える[46]」アンゴラでは「隠匿政治」が横行している。クイーンズウェイ・グループとの合弁会社であるチャイナ・ソナンゴルなど、きわめて謎の多い組織が、オフショア会社や未公開の契約書の陰に隠れている。ＩＭＦが融資を約束するということは、その政府に正統性が与えられるということだ。フトゥンゴはその正統性の上にあぐらをかき、商業的にうまみのある改革だけを実施し、ほかの改革はねじ曲げて解釈することで、その権威を揺るぎないものにしている。

二〇一二年、アンゴラ政府は、ＩＭＦからの融資条件に規定されていたとおり、政府系投資ファンドを立ち上げた。輸出で利益を上げている国が、その利益の一部を国内や海外へ投資するための手段として一般的に利用されている基金である。これは、石油で経済がゆがんでしまった国においては賢明なアイデアと言える。ノルウェーも政府系投資ファンドのおかげで、資源の呪いを回避できたと言っても過言ではない。後世のために投資しようと石油収入の大半を予算から切り離したために、経済がオランダ病を患うことも、一部の政治エリートが取り巻きにあぶく銭で報酬を与えることもなくなったのだ。アンゴラの政府系投資ファンドには、石油収入から五〇億ドルが注ぎ込まれた(47)。しかし、ファンドの責任者に選ばれた人物を見るかぎり、それがフトゥンゴのために悪用されるだけだという懸念を払拭《ふっしょく》することはできない。その人物とは、大統領の息子ジョゼ・フィロメノ・ドス・サントスである。二〇一一年初頭には、石油価格は再び一バレル一〇〇ドルを超えた。ＩＭＦ監査官の二〇一三年の報告によれば、既定の融資がすべて終わったというのに、アンゴラ政府による失われた数十億ドルの捜索はいまだ「継続中」だという(48)。グローバル・ウィットネスの石油専門家バーナビー・ペイスはこう述べている。「アンゴラ政府は事実上ＩＭＦを、いくらでも金を引き出せる口座のように使っている(49)」

ルアンダのスラム街、ガーナ中央部の小村、鉱山開発で破壊されたコンゴ銅産出地帯の町には、こうした込み入った財政戦略の話は伝わってこない。これらの地域の住民は、コフィ・ギャカーが汚染された池のそばで気づいたように、どうしようもない無力感に苛《さいな》まれたときに初めて、そのような戦略が行われていたことに気づくのだろう。森の奥の目に見えないところで鉱山が稼働しているように、公共機関をむしばむ一連の政治エリートや多国籍企業ネットワークが、目に見えないところで利益を吸い上げ、権力を掌握している。アフリカの大地から掘り起こし、富裕な国々に売り渡した石油や鉱物資源を使ってである。その込み入った財政戦略がすべて悪意によるものではないとしても、結果的にアフリカの天然資源の富はごく少数の者のもとに蓄積している。残りの大多数が手にするのは、死んだ犬と空約束ぐらいだ。

[原注]

(1)'Project Performance Assessment Report: Ghana, Mining Sector Rehabilitation Project（Credit 1921-Gh), Mining Sector Development and Environment Project（Credit 2743-Gh), Operations Evaluation Department', World Bank, July 2003, http://lnweb90.worldbank.org/oed/oeddoclib.nsf/docunidviewforjavasearch/a89aedb05623fd6085256e37005cd815/$file/ppar_26197.pdf.

(2)二〇〇九年一〇月一二日のニューモント・ガーナ・ゴールドの声明による。

(3)ニューモント・コーポレート・コミュニケーションズのオマル・ジャバラが、フィナンシャル・タイムズ紙の編集者に送った書簡による。これは、ニューモントの汚染水やガーナの金に関する著者の記事（'Mining Fails to Produce Golden Era for Ghana', *Financial Times*, 22 March 2010, www.ft.com/intl/cms/s/0/0d3e06c4-35dd-11df-aa43-00144feabdc0.html#axzz3F02grPqh.）に対するもので、二〇一〇年三月三一日に公開している（www.ft.com/cms/s/0/6a148c3e-3c5d-11df-b316-00144feabdc0.html?siteedition=uk#axzz3HpltffT1.)。

（4）'IFC History', IFC, www.ifc.org/wps/wcm/connect/corp_ext_content/ifc_external_corporate_site/about+ifc/ifc+history.

（5）'The Inspection Panel Investigation Report', World Bank, 17 September 2001, http://siteresources.worldbank.org/EXTINSPECTIONPANEL/Resources/ChadInvestigationReporFinal.pdf.

（6）二〇一三年九月に著者がギニア政府高官に電話で行ったインタビューによる。

（7）'IFC Investment in Simandou Mine（Guinea）- US Position', US Treasury, 24 May 2012, www.treasury.gov/resource-center/international/development-banks/Documents/(2012-05-22)%20Guinea%20Statement_As%20Posted.pdf.

（8）Compliance Advisor/Ombudsman, 'Appraisal Report on IFC Investment in Lonmin Platinum Group Metals Project, South Africa', World Bank, 30 August 2013, www.cao-ombudsman.org/cases/document-links/documents/CAO_Appraisal_LONMIN_C-I-R4-Y12-F171.pdf.

（9）'Striking a Better Balance - The World Bank Group and Extractive Industries: The Final Report of the Extractive Industries Review', Preface, December 2003, https://openknowledge.worldbank.org/handle/10986/17705.

（10）同前。

（11）Alan Beattie, 'The World Bank Digs a Hole for Itself', *Financial Times*, 25 February 2004.

（12）'Striking a Better Balance.'

（13）'Striking a Better Balance - The World Bank Group And Extractive Industries: The Final Report of the Extractive Industries Review', World Bank Group Management Response, September 2004, http://siteresources.worldbank.org/INTOGMC/Resources/finaleirmanagementresponseexecsum.pdf.

（14）Mark Drajem, 'World Bank Accepts New Oil, Gas Lending Controls; Call to Discontinue Programs Rejected', *Washington Post*, 4 August 2004, www.washingtonpost.com/wp-dyn/articles/A38174-2004Aug3.html.

（15）二〇〇四年八月二五日、Action Contre l'Impunité pour les Droits Humains, Nouvelle Dynamique Syndicale, Rights and Accountability in Development, Friends of the Earth and Environmental Defense がＭＩＧＡの事務局長に宛てた書簡による（コピーを著者が所有）。

（16）Right and Accountability in Development et al., 'Anvil Mining Limited and the Kilwa Incident: Unanswered Questions', 20 October 2005, www.raid-uk.org/sites/default/files/qq-anvil.pdf.

（17）二〇〇五年八月一八日、ＭＩＧＡの運用グループの取締役代理フィリップ・ヴァラユが、〈開発における権利と説明責任（Rights and Accountability in Development）〉のパトリシア・フィーニーと〈地球の友（Friends of the Earth）〉のコリーン・フリーマンに宛てた書簡による（コピーを著者が所有）。

（18）US Embassy in Kinshasa, 'Possible Massacre at Kilwa', diplomatic cable, 18 November 2004, WikiLeaks, 1 September 2011, www.wikileaks.org/plusd/cables/04KINSHASA2118_a.html.

（19）Office of the Compliance Advisor/Ombudsman, 'CAO Audit of Miga's Due Diligence of the Dikulushi Copper-Silver Mining Project in The Democratic Republic of the Congo', November 2005, www.cao-ombudsman.org/cases/document-links/documents/DikulushiDRCfinalversion02-01-06.pdf.

（20）二〇一四年一月に著者が世界銀行の広報担当者と交わしたメールによる。

(21)国連開発計画が発表した二〇一四年の人間開発指数による。http://hdr.undp.org/en/content/table-1-human-development-index-and-its-components.

(22)Ousman Gajigo, Emelly Mutambatsere and Guirane Ndiaye, 'Royalty Rates in African Mining Revisited: Evidence from Gold Mining,' African Development Bank, June 2012, www.afdb.org/fileadmin/uploads/afdb/Documents/Publications/AEB%20VOL%203%20Issue%206%20avril%202012%20Bis_AEB%20VOL%203%20Issue%206%20avril%202012%20bis_01.pdf.

(23)ザンビアに関するこの数値は以下の資料による。'Equity in Extractives,' Africa Progress Panel, 2013, http://africaprogresspanel.org/wp-content/uploads/2013/08/2013_APR_Equity_in_Extractives_25062013_ENG_HR.pdf.

(24)'Fiscal Regimes for Extractive Industries: Design and Implementation,' International Monetary Fund, April 2012, www.imf.org/external/np/pp/eng/2012/081512.pdf.（前記（23）の'Equity in Extractives'に引用されている）

(25)ＩＦＣからその支援企業へ天下りした高官は、ヴァルマだけではない。ＩＦＣの元ラテンアメリカ・サハラ以南アフリカ・西ヨーロッパ担当副責任者だったティエリー・タノーは、エコバンク・トランスナショナルというアフリカの銀行の次期最高経営責任者に指名された。ＩＦＣが同銀行への出資を一億ドル増額すると発表する前日のことである。また、元ＩＦＣ長官のラース・スネルは二〇一二年、ガーナで事業を行うテキサス州の石油探査会社コスモス・エナジーの取締役に任命された。二〇一一年にヴァルマを迎え入れたウォーバーグ・ピンカスなど、いくつかの未公開株式投資会社とＩＦＣから支援を受けていた会社である。こうした動きを受け、ＩＦＣは利害の衝突を防ぐために策定した規則を強化した。以下を参照。William Wallis,

'World Bank Unit Toughens Staff Rules', *Financial Times*, 23 December 2013, www.ft.com/cms/s/0/5a6a4054-6250-11e3-bba5-00144feabdc0.html#axzz3F0NBUX6g.

(26)二〇〇九年一一月に著者がソミット・ヴァルマに電話で行ったインタビューによる。

(27)Burgis, 'Mining Fails to Produce Golden Era for Ghana.'

(28)Gajigo, Mutambatsere and Ndiaye, 'Royalty Rates in African Mining Revisited: Evidence from Gold Mining.'

(29)二〇〇九年一一月に著者がジェフ・ハスペニに電話で行ったインタビューによる。

(30)以下で数多くの文献の内容が概説されている。'Addressing Base Erosion and Profit Shifting', Organization for Economic Co-operation and Development, 2013, www.loyensloeff.com/nl-NL/Documents/OECD.pdf.

(31)'Action Plan on Base Erosion and Profit Shifting', Organization for Economic Co-operation and Development, 2013, www.oecd.org/ctp/BEPSActionPlan.pdf.

(32)Jane G. Gravelle, 'Tax Havens: International Tax Avoidance and Evasion', *National Tax Journal* 62, no. 4（December 2009）: 727.

(33)'Equity in Extractives.'

(34)Nick Mathiason, 'Piping Profits', Publish What You Pay（Norway）, 19 September 2011, www.publishwhatyoupay.org/resources/piping-profits-secret-world-oil-gas-and-mining-giants.（訳注：リンク切れ、以下のサイト参照。http://www.publishwhatyoupay.no/pipingprofits.）

(35)Christian Aid, 'False Profits: Robbing the Poor to Keep the Rich Tax-Free', March 2009, www.christianaid.org.uk/images/false-profits.pdf.

(36)'The Africa-China Connection', Fitch Ratings, 28 December 2011（顧客への非公開書簡）.

(37)二〇〇六年一〇月一九日にレ・ゼコー紙がポール・ウォルフォウィッツに行ったインタビューによる。http://web.worldbank.org/WBSITE/EXTERNAL/EXTABOUTUS/ORGANIZATION/EXTPRESIDENT/EXTPASTPRESIDENTS/EXTOFFICEPRESIDENT/0,,contentMDK:21102200~menuPK:64343277~pagePK:51174171~piPK:64258873~theSitePK:1014541,00.html.

(38)二〇一一年一月一七日にフォーブス誌がジェームズ・ウォルフェンソンに行ったインタビューによる。www.forbes.com/2011/01/14/james-wolfensohn-world-bank-transcript-intelligent-investing.html.

(39)Michael J. Kavanagh, 'IMF Halts Congo Loans over Failure to Publish Mine Contract', Bloomberg, 3 December 2012, www.bloomberg.com/news/2012-12-03/imf-halts-congo-loans-over-failure-to-publish-mine-contract-2.html および二〇一三年七月に著者が国際公務員に電話で行ったインタビューによる。問題視された取引では、コミデの銅採掘プロジェクトの二五パーセントの政府持分が、ストレイカー・インターナショナルというイギリス領ヴァージン諸島の会社に密かに移譲されたという。ゲルトラー関連企業がかかわる大規模な取引の一環とされる。

(40)Angolan Embassy in London, 'Ministry of Finance Denies Misuse of Chinese Loans', 17 October 2007.

(41)'Transcript of a Conference Call on Angola with Sean Nolan, Senior Advisor in the African Department, and Lamin Leigh, Angola Mission Chief', IMF, 25 November 2009, www.imf.org/external/np/tr/2009/tr112509.htm.

(42)'IMF Risks Condoning Corruption with New Loan to Angola', Global Witness, 5 October 2009, www.globalwitness.org/fr/node/3855.（訳注：リンク切れ、以下のサイト参照。https://www.globalwitness.org/archive/imf-risks-condoning-corruption-new-loan-angola/）

(43) Lamin Leigh, Yuan Xiao and Nir Klein（of the IMF's Africa department）, 'IMF Lends Angola $1.4 Billion to Support Reserves, Reforms,' International Monetary Fund, 23 November 2009, www.imf.org/external/pubs/ft/survey/so/2009/car112309b.htm.

(44) 'IMF Executive Board Approves US$1.4 Billion Stand-By Arrangement with Angola,' IMF, 23 November 2009, www.imf.org/external/np/sec/pr/2009/pr09425.htm.

(45) アンゴラの報告書の不一致およびその理由に関するＩＭＦの最初の分析については、以下を参照。'Fifth Review Under the Stand-By Arrangement with Angola,' IMF, 8 December 2011. これを含め、アンゴラに関するＩＭＦの報告書については、以下を参照。www.imf.org/external/country/ago.

(46) Ricardo Soares de Oliveira, 'Transparency Reforms Yield Little Change,' *Financial Times*, 18 July 2012, www.ft.com/intl/cms/s/0/e8c819ce-c5f9-11e1-b57e-00144feabdc0.html#axzz3F0NBUX6g.

(47) Andrew England and William Wallis, 'Angola Sets Up Fund to Preserve Oil Riches,' *Financial Times*, 17 October 2012, www.ft.com/intl/cms/s/0/fb1db978-186d-11e2-8705-00144feabdc0.html#axzz3F0NBUX6g.

(48) International Monetary Fund, 'IMF Concludes Second Post-Program Monitoring Mission to Angola,' press release, 30 January 2013, www.imf.org/external/np/sec/pr/2013/pr1329.htm.

(49) 二〇一四年二月にロンドンで、著者がバーナビー・ペイスに行ったインタビューによる。

第7章

信仰は関係ない

ナイジェリアのニジェール・デルタは世界有数の産油地帯で、政府収入の70パーセントを石油が生み出していた。外貨を独占するためには軍を派遣することもいとわない独裁政権に対し、地元では当然のように武装勢力が生まれ、原油を盗んで密売したり、政府や外国の石油会社にゲリラ戦を仕掛けたりしてきた。2010年、ナイジェリア北部ジョス近郊で移民であるイスラム系住民と元々住んでいたキリスト系住民の争いによって200人以上が虐殺された。ジョスはかつて錫《すず》産業によって栄えたが、産業の衰退に伴い、うまく時代の流れを乗り越えて豊かになっていったイスラム系住民と貧しいままのキリスト教系住民の間に亀裂が生まれ、民族間の争いは、熾烈を極めた。

二〇〇五年末、ナイジェリアの油田地帯で活動する武装勢力のリーダーが集まって密議を行い、拉致《らち》や妨害行為で世界を震撼《しんかん》させる計画を立てた。その際、もっとも怖れられている同胞ファラー・ダゴゴにその計画を実行する任務が与えられた。ダゴゴは背の低い小柄な男だが、大胆不敵で冷酷だと評判だった。ニジェール川の河口付近は、大河が無数の支流に分かれて広がるニジェール・デルタが形成されている。アイルランドの面積に匹敵する、世界第三位の大きさを誇る湿地帯だ。その東部で生まれたダゴゴは、故国が石油のために荒廃していく姿を見ながら成長した。この湿地帯にはマングローブが繁茂しているが、森はあふれた原油にまみれている。支流を行き来するボートから手を伸ばし、指で水面をかいてみると、水が虹色の光を放つことがある。石油が浮いている紛れもない証拠である。このあたりでは五〇年ほど前から、昼となく夜となく、天然ガスを燃やす火柱がいくつも威勢よく上がっている。これは石油の掘削を行うための〝フレアリング〟と呼ばれる技術だが、先進国ではずいぶん前から禁止されている。

ダゴゴならずとも、この地域に暮らす三〇〇〇万人の住民の誰もが知っているように、ニジェール・デルタは世界有数の産油地帯だ。この石油は、ナイジェリア政府の収入の七〇パーセントを生み出すとともに、輸入に必要な外貨のほとんどを稼ぎ出している。独裁者たちは、この地域を守るためなら軍を派遣することも辞さない。ダゴゴと同じ世代の男たちの人生は、まっすぐ武装闘争へとつながっている。

ダゴゴは頭がよく、基礎教育も受けている。数年前から彼を知るニジェール・デルタのベテラン活動家アンキオ・ブリッグスは言う。「ダゴゴなら、どんな母親にもかわいがってもらえる。ハンサムな若者だよ。武装グループのメンバーはみな、ここで育ち、中学も卒業できなかった若者たちだ。このあたりには何もないからね。貧しくて村を出ていこうにも、行き場がない」[1]

ダゴゴはやがて、ある男に心を惹かれた。巨体を揺さぶって大言壮語を並べ立て、デルタの住民の怒りを煽《あお》って騒乱を生み出すムジャヒド・ドクボ＝アサリである。アサリは、一九九九年に軍政が終わった数年後にニジェール・デルタで発生した武装闘争の中心人物で、イジョ人の傷ついたプライドを代弁する存在である。イジョ人は、デルタ地帯の主要民族グループで、ナイジェリアでは四番目に多い人口を誇る。北部のハウサ人、東部のイボ人、南西部のヨルバ人は独立以来、交代で政権を握っていたが、イジョ人は、ナイジェリアの権力上層部から常に除外されてきた。アサリは、ほかのデルタの住民と同じようにキリスト教の洗礼を受けたが、後にイスラム教に改宗し、名前も〝聖戦士〟を意味するムジャヒドに改名すると、当局を愚弄《ぐろう》し始めた。ほかの扇動《せんどう》家よりも血の気が多かった彼は、やがて私設軍であるニジェール・デルタ人民志願軍を設立し、ナイジェリア政府と海外の石油企業に宣戦布告した。そして、この地の石油が毎年生み出す数百億ドルもの利益の分け前を、デルタに暮らす住民に提供するよう要求した。

大学のクラブから発展し、ヘロインやコカイン、マリファナの取引収入で武器を手に入れた暴力組織（ＫＫＫやグリーンランダーズなど）のメンバーも同軍に加わった[2]。解放という目的と犯罪とを混同している民兵の指揮官たちも、アサリに合流した。ファラー・ダゴゴもその一人である。ダゴゴは、急成長しつつあった自身の自警組織をアサリの指揮下に組み入れた。そして、自分を不可欠の存在だと思わせようと、アサリの私的な補佐官としてふるまい、隠匿した武器の在庫や物流を管理した。間もなくアサリの軍が、デルタ東部の縄張りを求めて敵勢力と戦闘を始めると、石油企業は慌てて逃げ出し、石油の生産量が減少した。うろたえた政府が二〇〇五年にアサリを逮捕し、国家反逆罪で告訴すると、ダゴゴがその跡を継いでリーダーとなった。

ダゴゴら武装勢力のリーダーは、軍人や政治家同様、原油の強奪（「バンカリング」と呼ばれる）を指揮していた。通常は夜、じめじめした空気の中、打ち寄せる川の水に手を滑らせながら、デルタ地帯を黒い静脈のように蛇行するパイプラインに細工を施す。バンカリングには二種類の方法がある。パイプラインを破壊することなく原油を抜き取る方法（ホットタッピング）と、パイプを爆破してあふれ出る原油を運び去る方法（コールドタッピング）である。実行犯が火災の被害にあうおそれはあるが、この取引はかなりの利益になる。国連の試算によれば、ナイジェリアの不正石油取引の売上は年間二〇億ドルにも及び、その額は西アフリカのコカイン取引に匹敵するという。[3] パイプラインからの抜き取りに輸出ターミナルでの横領も加えると、一日に一〇万バレルもの原油がバンカリングの被害にあっている。これは、ナイジェリアの石油生産の二〇分の一、あるいはチャドの一日の全産油量に相当する。バンカリングには、陸軍や海軍の将校も加担している。また、不正石油取引に対する当局の調査によれば、「政府の高官も関与している」という。[4]

武装勢力はまた、選挙の際に票を水増ししたり有権者を脅したりして資金を稼ぐ場合もある。選挙ではもはや、「大規模な不正が一般的になっている」という。[5] デルタ地域の政治家は、こうした武装組織というふれこみのもと、勝手に選挙の合間にも、「ザ・ボーイズ」と呼ばれるメンバーが好き勝手にふるまって市民を震え上がらせている。

ファラー・ダゴゴはやがて、デルタ東部のドンと目《もく》されるようになった。そんな二〇〇五年末に、デルタ西部の実力者ガヴァメント・エクペムポロ、通称トムポロが会議を呼びかけた。トムポロは当時、金銭の強要や石油の横領で上げた利益をもとに、洗練された組織を作り上げていた。ほかの武装勢力のリーダーに比べると、はるかにナイジェリアの従来の首領に近い存在であり、領地内の民間人の力になるとともに、行き場のない若者をゲリラ兵として雇い、武装した三〇〇〇人もの男を指揮下に置いていた。この男にはそのほかにも、デルタ地帯の豊かな伝統に従い、頭を使った民族自決闘争を展開する知性もあれば、イジョ人の戦争の神エグベスの信奉者としての精神的な権威もあった。そこでデルタ地帯の民兵の指揮官たちは、トムポロのもとで力を合わせ、合同で石油強奪作戦に乗り出すことで同意した。こうしてニジェール・デルタ解放運動（ＭＥＮＤ）という組織が生まれた。

ＭＥＮＤが結成されるころには、ダゴゴはすでに信頼できる活動家として知られていた。派手な作戦を実行する能力にも、当局に屈辱を与える能力にも長けており、かつてデルタ地帯の石油都市ポート・ハーコートで脱獄作戦を計画し、犯罪組織のボスであるソボマ・ジョージを脱獄させたこともある。[6]そこでダゴゴが、ほかの武装勢力のリーダーであるボーイローフとともに、ＭＥＮＤ結成を世界に知らしめる大事な仕事を任されることになったのだ。二〇〇六年一月一一日、ダゴゴとボーイローフは、デルタ地帯沿岸の浅瀬にあるシェルの石油プラットフォームを襲撃した。[7]そして、そこで働く外国人労働者四名を拉致し、この地帯の主要なパイプラインの一つを破壊した。こうしてナイジェリアの石油戦争の幕が切って落とされた。

これまでも拉致事件がなかったわけではない。銃で武装した男たちがボートに乗り込み、パイプラインを攻撃したこともある。しかし、石油生産を大幅に落ち込ませることで、連邦政府に身代金を要求するという大規模な脅迫事件は、これが初めてだった。つまり、攻撃の規模が変わったのだ。この石油戦争のピーク時には、MENDの攻撃によりナイジェリアの石油生産が四〇パーセント減少した。イギリスの全石油産出量に相当する分が減少したことになる。

実際のところMENDの指導部は、政治的な目的の達成とともに金儲けを目指していた。そうした兆候は当初から見られる。ファラー・ダゴゴに至っては、金以外の目的があったことを示す証拠はほとんどない。ダゴゴがデルタ東部の民間人の集落のそばに拠点を置いたのも、政府軍の攻撃を避けるためでしかなかった。先の拉致事件の結果を見ても、その目的は明白だ。MEND本部は、拉致部隊が帰還すると、提示する要求事項について六日間協議を行った。そして最終的に、収監されているアサリおよび武装勢力と密接な関係のある州知事の解放、そして石油収入をこの地方で全面的に管理する権利を要求するとともに、シェルに人質の解放と引き換えに一五億ドルの支払いを求めた。結局この要求がかなえられることはなかったが、拉致された四人は一九日後に無傷で解放された。地方当局が身代金を支払ったからだ(8)。

何はともあれMENDは、恐怖を生み出すことに成功した。恐怖は、原油と同じぐらいの価値がある。犯行声明を出し、新たな攻撃を予告するメールを報道関係者に送ると、石油市場に激震が走った(その送り主であるジョモ・グボモは、単なるヤフーのアカウント上の仮名に過ぎない。MENDが襲撃の影響力を大きく見せようと、文才のある誰かの手を借りたのだろう)。やがてシェルのほか、アメリカの二大石油会社であるエクソンモービルやシェブロンが標的にされた。デルタ地帯で操業しているヨーロッパの石油会社も同様である。ナイジェリアの沖合に建設されている石油メジャーの巨大石油施設も、安全とは言えなかった。二〇〇八年六月には、ナイジェリアの一二〇キロメートル沖合に浮かぶシェルの主要石油施設ボンガが、モーターボートに乗ったＭＥＮＤの武装集団に襲撃された。その結果、三六億ドル規模の施設が一時的に機能停止となり、ナイジェリアの原油生産の一〇分の一が損害を受けた。

ＭＥＮＤは、反政府グループや犯罪組織の集合体に過ぎなかったため、最初の身代金の分配を巡って対立が生じると、亀裂は広がるばかりになった。そのため次第に、統一的な指導部を持たず、抵抗の旗印のもとに略奪を行うフランチャイズ組織のような集団へと変化していった。しかし、それにもかかわらずＭＥＮＤは、総員六万人を擁する私設軍として怖れられ、その攻撃は世界中の注目を集めた。というのは、それが石油価格を左右したからだ。デルタ地帯で石油戦争が始まったのは、ちょうど中国やインドといった新興国で石油の需要が急増し、石油価格が記録的なレベルにまで上がりつつあるころだった。この戦争によりナイジェリアの石油生産が落ちると、石油価格はますます上がった。

だが二〇〇九年一〇月、ファラー・ダゴゴは一線から身を引く決意を固めた。ＭＥＮＤに加わっていたほかの指揮官たちにならい、ウマル・ヤラドゥア大統領が提案する恩赦を受けることにしたのだ。石油産業施設が襲撃される事件が増加したため、大統領は苦し紛れに恩赦を申し出たのである。ダゴゴは大仰な声明を発表した。「この恩赦の申し出に付随する条件に従い、私たちが直接管理するすべての武器を放棄する。ニジェール・デルタにおける紛争の再発を未然に防ぐため、政府が即座に対話に取り組むことを心から願う[9]」

こうした言葉だけを見ると、数十年にわたる敵対関係を終わらせる和平協定のように見えなくもない。だが実際には、デルタ地帯に金をばらまき、一時的な休戦を買い取ったに過ぎない。武装勢力の主要なリーダーはみな恩赦を受けた。中にはデルタ地帯を離れ、首都のアブジャやラゴスのきらびやかな住宅地で、豪勢な半隠居生活を始めた者もいる。政府は結局、彼らのふところを肥やしただけだった。彼らが原油の横領で築き上げた帝国は無傷どころか、さらに版図を広げている。もはや、かつての「自由への戦い」に見られた政治的要求は影も形もない。

ニジェール・デルタは、ナイジェリアの石油の分け前を巡ってもっとも露骨な争いが行われている舞台である。しかしこの争いは、ナイジェリアの政治システム全体に見られる。アフリカのどの資源国家でもそうだが、石油であれ、金や銅やダイヤモンドであれ、資源は無限にあるわけではない。そのため、常にゼロサムゲームになる。つまり、誰かが勝てば、誰かが負けなければならないのだ。


ウマル・ヤラドゥアは、資源国家にとっては典型的な取引で、デルタ地帯の武装グループの指導者の気を引いた。現状維持を約束すれば、資源マネーの分け前を与えるという取引だ。これは、ナイジェリアを支配する暗黙の協定である。だがそれが、石油を巡る闘争が国中に蔓延する原因にもなっている。

ナイジェリアの北部に、古代の交易都市カノがある。サハラ砂漠につながる土地への出入り口に当たる場所だ。私はそこで、ナイジェリア建国に立ち会った人物に会った。若くして初代政府の閣僚を務めたユスフ・マイタマ・スレである。以後半世紀にわたり彼は、一民間人として、あるいは国連の反アパルトヘイト委員会の議長として、資源国家に泥棒政府が生まれるさまを目撃してきた。私が会ったのは二〇一〇年一月だが、もうずいぶん前からカノの自宅で引退生活を送っている。乾燥した北部の焼けつくような熱気が石壁に遮られて家の中は涼しいが、ほかの政治家に比べれば質素な住まいである。すでに八〇歳という高齢で目はあまり見えないそうだが、相変わらず口は達者だ。「グラモフォン（蓄音機）」とあだ名されていた過去を彷彿《ほうふつ》とさせる。

スレによれば、ナイジェリアの政治指導者が、政治家の行動規範から逸脱してしまったことが問題なのだという。ソコトの司令官として名を馳《は》せたアフマド・ベロや独立時の北部の長老政治家たちは、スレを含む部下に、政治家としてあるべき姿を教えてくれた。「司令官はよく話していた。走りながら尻をかくことはできない。どちらか一方ができるだけだ。同じように、政府にいながらビジネスをすることはできない。だから『ビジネスに興味のある閣僚は誰であれ辞職するべきだ』とね」

スレは第一共和政時代にあこがれを抱いている。そこにはおそらく、自分が多少なりともこの国に貢献してきたと思いたい老人らしい心境も混じっているのだろう。だが歴史家の見解は違う。ナイジェリア建国の際、古いカリフ制に見られる封建的構造をこの国に持ち込んだのは、北部の長老たちだ。それが、少数のエリートによる植民地的な支配パターンを永続させ、自国育ちの略奪者による強奪が蔓延する政治システムを生み出しているのだという。しかしいずれにせよ、この国が建国当初の数年を過ぎたころから下降線をたどっているというスレの主張は否定できない。

「現在のいちばんの問題は石油だ」とスレは続ける。一九八五年、北部出身の将軍イブラヒム・ババンギダがクーデターを起こし、同じ北部出身の将軍から政権を奪った。このババンギダの八年間の治世の間に、公職を利用して石油ビジネスで利益を得ようとする独裁者や役人が現れたという。
「ババンギダの時代に初めて、個人が石油鉱区を所有するようになり、多大な利益を上げた。現在では残念なことに、誰もが一つのことにしか興味を示さない。実利主義だ。誰もがお金を稼ぎたがっている。主婦も、その夫も、支配者もね。以前の支配者が民衆に敬愛されたのは、支配権以外のことには関心を抱かなかったからだ。しかし今の支配者はお金を稼ぐことに夢中だ。政治家は、国益よりも自分の利益ばかりを考えている。情けないことに、みなお金のことしか考えていないんだ。それが、私たちが抱えている問題の原因だよ。だから政治が混乱する」

汚職だけでも問題だが、さらに腹黒い陰謀が行われている。「一度権力の味をしめると、その立場を維持したくなる」石油汚職政治家のことだ。「そのための手段として、自分と同じ人種の民族感情や宗教感情に訴えるようになった」

資源国家では、民族が大きな意味を持つ。資源レントが手に入るようになると、支配層は国民に説明責任を負う必要がなくなる。そのため、権力を維持する手段は利益供与が中心となり、公共事業にはほとんど目を向けなくなる。そのような事実を指摘しようにも、記録さえない。こうして政治は、自分と同じ民族の人間を動員するだけのゲームとなる。誰かが勝てば、誰かが負けなければならない。暴力の掟が社会契約に取って代わる。

ナイジェリアでは、一九九九年に民政に移行してから二〇一二年までの間に、民族・宗教・政治的な原因による衝突で、およそ一万八〇〇〇人が死亡している（そのほか、過激派組織ボコ・ハラムに殺害された人々や、軍が暴徒に対し、半ば偶発的、半ば意図的に行った攻撃で死亡した人が数千人いる)[10]。基本的にこうした暴力の背景には、ナイジェリアを毒している石油腐敗政治がある。それが、民族感情や宗教感情の衣をまとっている場合が多いだけなのだ。こうした直接的な暴力行為だけで、ナイジェリアでは六時間ごとに一人の命が奪われている。それに加え、粗末な病院で密かに息を引き取る子供もいる。道路の補修予算が横領されたために、その道路で命を落とす運転手もいる。住民を守るはずの警察官に殺される市民もいる。ニジェール・デルタでいがみ合う民兵、北部の村を略奪する武装組織、選挙になると全国に現れて政治家のために武力で投票を操作しようとする人々。彼らに共通するのは、生死を賭けた石油マネーの奪い合いである。

数時間も話をしてスレが疲労を訴えると、側近が迎えに来てインタビューは終わった。その晩、まだカノに滞在していた私のもとへ電話がかかってきた。ジョスで怖ろしい事件が発生したという。

燃え尽きたある家屋から動揺が伝わってくる。虐殺を見慣れた埋葬部隊のメンバーでさえ、そこで見つけたものに驚いているようだ。白衣に身を包み、瓦礫《がれき》の中から手際よく遺体を運び出していたメンバーの一人が箱を抱え、黒ずんだ家の残骸から出てきた。手近にあった箱を使ったのだろう。スパゲティの梱包に使われていた小さな段ボール箱だ。側面には「品質保証」の文字が見える。中をのぞくと、小さな遺体が横向きに置かれていた。あごの下に手をたくし込み、眠っているかのようだ。あまりに焼け焦げたため、石炭の塊《かたまり》だと言っても通じるかもしれない。その大きさから見て、おそらく一歳の誕生日を迎える前に死んでしまったのだろう。

埋葬部隊は、村中を忙しなく動き回っていた。ここはクル・カラマという村だ。家屋や小屋はほとんど焼けていた。ずんぐりしたモスクも例外ではない。瓦礫が足元で崩れる。炎で衣服を剝《は》がれ、皮膚を剥がれた女性の遺体がいくつも井戸に捨てられていた。死後三日も経っているため、水を吸って膨れ上がっている。知的障害のあった老人は、首の骨を折られ、穴に押し込まれていた。首がグロテスクな角度にねじれ、生気のない目が上を向いている。そのほかの遺体は、先ほどの幼児のように、生き物だったことがわからないほど焼け焦げていた。

　虐殺者たちは、二〇一〇年一月のある火曜日の朝、銃や鉈《なた》などの刃物を持ち、村を取り囲む丘の上からなだれ込んできた。畑の茂みに逃げ込もうとした村人の多くは切り殺された。洗濯ひもに掛けられた衣服はもうすっかり乾いているが、取り込む人もいないまま風にはためいている。

　イスラム教の習慣では、死者はすぐに埋葬しなければならない。だがもう金曜日だった。前日、近隣の街ジョスのモスクから最初の埋葬部隊が到着したが、殺戮の規模があまりに大きいため、さらに増員された。メンバーは丘の上を用心深く見上げながら、てきぱきと作業をしている。遺体は重い。もはや何の生命力も感じさせないどさりという鈍い音を響かせながら、共同墓地に集められていく。埋葬作業二日目の太陽が沈むころには、一五〇もの遺体が土の中に埋められた[11]。

　アブドゥラヒ・ワセは、襲撃前日に仕事で村を離れていた。戻ってきたときには、妻の遺体が墓穴に入れられようとしているところだった。子供はどこにも見つからない。ワセのそばでは、勇気を出して戻ってきたほかの住民が、回収できるものを回収していた。ニワトリやヤギを追いかけては捕らえ、車のトランクに押し込んでいる。この人たちはおそらく、ジョスの小学校に向かうのだろう。小学校は数日前から難民収容所となり、家を追われた人々を収容している。彼らはそこから生活の再建を始める。だがそれも、次の襲撃を受けるまでの話だ。

　私はその前日にジョスに到着した。カノから、ナイジェリアの宗教分断線となる中央ベルト地帯へ向かう道を南下していると、兵士や警官が道路を封鎖しているところが二〇か所もあった。ジョスの騒乱が外部へ広がらないようにするためだ。ジョスの郊外までやって来ると、くず鉄置き場の裏で男が一人、祈りを捧げていた。工場も街路も人気《ひとけ》がない。街の中心部に入ると、ある家族が、あきれるほど荷物を詰め込んだ赤いフォルクスワーゲンに、親類を押し込んでいた。外出禁止の時間帯が迫っているからだ。夜間は早いうちから外出が禁止されており、違反すれば見つかり次第、軍に射殺される。この家族が住んでいた地所の中に黒焦げの遺体があるというが、遺体を回収しようとする者はいない。

私は、外出禁止時間になる直前にホテルに着くと、モハメド・ラワル・イシャクに電話をした。イシャクは、ジョスのハウサ人を率いる弁護士だ。ハウサ人は、北部一帯では多数派を占めるが、ジョスではよそ者、あるいは「移民」と見なされている。ジョスがあるプラトー州では、ベロム人などの民族グループが「先住民」と考えられているのだ。街の至るところでライフルの銃声が響き渡るなか、イシャクが話してくれた。「政府の恩顧《おんこ》を受けるのは先住民だけだ。そのため移民はビジネスに乗り出す。すると、中には成功する者も出てくる。それが争いの引き金になる。移民の数が多くなれば、先住民の政治権力が脅かされる。しかもここでは、先住民だと主張する人々はキリスト教徒、移民はイスラム教徒だ。政府は万人のためのものであるはずだが、移民は、この事件の背景には政府がいると信じている。もう誰にも頼れないんだ」

この事件が発生した経緯については諸説ある。もっとも信頼できる情報によれば、ハウサ人の男が、前回の襲撃で損傷を受けた家を修理しようとしたところ、若いキリスト教徒数名と口論になった。憎しみが蔓延しているこの地域では、それだけのもめごとがあれば十分だ。その結果、街が火の海と化したということらしい。イシャクによれば、これまでに五〇名の遺体がモスクに運ばれたそうだが、私が聞いた話では、キリスト教徒もイスラム教徒も含め、少なくとも二〇〇人が死んだという。間もなく、大統領代行を務めていたグッドラック・ジョナサンが政府軍を派遣した（当時ヤラドゥア大統領はサウジアラビアの病院で療養中だった）。政府軍は伝統的に北部出身者で占められている。その軍が到着したことで、ハウサ人はようやく落ち着きを取り戻した。地元の治安部隊はベロム人の味方だと思っていたからだ。ベロム人が、政府軍は殺されたイスラム教徒の復讐《ふくしゅう》をするためにやって来たのではないかと思い込んでいたのと同じである。モスクから来た埋葬部隊は、軍の護衛のもと、中心部から遠く離れたハウサ人居住地区へ向かった。

ジョスはかつては新興都市だった。第二次世界大戦が勃発《ぼっぱつ》すると、ジョスの岩場の地下に豊富に眠る錫《すず》の需要が急増した。植民地政府が労働者を雇って働かせるようになると、前世紀から流れ込んできていた移民の数も増えてきた。こうして、北部から来たイスラム教徒のハウサ人が、ベロム人などの地元民の中で暮らすようになった。地元民の多くは、宗主国の宣教師によりキリスト教に改宗していたが、しばらくは何事もなく平穏に過ぎた。特定の年代や階級のナイジェリア人に話を聞くと、一九七〇年代のジョスでは、涼しいそよ風に肌をなでられながらイチゴを食べていたと、懐かしそうに語ってくれる。後にイギリスの首相を務めるジョン・メージャーも、政界に入る前にこの街の銀行で仕事をしていたという。しかし、やがて錫の埋蔵量が底を尽き、錫鉱山が衰退を始めた。政府は汚職まみれで何もしようとしない。そんな状況の中ハウサ人は、先住民より教育が行き届いていたうえ、北部一帯に広がる交易ネットワークとも結びついていたため、こうした変化にもうまく対応できた。この地に土地を確保しただけでなく、成功も収めたのである。新参者のほうが豊かな暮らしをするようになると、先住民のキリスト教徒の間に憤懣《ふんまん》が芽生えた。

ジョスの先住民であるベロム人らは、ナイジェリアに無数に存在する民族のなかではごく少数派に過ぎない。しかし、ビアフラ戦争後に制定されたナイジェリアの憲法は、官職は幅広い民族に分配するとしつつも、ベロム人がプラトー州の「先住民」であると記している。ということは、あらゆる官職を要求する権利は、まずベロム人にある。ナイジェリアの石油収入の分け前を受け取る権利についても同様である。ベロム人の指導者たちは、州政府収入のほぼすべてにあたるこの分け前を受け取ることで、略奪システムをわがものにしてきた。だがハウサ人は二〇年以上にわたり、連邦政府の支援を受けながら、地方政府内の地位を獲得しようとしている。こうした動きが、資源レントを巡る民族衝突を生み出してきた。二〇〇一年九月には、七日間で一〇〇〇人が死ぬ暴動が発生した。

民政に移管してから八年が経った二〇〇七年、プラトー州の知事職に空席が生じた。一九九九年以来知事を務めていたジョシュア・ダリエが、その貪欲さゆえに招いた事件だった。ダリエは二〇〇四年にイギリスを訪問した際、マネーロンダリングの罪で拘束されたが、逃走することに成功した（以後ナイジェリアの知事は、故国では刑罰を免れながらイギリスでは当局ににらまれるという構図が一般的となる。彼らが略奪した富の大半は、イギリスに隠されていたからだ）。ところが、ナイジェリアに帰国したダリエを待っていたのは、当時の大統領オルシェグン・オバサンジョからの停職処分命令だった。プラトー州で頻発する民族紛争を防げないどころか、けしかけていると言われていたためだ。キリスト教を信奉するベロム人だったダリエは、歯に衣《きぬ》着せぬ物言いで、ジョスのハウサ人を「手に負えない間借り人」と呼んでいた。結局ダリエは、その後も知事の座にしがみついていたが、やがて公金九〇〇万ドルを横領した罪で失脚した[12]（しかしナイジェリアの複雑な法制度の中でこの裁判は遅々として進んでいない。ダリエは二〇一一年、上院議員に当選している）。

ダリエは、ナイジェリアのいわゆる「民族的企業家」の代表例である。スレは、こうした政治家がナイジェリアを支配しつつあることを心配していたのだ。ダリエの跡を継いだのは、ジョナー・ジャンだった。ダリエほど粗野ではなく、政治手腕にも優れているが、やはり同じ穴の狢《むじな》でしかない。かつてナイジェリア空軍の高官だったジャンは、軍政時代に、プラトー州に近い二州の軍政府長官を二度務めたことがある。ベロム人が暮らす地域の中心にあるドゥで生まれ育った、キリスト教ペンテコステ派の牧師であり神学者でもある。キリスト教徒としての功績を記した彼の伝記によれば、「陽気で楽しい人物」だという[13]。民政移管後は軍を離れ、国民民主党の結成に携わった。一九九九年の知事選ではダリエに敗れたが、二〇〇七年の混沌とした選挙を制してプラトー州知事になった。

ナイジェリアの中央ベルト地帯に暮らすキリスト教徒は、北部から侵入してくるイスラム教徒に支配されることを昔から怖れていた（現実に即した恐怖もあれば、想像力が作り上げただけの恐怖もある）。そのためジャンのような立場の人間は、自分をこうしたキリスト教徒の守護者になぞらえる。実際、ジャンが知事に就任すると、ジョスのハウサ人は公職から締め出された。ハウサ人の間に、いずれ自分たちの住居や市場が襲われるのではないかという不安が広がった[14]。キリスト教会のある高位聖職者は私にこう語った。「知事は、ベロム人の優位を主張する宣教師になっている。きわめて偏狭な考え方の持ち主だ[15]」州政府の要職を務めるジョスのある穏健なベロム人は、ジャンは民族浄化運動を起こそうとしているのではないかと考えていたという。「知事の主張は過激だ。民族に関してきわめて強硬な意見を持っている。それに従って仲間の政治家たちが（中略）住民の感情を操作しているんだ。住民がベロム・アジェンダと呼んでいる政策がある。権力を奪い、資源、州政府、利権をベロム人の手に、というものだ。今ではこんなことまで言われている。『ハウサ人帝国主義者の力を抑え、弱めなければならない』[16]」その結果ジョスの先住民の間ではすでに、知事の名において殺戮を行おうとする心構えができていたのだ。ハウサ人居住地区の燃え尽きたある家屋を見ると、瓦礫の中に、焼け焦げた一体の胴と二本の手足が転がっていた。その家の壁にはこう記されていた。「ジャンに神の恵みを」

ジョナー・ジャンは、ジョスの悲劇的な暴力事件の精神を体現するとともに、ナイジェリアを支配する民族優遇政治を代表する存在だ。私はこの人物にぜひ会ってみたかった。そこで夜間の外出禁止時間が終わると、無数の検問所を通り抜けて州政府庁舎へ向かった。ジャンの報道官であるジェームズ・マノックと面会する約束を取りつけていたのだ。マノックは私に会うと、知事にインタビューできる見込みはほとんどないと述べたが[17]、その代わりにトマ・ジャン・ダヴという人物を紹介してくれた。

ダヴは、高齢だが気性の荒い大柄な男だった。ベロム人の議員フォーラムの責任者を務めており、出身地も政治的信条も知事とまったく変わらない。ダヴによれば、ジョスの問題は間違いなく北部出身者のせいだという。「北部人は一致協力して民主的構造を破壊し、イスラムのスルタン制をナイジェリア人に押しつけようとする。その目的を達成するためにアルカイダとまで結託している」確かに、ナイジェリア北部のイスラム過激派が、サハラ砂漠を拠点とするアルカイダ系組織と結びついている形跡はある。だが、ダヴがもっとも憤慨しているのは、北部出身の独裁者イブラヒム・ババンギダが行ったことだ。ババンギダは一九九一年、プラトー州でもともとハウサ人が多数派を占めていた地区に新たな選挙区を設け、同州のベロム人優遇政治システムに風穴を開けたのだ。「ババンギダは、ハウサ人のためだけに北ジョス区を作った。それが今日まで問題を引き起こしている」

ジョナー・ジャンは、知事に就任して一年後の二〇〇八年、長らく延期されていた地方選挙を行う決定を下した。それには、当の北ジョス区の区長選挙も含まれる。知事は、選挙は危険だと警告を受けたが⑱、それでも実施に踏み切った。ハウサ人は、自由投票であれば多数派を占めただろうが、この選挙は自由投票と呼べる代物ではない。ナイジェリアでは国民民主党が圧倒的に優勢なため、大統領職以下あらゆる公職の選挙で、同党の候補者を選ぶ予備選が、実質的な決戦投票となるからだ。ジャンは、ハウサ人を候補者に指名する要請を拒否し、自分の故郷からベロム人を連れてきて北ジョス区の同党候補者とした。そのためハウサ人は、選挙が実施されると野党に投票した。投票後、開票が北ジョス区のベロム人支配区域で行われることがわかると、ハウサ人は不正を警戒し、開票場所の外に集まった⑲。するとそこへ、国民民主党の支持者がシュプレヒコールを上げながら押し寄せてきた。建物に入っていく同党役員の姿もあったという。夜遅く、警察が群衆に解散を命じたが、何の効果もない。やがて投石が始まった。翌日、イスラム教徒とキリスト教徒、ハウサ人とベロム人が相手の子供や女性を襲い始めたところへ、選挙結果の発表があった。北ジョス区を含め、州内の全区で国民民主党の候補者が勝利していた。

ダヴは、この二〇〇八年の際も今回の場合も、ジョスの両民族が加害者になったと述べ、間もなくキリスト教徒の遺体が何百と見つかるだろうと主張した。しかし私には、そう主張するいかなる根拠も確認できなかった。ただし赤十字によれば、死者の中にはキリスト教徒もおり、ベロム人居住地区にもハウサ人居住地区同様に恐怖が広がっているという。

翌日、私はもう一度検問所をいくつもくぐり抜け、イグナティウス・カイガマの教会へ向かった。ジョスは平穏というより麻痺しているようだった。まるでアドレナリンの分泌が収まり、相手を叩きのめしすぎてしまったことに気づいた格闘家のようだ。

カイガマが一〇年間カトリック教徒を見守ってきた街は、悲惨な状況に陥っていた。それでも彼は、すき間の空いた歯を見せ、温かい笑顔で私を迎えてくれた。私はそれまで、ハウサ人からもベロム人からも、敵が屈するまで平安な暮らしはないという言葉ばかり聞いていたが、カイガマは数少ない融和的な意見の持ち主だった。だがこうした意見は、復讐の叫びにかき消されてほとんど聞こえてこない。彼は、ナイジェリアの司教協議会の議長を務めている。それでも、イスラム教の代表者と異宗教間和平委員会を設立しようとすると、ほかのキリスト教指導者から裏切り者と非難された。

カイガマは私を司祭館へ案内すると、ダヴのような人たちが流布した噂を否定した。噂ではこの虐殺事件は、ある教会が襲撃されたのをきっかけに始まったと言われていたが、カイガマによれば、当の教会には何の被害もなかったという。こうした捏造《ねつぞう》は、ジョスを舞台に展開される暴力事件にはつきものだ。事実がねじ曲げられ、歴史がゆがめられる。いずれにせよ、この大司教が言う言葉を信じるかぎり、この事件に信仰は関係ない。

カイガマは言う。「ジョスで起こる事件は、宗教とは関係ありません。両宗教の一部の指導者が、説教の場を利用して『異教徒は敵だ』と言っています。でも実際は、どちらがジョスを支配するかを争っているだけです。民族の問題、政治の問題なんです」ニジェール・デルタでも、大規模な犯罪活動を抵抗運動という言葉でごまかしていた。それと同じように、中央ベルト地帯の略奪者たちも宗教という衣で偽装している。彼らは、資源レントの分け前を獲得するためなら、どんな手でも使う。そして彼らもその部下も、罪に問われることはない。カイガマは言う。「何件の訴訟がありました？　誰が罰せられました？　逮捕はされます。でも一、二か月もすると話は立ち消えになってしまいます。そして釈放されるんです」

アンゴラのフトゥンゴと同じように、ナイジェリアの支配者も、公益を管理する役割を放棄してしまっているとカイガマは言う。「私は、そんな政治の影響に苦しんでいます。毎日ここに行列ができます」カイガマは司祭館の扉のほうを指し示した。「精神的な救いを求めて来るわけではありません。私は結局、ソーシャルワーカーのような仕事をしているんです。妻の輸血にお金が必要だと言われれば、お金を渡すこともあります。ＨＩＶの蔓延や、飢えや、若者の失業の問題など誰も取り上げてくれません」対照的に、利益を巡る争いには夢中になる。「メリットなんて何もありません。誰かが生き残るだけです。多数派になれるか、この地を支配できるかということが問題なのに、それが宗教の衣をまとっているんです」

私が帰ろうとすると、それまで朗《ほが》らかだったカイガマの表情が深刻になった。「暴力文化が生まれつつあります。現在成長しつつある若者は、憎しみや暴力しか知りません。生命が尊いものとは思わないから、平気で人を殺します。しかし神は、自分のために人を殺してもらわなければならないほど弱くはありません。政治家は、失敗すると宗教を持ち出します。契約が取れなかったり地位を獲得できなかったりすると、私がキリスト教徒だからだ、あるいはイスラム教徒だからだと言う。宗教が政治化され、武器として利用されているんです」

ナイジェリアに三六ある州の知事は、事実上その領地の支配者のような存在である。決して起訴されることがなく、州の治安予算を自由にコントロールする。七七四ある区の区長はこの知事に直属している。大統領候補者が予備選で勝利するには、三分の二の州の支持が必要となるが、この支持は知事次第である。そう考えると知事フォーラムは、この国でもっとも影響力の大きな集まりと言えるかもしれない。ナイジェリアの石油収入のうち、連邦政府に割り当てられるのはその半分だけだ。五分の一は区に渡る。州知事は、残りのおよそ四分の一を支配している。

だが石油を産出している州は、こうした分配を行う前に、さらに石油収入の一三パーセントを受け取ることができる。そのためニジェール・デルタに位置する州では、略奪システムが猛威を振るっている。私は二〇一〇年の後半に、グッドラック・ジョナサンの跡を継いでバイエルサ州の知事に就任したティミプレ・シルヴァに話を聞いた。バイエルサ州は、ニジェール・デルタに位置する三つの州の一つである。私は、現地の住民たちが暮らす掘っ立て小屋とはまったく異質な、グローリーランドと呼ばれる州知事官邸でインタビューを行うつもりだった。しかし私が呼び出されたのは、ラゴスの五つ星ホテルの最上階のスイートルームだった。シルヴァは、この商業の中心地を訪問している間、側近たちとそこに滞在していたのだ。

シルヴァは背の高い、知的な感じのする男だが、苦しい立場に置かれていた。ニジェール・デルタの政界では、いつ何が起きるかわからない。ＭＥＮＤの民兵や、犯罪組織や、権力を追い求める政治家のために自由契約で働く政治ゴロなど、銃で武装した男たちがあちこちにいる。シルヴァの場合も、自分を政府から追放しようとする敵がおり、支持者たちと報復合戦を繰り返している。最近になってヤラドゥアが死亡し、前知事のジョナサンが大統領に就任したが、ジョナサンとの関係も悪化している。私が思うに、ほかの者がシルヴァの職を望むのも無理はない。シルヴァの前の知事は大統領に出世した。その前の知事は、多額の利益を吸い上げていた。プラトー州知事のジョシュア・ダリエやデルタ州知事のジェームズ・イボリのように、イギリス当局から目をつけられるほどの資産を海外で購入していたのである。

シルヴァは、州知事の間に汚職が広まっていることは認めた。しかし自分は、他人が作り上げた利権政治システムの歯車の一つに過ぎないという。「ボスが私のオフィスにやって来たら、それは自分の問題を私に何とかしてもらいたいということだ。以前の軍政府がそうだった。だからボスもそうしてきた。私もそうしなければ、巨大な政敵を作ることになる」

それではあなたがボスのために金を出すことになるのか、と私は尋ねた。

「そうだ。あなたはこれを汚職と言うだろうが、私にしてみれば、政界で生き残るための手段だよ。清廉潔白《せいれんけっぱく》である前に、まずは生き残らなければならないからね」

「そのために公金を使うんですか？」私は尋ねた。

「ボスが私に何を望んでいるかということだよ。私にそんな金はない。ボスが望んでいるような金はね。個人的に持っていたとしても、それを使いはしない。だが私は知事だから、私のもとへボスがやって来る。たとえば、健康診断に行きたいとか言ってね。そんなことは私には関係ないはずだ。だが関係あるんだ。あるいは、長い間どこかを統治していた大物政治家が死んだとする。するとボスは、盛大な葬式を開きたいと私のところに来る。そうなったら、私が何とかしなければならない」

〝私にしてみれば、政界で生き残るための手段だよ〟シルヴァは汚職を正当化するため、「生き残る」という言葉を使った。マフムード・ティアムも、国際社会から見放された国がクイーンズウェイ・グループなどと喜んで取引する理由を説明する際に、同じ言葉を使っていた。西アフリカの国連高官を務めるサイード・ジニットは、資源国家における政治権力争いを「生き残りをかけた熾烈な戦い」と呼んだ。経済学者のポール・コリアーも、資源国家では「もっとも肥え太った者が生き残る」と述べている。実際、ナイジェリアやアンゴラ、ジンバブエやギニアの政治家の多くは早死にしている。確かに、略奪システムを支配する者と大衆との間には大きな金銭的格差があるが、それはまだ単なる格差に過ぎない。だが略奪システムから抜け落ちた者は、一気にあのクル・カラマ村の世界にまで追いやられる。自分の家がいつ焼き討ちにあうかわからない世界である。

シルヴァは、公金の流用に関する話題から話を逸らそうとして、ナイジェリアの富の略奪には、海外の協力的な共犯者が絡んでいると指摘した。「当然のことだが、たいていの汚職には外国人が協力している。外国人は、どんなことでもまかり通ると思ってここに来る。そしてそのとおり、ありとあらゆることをする。だからナイジェリア国民が堕落していくんだ」

汚職は、ナイジェリアやアンゴラや赤道ギニアの国境を越えればなくなるわけではない。汚職を提案してくる相手には、世界有数の企業も含まれる。欧米に暮らし、年金を積み立てている人であれば、自分の年金資金がほぼ間違いなくそんな一流多国籍企業に投資されていることだろう。

近年ではアメリカも、海外腐敗行為防止法を精力的に適用している。司法省が公表する和解の合意内容を見ると、ナイジェリアの略奪システムに加担している外国企業の実態がよくわかる。たとえば、ニューヨーク証券取引所に上場しているウィルブロスは二〇〇〇年代半ば、ナイジェリアの官僚や政治家に対し、数百万ドルを提供する「誓約」を交わしていた。ニジェール・デルタに天然ガスのパイプラインを通す契約を確保するためだ[20]。またシェルは二〇〇四年から二〇〇六年にかけて、ナイジェリアの税関に二〇〇万ドル相当の賄賂を支払うことを承認していた。ケロッグ・ブラウン・アンド・ルート（ＫＢＲ）の場合、分割払いとなった賄賂五〇〇万ドルの一回分が、ナイジェリアの通貨ナイラに換金するとひどくかさばったため、運搬に何台もの車が必要だったという。二〇〇四年までの一〇年間に醵出《きょしゅつ》された一億八〇〇〇万ドル近い不正資金の一部が賄賂として使用され、これによりＫＢＲは、ナイジェリア有数の規模を誇る石油施設を建設する契約を勝ち取った。ニジェール・デルタの端にあるボニー島に作られた、六〇億ドル規模の液化天然ガス工場である。当時ＫＢＲはアメリカの大手資源企業ハリバートンの子会社であり、ハリバートンの最高経営責任者はディック・チェイニーが務めていた。チェイニーは二〇〇〇年に同社を離れ、ジョージ・Ｗ・ブッシュ政権下で副大統領を務めている。

こうした企業は、賄賂に賄賂を重ねることで、ナイジェリアの役人を不正な利得を獲得するための道具として利用した。しかしこれは、摘発されて明るみに出た海外企業の汚職の一例に過ぎない。ナイジェリアはアフリカ諸国の中で、摘発された国際的な贈収賄事件がもっとも多い国だ。世界全体を見ても、イラクと中国に次いで多い[21]。そのほかにも、ぎりぎり不正とは言えないところで、役人を肥え太らせる取引が計画的に行われている。二〇一一年、イタリアの石油企業エニとシェルは、ナイジェリア政府に一三億ドルを支払い、きわめて優良とされる沖合の石油鉱区の採掘権（ＯＰＬ

２４５という管理番号が与えられている）を取得した。すると政府は、マラブというオフショア会社に一一億ドルを速やかに送金した。二〇一三年にイギリス高等法院の判事が明らかにしたところによれば、このマラブの筆頭株主はダン・エテテという男である。[22]すでにマネーロンダリングで有罪判決を受けているこの人物は、軍事独裁者サニ・アバチャのもとで石油大臣を務めていた際に、自身の会社に鉱区の採掘権を提供していたという。このマラブ関連の取引は、まとめ役のフィクサーにより「安全な性行為取引」と呼ばれた。政府が、エテテや石油企業を守る「コンドーム」の役割を果たしていたというわけだ。[23]二〇一四年九月にはイタリア検察が、この取引におけるエニの役割について調査を開始した。イギリス警察も、同取引に関するマネーロンダリングの申し立てを受け、調査に取りかかっている。エニとシェルは、まだ取り調べを受けていないが、何も法に触れることはしていないと主張している。両社とも、石油採掘権を政府から合法的に購入したのであり、マラブに支払いをしたわけではないという。[24]

　シェルとエニが購入した鉱区に隣接する鉱区は、ＯＰＬ２５６という番号で管理されている。ここも、膨大な石油埋蔵量が見込まれる二五〇〇平方キロメートルに及ぶ区画だ。その採掘権は、かつてはデヴォン・エナジーというアメリカ企業が所有していたが、同社は二〇〇七年にこの権利を手放す決定を下した。ＯＰＬ２５６のその後については情報が錯綜《さくそう》しているが、最終的にその権利を手にしたのは、徐京華率いるクイーンズウェイ・グループだった。

　デヴォン・エナジーの広報担当者によれば、同社は二〇〇九年末、フュージョン・グリッドというナイジェリアの会社にＯＰＬ２５６を売却したという。[25]私はフュージョン・グリッドという会社名を耳にしたことがなかったが、石油産業に詳しい関係筋に尋ねても答えは同じだった。所有者として登記されているのは、ラゴス在住のコイエ・エドゥという弁護士である。私がこの男に連絡を取って話を聞いてみると、フュージョン・グリッドは単なるダミー会社であり、OPL256を保有したことはないとのことだった[26]。デヴォンが撤退したときに、権利は政府に返還されたという。デヴォンとともにこの鉱区の少数持分を保有していたノルウェーの石油企業スタトイルの広報担当者にも話を聞いたが、権利は二〇〇八年に政府に返還したと述べている[27]。

しかし二〇〇九年半ばごろの石油業界誌が伝えるところによれば、クイーンズウェイ・グループとアンゴラの国有石油企業との合弁会社チャイナ・ソナンゴルが、密かにOPL256を獲得していたという[28]。ナイジェリアの支配者は長らく、石油の採掘権を自分の好きなように提供してきた。一般競争入札が行われるときも、実態のよくわからない企業に鉱区の採掘権が与えられていた。そんな企業の所有者にはたいてい、政府や軍の有力メンバーが密かに名を連ねている。そしてその権利を後に海外の石油企業に転売し、利ざやを稼ぐのである（当然その利益がナイジェリア国民のものになることはない[29]）。しかしいずれにせよ、OPL256の場合、一般競争入札はなかった。私がこの鉱区についてナイジェリアの役人や議員数名に尋ねると、政府がまだ権利を保有していると言う。しかし、私が二〇一三年に話を聞いた事情通三名（現政府高官、元政府高官、業界の内部関係者）はいずれも、チャイナ・ソナンゴルが権利を保有していると述べた[30]。

ウマル・ヤラドゥアとグッドラック・ジョナサン二人の大統領に仕えた元大統領補佐官が二〇一三年に私のインタビューに応じてくれた。ちなみに、チャイナ・ソナンゴルがこの権利を取得したと思われる時期の大統領はヤラドゥアである。この元補佐官は、石油産業について話を聞いたときには率直に語ってくれたが、OPL256に話題を向けると急に慎重になった。そして、名前を伏せることを約束したにもかかわらず、こうとしか言わなかった。「その権利の所有者については言いたくない。その権利の取得についてはさまざまな議論があった」[31]私は、権利者はチャイナ・ソナンゴルなのではないかと尋ねてみた。「あなたの言うことは間違いではないかもしれないが、そうだと断言することはできない。ヤラドゥアの時代からあの鉱区にはいろいろと論争があった」元補佐官は石油業界の事情に詳しい。そこでチャイナ・ソナンゴルについてどう思うか尋ねることにした。「この産業を食いものにしている人々は大勢いる。金の力にものを言わせたり、政治的なコネを利用したりしてね。だが、それだけではこの業界でうまくやっていけない。チャイナ・ソナンゴルはそれがわかっている企業だ」ナイジェリアの石油事情に詳しい別の元高官の話によると、チャイナ・ソナンゴルは二〇一四年初め、当の鉱区で原油の掘削を始めたという[32]。

チャイナ・ソナンゴルがＯＰＬ２５６に関連して大金を動かしていたらしい証拠もある。中国人実業家の武洋がかつての仲間であるクイーンズウェイ・グループと香港の法廷で争った際に、ある支払台帳が公開された。それによれば、二〇〇八年もしくは二〇〇九年に、チャイナ・ソナンゴル・インターナショナル・ホールディングが二〇〇〇万香港ドル（およそ二五〇〇万米ドル）に近い大金を支払っている。その項目に「ナイジェリア２５６」と記されているのだ。

クイーンズウェイ・グループにナイジェリアで活動するチャンスを与えたのが誰なのかははっきりしない。ギニアやマダガスカルやニジェールでは、クーデターの指導者らが一緒にビジネスをしてくれる投資家を必死に探し求めていた。またアンゴラでは、欧米の支援国から戦後復興の資金援助を断られた政府が、中国からの投資を切望していた。だがナイジェリアは、こうした国々とは違う。ナイジェリアの石油には、欧米のあらゆる大手資本が関心を抱いている。新興国の国有石油企業の間でも次第に関心が高まりつつある。私はある日、ナイジェリアの石油産業にチャイナ・ソナンゴルを導いたのはアンディ・ウバだという情報を聞きつけた。ウバは、一九九九年から二〇〇七年まで大統領を務めたオルシェグン・オバサンジョの補佐官だった男だ。アフリカ・コンフィデンシャル誌によれば、ウバの仕事は「商取引においてオバサンジョの利益を代表する」ことにあるという[33]。また、自身で「広範な石油・天然ガス事業」を展開しているともある。業界人数名にウバの話を聞くと、オバサンジョが大統領職を退いて以来、ウバの力は著しく衰えたらしい。しかし、長年ナイジェリアの石油産業に携わり、業界内部から情報を提供してくれているある関係筋によると、「ナイジェリアにおけるチャイナ・ソナンゴルの活動には、すべてアンディ・ウバが絡んでいる」という[34]。

このように海外の有力企業は、ナイジェリアの泥棒政治家と手を組む。こうして権益を手に入れた支配者層は、それを守るためならば、紛争をあおり立てることさえいとわない。その一方で、ナイジェリアの原油で利益を上げる多国籍企業が、紛争の張本人である武装グループと直接取引をしているケースもある。

ムティウ・スンモヌは謎めいた男だ。がっしりとした体格をしているが、独特の息づかいで、聞く者を安心させるような話し方をする。私は二〇一二年初めのある晩、ロンドン中心部で開かれたある講演会で、彼にインタビューする機会に恵まれた。そのインタビューの準備をしていると、ナイジェリアの有名ラッパーがライブに使ったこともあるラゴスの豪勢な会場で、二年前に開かれたあるパーティを思い出した。実業界の大物たちが、新たにナイジェリアのシェルの業務執行取締役となったスンモヌに祝杯を挙げたのである。スンモヌが就任したのは、ナイジェリアにおいて大統領職に次ぐ重要なポストだと言っても過言ではない。少なくとも高位の閣僚に匹敵する地位である。

そのスンモヌが、私のナイジェリア人の友人の手配により、ロンドンに来て講演を行うことになった。その際、講演のあとで公開インタビューの場を設けるので、彼にいくつか質問をしてほしいと私に要請があったのだ。公開の場でシェルの幹部に説明を求められる機会などめったにない。二〇一二年にシェルは四八四〇億ドルもの収益を上げている。これはナイジェリア全体の年間産出量のほぼ二倍に相当する。そのシェルが、ナイジェリアの一日の原油産出量二五〇万バレルのおよそ半分を汲み上げているのだ。ナイジェリアの責任者はアフリカ担当責任者に、アフリカ担当責任者は経営トップに直属している。当時最高経営責任者を務めていたスイス人のピーター・ヴォーサーは、二〇〇九年にライバルを蹴散らしてこのポストに就任した。二〇一一年には一六五〇万ドルもの報酬を手にしている。

スンモヌは、前任者がみなそうだったように、二足のわらじを履いていた。ナイジェリアにおけるシェルの最高責任者であるとともに、シェル・ナイジェリア（ＳＰＤＣ）の責任者でもあった。ＳＰＤＣは、ナイジェリア政府が筆頭株主となっている同国最大の企業である。シェルは、ＳＰＤＣの株式を三〇パーセント保有している。運営者として油井を設置し、原油を汲み上げてはいるが、三〇パーセントしか出資していないため、受け取る利益も三〇パーセントのみである。いずれにせよＳＰＤＣの責任者は、シェルの経営陣とナイジェリア政府という二種類の上司に仕えていることになる。

ロンドンにやって来たスンモヌは、スピーチの講師を雇って準備をしてきたとはいえ、緊張しているようだった。「一ナイジェリア人として、デルタ地帯の現状には涙を流さずにはいられません。私はそれをこの目で見、この肌で感じています」

スンモヌは続けた。「デルタ地帯の住民は、きれいな水も飲めません。いい医者にもかかれません。教育も受けられません。仕事もありません。それでも何とか生きていこうとしています。そんな住民にとってこの石油は、お金を稼ぐ手っ取り早い手段なのです」

彼はデルタ地帯の病弊を現実的な目で分析していた。だがそこには、明らかに一つ欠けているものがあった。それは石油企業の責任である。

一九九五年一一月のある日、ニジェール・デルタにおけるシェルの行為が、世界中でトップニュースになった。草の上の朝露がまだ乾かない早朝、ナイジェリア軍事政府の命令を受け、ケン・サロ＝ウィワほか八名の活動家がポート・ハーコートの刑務所で絞首刑に処された。[35] 彼らは、石油で汚染されたデルタ地域からシェルを撤退させる運動を行っていたオゴニ人グループの指導者だった。当時ナイジェリアを支配していたサニ・アバチャは、世界有数の汚職政治家でもある。オゴニ人の抵抗運動は、シェルの操業の妨げになり、結果的には、アバチャ政権の資金源である石油マネーにとっても脅威となる。そのため、彼はこうした運動を決して容赦しなかった。実際のところサロ＝ウィワは、さほど清廉な人間ではなかったかもしれない。自分が敵視していた腐敗政治家と変わらない人間だったと批判する者もいる。[36] それでもサロ＝ウィワは、牢獄の中で裁判を待ちながら、オゴニ人の土地を油膜で汚染した企業に完全賠償を要求し、それ以外のあらゆる申し出を拒否した。その結果、サロ＝ウィワほか八名は一〇月三一日、大した審理も行われないまま死刑判決を受けた。世界の大国やアフリカの長老たちから脅しを伴う抗議の声が上がっていたが、その声はみごとに無視されたのである。

このときシェルは、同社の評判を損なう宣伝攻撃をやめれば、サロ＝ウィワの解放を確約すると申し出たとして批判を受けた[37]。実際のところ、このような申し出があったことはいまだ証明されておらず、シェルはサロ＝ウィワ事件において不正はなかったと主張している。だが二〇〇九年、オゴニ人の原告団がサロ＝ウィワの死に加担したとして同社をアメリカで告訴すると、シェルは一五五〇万ドルを支払って和解に持ち込んでいる[38]。

サロ＝ウィワの抵抗運動から一〇年後、ＭＥＮＤが石油戦争を始めると、新たな脅威に直面したシェルは、懐柔策と対抗策両方を駆使してこれに対処した。二〇〇六年シェルは、ＭＥＮＤの関連企業に仕事を請け負わせることに同意した[39]。その一方でシェルの幹部は、デルタ地帯に駐屯するナイジェリア政府軍の統合特殊部隊の作戦行動にも内々で関与していた。この部隊は、石油事業を守るためならば手荒な戦術も辞さないことで知られている[40]。

私自身がデルタ地帯に行ったときにＭＥＮＤのメンバーから聞いた話によれば、シェルなどの石油企業は、ＭＥＮＤに用心棒代を支払っているという。シェルは、反政府グループとも政府軍とも結びついているのだ。そこで私は、スンモヌがスピーチを終えると、まずはこんな質問でインタビューを始めた。シェルが紛争を支えているように見えるが、その点についてどう思うか、と。

するとスンモヌは答えて言った。「それはきわめて難しい問題ですね。われわれがデルタ地帯で行っていることが、意図せずして紛争を引き起こしているということはあるかもしれません。実際、デルタの力関係はきわめて複雑です。たとえば、石油企業が地域の発展促進を考えているとしましょう。しかし企業は、地域が一枚岩ではないことに気づいていません。その地域を、単一の要素で構成されたきわめて調和の取れたコミュニティだと考えています。地域が複数の要素で構成されていることは、実際にその場に行かなければわかりませんからね。このような場合、発展を促進しようとする取り組みのせいで紛争が起きるということもあります。あなたがお尋ねしているのは、石油企業が民間人の護衛として武装勢力を利用しているということだと思いますが、シェルのビジネスの原則ははっきりしています。われわれは用心棒代など払っていません。ただし相手が『武装勢力のメンバーだ』と名乗らない場合もあります。その場合、相手が過激派なのか警備の請負業者なのかわかりません。以前にも、警備の請負業者だと言いながら、過激派や武装勢力のメンバーだったのではないかと思われるケースがいくつかありました」

スンモヌは、「以前」そのような状況が発生していたかもしれないことを認めたが、シェルは「常に誠実に」行動していると主張した。私がMENDのメンバーから聞いた話とは違い、シェルは用心棒代を支払っていないと述べている。だがその言葉を信じたとしても、スンモヌは驚くべき事実を認めたことになる。ナイジェリアにおけるシェルのトップが、たとえ意図的ではないにせよ、同社が武装勢力に資金を提供している可能性があることを承知しているということだ。

スンモヌは遠回しに、両者の商業的利益が一致していると言っているのではないかという気がした。それがナイジェリアに多発する紛争を支えているのだ。私は、武装勢力側がシェルとの関係をどう考えているのか聞いてみたくなった。そこでスンモヌの講演会から一年後の二〇一三年四月、再びデルタ地帯を訪れ、仲介者にファラー・ダゴゴへ伝言を頼んだ。ダゴゴは恩赦を受けていたが、ほかのMENDの中心人物と同じように、その後もビジネスをしていた。バンカリングや用心棒代の取り立てである。ダゴゴは喜んで私に会ってくれるとの話だったが、結局は会えずじまいだった。

政府は当時、犯罪を犯す側を取り締まる側に回そうと考え、ダゴゴら武装グループのリーダーに、石油施設を守る監視の仕事を請け負わせていた。だが話によると、ダゴゴは仲間をだまし、支払い金を着服したのだという。デルタ地帯では従来、こうしたもめごとは銃で解決する。そのためダゴゴは姿をくらましてしまったのだ。しかし、ダゴゴと袂《たもと》を分かったある民兵組織のリーダーが、私のインタビューに応じてくれることになった。

土曜日の午前、武器があふれ、疑惑が渦巻く街ポート・ハーコートでぶらぶらしていると、正午近くになって電話がかかってきた。私はジョージの運転する車に乗って、街中心部のスーパーやピザ店の前を走り抜け、川っぷちにまであふれ出したスラム街に入っていった。ジョージは、ナイジェリアに駐在する海外の特派員がいつも頼りにしている、何事にも動じない勇気ある運転手だ。そのあたりの道路は、舗装面より穴のほうが多いくらいで、両端には悪臭を発するふたのない下水溝が走っている。指定された場所に着き、仲介人に電話を入れると、その仲介人が狭い裏通りを案内してくれた。何年も電気が通っていない電線がクモの巣のように張り巡らされた下を潜《くぐ》り抜けていく。見張りに立っていた一〇代の少年が脇へよけ、ごみごみしたところの奥まった一画へと招き入れてくれた。

将軍は、不安げな顔つきをした男だった。濃紺の袖なしの肌着にやや長めの白いショートパンツを身につけ、ヤギひげをたくわえている。暗褐色の目で私をじっと見ると、ギネスビールを瓶からぐいと飲んだ。そして、自分が基地からここまで連れてきた歩兵たちには通りをぶらついてくるよう言ってあると私に告げた。きっと歩兵たちは、指揮官は何をしているのかと考えていることだろう。やがて将軍は本題に入った。

三三歳になる将軍は、ポート・ハーコートの西にある川に挟まれた集落ブグマで生まれた。そこで初等教育を終えると、この大都市へ出て大学でビジネスを学んだ。軍事面での才能以外に商売の才能も必要な現在のキャリアにはうってつけの学歴である。やがて彼は、銃の魅力に引き寄せられ、二〇〇三年にはデルタ地帯の英雄だった指揮官ムジャヒド・ドクボ＝アサリに忠誠を誓った。「だがやがてアサリが裏切った。自分だけ金を儲けていたんだ」そこで今度は、アサリが逮捕されて空いた地位に収まったファラー・ダゴゴに忠誠を誓った。将軍はデルタ東部のダゴゴの領地内で、自分が治める区域を確保し、少数の集落およびその間の水路を支配した。「おれたちは恩赦を受けたが、結局うまくいかなかった。おれたちの手に何も残らなかったからな」将軍の話では、現在は五つの野営部隊を維持しており、指揮下の兵力は五〇〇〇人に及ぶという。かなり多い数字だが、ある程度は誇張されているのだろう。ダゴゴは今、パイプラインの監視の仕事で仲間をだまし、私腹を肥やしたとして、やはり裏切り者と考えられている。そのため将軍は、デルタ東部の別の指揮官アテケ・トムに忠誠を誓うことにしたという。

将軍はそこで話をやめた。「きみは吸うのか？」私はたばこを一本差し出した。「いや」将軍は私を遮ると、やや気分を害したような顔をした。「マリファナだ」将軍は太いマリファナたばこを自分で器用に丸めて作ると、それに火をつけ、濃い煙を吐きながら話を続けた。

「おれたちには戦う理由がある。こぼれた油は地域にひどい影響を与えている。どこもかしこも汚れている。水もないし、食料も買えない。汚染のせいで家畜も全滅だ。だからバンカリングはおれたちが生きていくための手段なんだ」石油の窃盗による収入以外に、身代金もある程度金になる。

そのとき彼は、〝将軍〟というこの軍における階級以外に名前を公にしたくない理由を説明してくれた。それは、もう一つの重要な収入源となっている仕事に支障が出るかもしれないからだ。その仕事とは、石油企業との不正契約である。

将軍は、デルタ東部の六つの地域を並べ立てた。話によればそこは、武装グループがシェルの地域開発プロジェクトの契約の分け前に与《あずか》ることに成功した地域なのだという。武装グループがダミー会社を設立し、「その会社を通じてシェルから分け前をもらう」らしい。ただし、その契約書を見せてもらうことまではできなかった。将軍の指揮下の民兵はまた、流出した原油の除去の仕事も、間接的な形で請け負っている。収益は、正規の請負業者と折半されるのだという[41]。

シェルは二〇〇六年、デルタ地帯で施設が被害を受ける騒乱が相次いだ事態を受け、地域と了解覚書を取り交わした。それは、場当たり的な社会貢献活動を改め、住民の敵意を和らげるいっそう包括的なアプローチを採用するという内容だった。同社が操業する各村落の代表者から希望や要望を聞き、それをもとにシェルが出資して地域開発を進めるのである。こうして実現したプロジェクトは、村役場の建設から、印刷機の調達や奨学金の導入まで幅広い。各プロジェクトの契約額は、一二〇〇万ナイラから六〇〇〇万ナイラにまで及ぶ（米ドルに換算すると八万～四〇万ドル）[42]。シェルは、このプログラムについてこう述べている。「アプローチを大幅に修正し、より透明で説明可能なプロセス、市民との定期的なコミュニケーション、持続可能性、紛争防止に重点を置いた[43]」

私はこの将軍に会う前にポート・ハーコートで、武装グループとコネがあるアーサーという仲介人と会っていた。そのアーサーが、ダゴゴとその仲間の男が、どのようにシェルのプロジェクト資金の一部を自分たちの軍資金としてかすめ取ったのかを説明してくれた[44]。ちなみにその仲間の男は、やはり民兵組織のリーダーで、アメリカ人ラッパーの名を借りてバスタ・ライムスと呼ばれていた。

アーサーの話によればシェルは、地元が希望するプロジェクトについて住民と協議するため、連絡係を現地に派遣していた。しかしダゴゴとバスタ・ライムスが、密かにこのプロセスに割って入り、「偽の若者の代表者、偽の長老、偽の女性グループ、偽の首長」を集め、シェルの連絡係と協議を行った。だがこのプロジェクトに直接携わっているSPDCは、請負業者として承認した外部企業のリストを作成しており、これらの企業にしか地域開発プロジェクトの発注をしない。アーサーは言う。「そこでダゴゴとバスタ・ライムスは、こうした請負業者の一部を仲間に引き込んでこう言ったんだ。『これこれの割合だけおれたちに払ってくれ』」

将軍の話は、アーサーの説明を裏づけたことになる。もし病院や学校が建たなければ、それは、ダゴゴやバスタ・ライムスのような輩《やから》が資金を吸い上げているうえに、シェルの連絡係があまりに多くの上前をはねているからだ。そう将軍は、空をつかむような動作をしながら断言した。実際には支払いが行われた契約の半数しか実現していないのではないかと将軍は言う。

間もなく将軍は、もう川辺の基地に戻らなければいけないと述べ、インタビューを打ち切った。将軍は最後に、シェル側の仲介人であるナイジェリア人のドクター・フランクという男のことを教えてくれた。この男は、武装グループがこうした契約を締結するのに手を貸しているらしいが、おそらく相手が武装グループだとは知らないのではないかという。だが私は、このドクター・フランクを見つけ出すことも、その役割を確かめることもできなかった。私はまた、パイプラインの監視や地域開発にかかわっているというシェルの管理職二人に話を聞き、武装グループの不正行為についてどの程度知っているか確認しようとした。しかし、私の取材内容を聞きつけたシェルの広報が、この管理職二人に口止めしてしまったため、こちらも取材はできなかった。

そこで私は広報にメールを送り、ファラー・ダゴゴやその仲間がシェルとの契約で利益を得ている件について尋ねた。しかし広報担当者は、開発プロジェクトの発注をしたのは、地域の代表者で構成される「合同開発委員会」であり、ＳＰＤＣ自身ではないと返答するのみだった[45]。パイプラインの監視契約という形で武装グループに用心棒代を支払っているのかという問いについては、以下のような答えだった。「弊社は武装グループへの発注はしておりません。そのような行為は、わが社の方針に完全に反します」「監視の仕事では九〇〇〇人以上の人々を雇っていますが、主にパイプラインが敷設されている地域の非武装の住民です」私はさらに、地域開発プログラムの資金が武装グループに利用されないように、シェルが何らかの防御策を講じているか尋ねたが、これについては回答を得られなかった。

シェルの地域開発プログラムの資金の流出は一部の悪徳請負業者のせいなのか、こうした流出についてシェルの上層部は知っているのか、といった点についてはさまざまな意見がある。シェルの元従業員は、匿名を条件にこんな話をしてくれた。「シェルはきわめて厳格な制度を構築しているが、ナイジェリアはどんなルールであれ徹底するのが難しい場所なんだ[46]」この人物によれば、こうした不正に加担できるのは、末端の従業員に限られるという。「地域との連絡システム全体が信じられないほど腐敗している（中略）何人のナイジェリア人スタッフが悪党と結託しているか、まるで想像がつかない」

一方、かつてデルタ地帯でシェルの管理職を務めていたという人物の見解は違う。この人物ハリマン・オヨフォは、公表を前提にインタビューに応じてくれた。ニジェール・デルタ出身のオヨフォは、二九年間シェルに勤めていた。シェルのナイジェリア支局やアフリカ支局でさまざまなポストを経験した後、一九九九年にＳＰＤＣのデルタ渉外部に入り、彼自身の言葉によれば、事実上ナイジェリアにおけるシェルの事業全体の広報担当者となった。そして二〇一〇年、自身の石油コンサルティング会社を立ち上げるため同社を去った。

　私はオヨフォに、シェルの資金が武装グループに渡っていることを知っているかどうか尋ねた。「シェルが作成した方針は、武装グループとは何の関係もない。村に一〇人の人がいれば、一人ぐらいはおかしな人がいる。だが、その一人のためにプロジェクトを行っているわけではない。医療施設や学校を建てたり苗木を育てたりするのは、武装グループのためではなく、村に利益を還元することに意味があるからだ[47]」しかし、そう言う彼も、「村」と武装グループを見分けるのは難しいことは認めた。一部の連絡係が「何らかの軽犯罪により懲戒処分を受けた」ことがあるという。「よからぬことを考えていた村がいくつかあった」

　また、パイプラインの監視契約という形で武装グループに用心棒代を支払っているのかと尋ねると、オヨフォは格言めいたことを言った。「自分のかばんの監視を誰かに頼むときに、その人にかばんを盗むなと言うだろうか？　言わないだろう。その人にかばんの番をしていてくれと言うだけだ」彼は一貫してシェルに責任はないと主張した。ナイジェリアを破壊してきたのは石油なのか？「おそらく石油だ。シェルではない。石油自体に問題があるのかもしれない。しかしこの国の石油収入はシェルの管理下にはない。シェルはナイジェリアの管理者ではないからね。単なる企業に過ぎない」

　確かにシェルは一企業に過ぎない。しかし世界的な大企業であり、収入がシェルを下回る政府などざらにある。特にナイジェリアでは、独立前からなくてはならない存在だ。実際シェルは二〇〇七年から二〇〇九年までの間に、ナイジェリアでの安全確保のために三億八三〇〇万ドル以上を費やしている。[48]ニジェール・デルタに投じられた「地域開発」資金は、膨大な規模に及ぶ。二〇一一年末までに二九〇の地域で開発が行われ、シェルのナイジェリア人広報担当者によれば、二〇一二年には一億三〇〇〇万ドルを費やして「地域の社会的・経済的な開発課題への対応」を行ったという。[49]シェルは以後、ニジェール・デルタの油田の一部を売り払い、襲撃を受けにくい沖合の事業に重心を移しているが、いまだにデルタ地帯で絶大な力を維持している。

アメリカの弁護士アーロン・セインは、石油企業がデルタ地帯に投じる資金総額の算出を試みたことがある。セインは、元気のなさそうな風貌とは裏腹に、かつては海外企業の汚職訴追に取り組み、その後ナイジェリア有数のデュー・ディリジェンス調査員となった人物である。二〇一〇年にはその算出結果についてこう記している。「毎年石油メジャーは、契約、現金供与、補償、雇用、寄付、開発プログラムなどで、ニジェール・デルタの市町村に五億ドルを超える資金を分配している。ある試算によれば、地域開発費だけで三億五〇〇〇万ドルを上回る」[50]さらに記述は続く。「シェルやそのほかの企業のこうした行為によりニジェール・デルタの紛争が激しさを増しているという指摘は、アナリストや企業にとっては何ら目新しいものではない。企業は、ニジェール・デルタの紛争システムの一要素なのだ。それは、企業が地域にいくら資金を投じようが変わらない。いやむしろ、資金を投じているがために紛争システムに組み込まれてしまっていると言えるかもしれない」

現地の活動家は、地域開発プログラムが悪用されているとシェルの経営幹部に警告したこともあるが、何の効果もなかった。デルタにとって有害な環境破壊、紛争、汚職に反対する運動を展開している活動家は言う。「企業は現実的だ。石油の流れを止めないようにするためなら何でもする」[51] 批判の矛先《ほこさき》は、デルタの大義のために戦っていると主張する武装グループのリーダーにも向かう。ポート・ハーコートのバーの静かな一画で、活動家は裏切られたとでもいうように怒りをあらわにした。「武装グループのメンバーの大半、特に指導者層は、最初は環境がどうのこうのと言う。だがやがて金が入り、恩赦が来る。そうするともう、環境のことなど一言も言わなくなる」

ジョスに政府軍を派遣して治安を回復してから一年ほど後の二〇一一年一月、グッドラック・ジョナサンが、アブジャの練兵場であるイーグル・スクエアに現れた。彼はその場で、ナイジェリアの略奪システムの首領に任命される予定だった。ジョナサンはすでにヤラドゥアが任期途中で死亡して以来大統領代行職にあった。ニジェール・デルタの出身者が、その地域の石油で潤《うるお》うこの国の政治システムの最高位に就任したのは初めてのことである。だがその任期も間もなく切れる。しかし、これから開かれる国民民主党の大統領予備選挙では、同党の大統領候補者として、引き続き彼が指名されようとしていた。その名前グッドラック（「幸運」）も妻の名前ペイシェンス（「忍耐」）も、まさにこの状況を表すのにうってつけの言葉だった。

一二年前のジョナサンは、デルタ地帯の田舎に暮らす名もない動物学者に過ぎなかった。一九九九年の選挙で軍政から民政へ移行することが決まると、国民民主党が結成され、同党の幹部は候補者探しに奔走した。その際、バイエルサ州の知事選では、ある一画に住む民族グループの票を確保できる候補者が必要だった。そこで、その民族の人間であるジョナサンに白羽の矢が立った。ジョナサンは当時、地方政府の環境部の下級役人でしかなく、立候補など気が進まなかったが、地元の長老に懇願されれば断るわけにもいかない。こうしてジョナサンが、バイエルサ州副知事の国民民主党候補に指名された。結果的に同党は、大統領選でもほとんどの知事選でも勝利を収めた。それ以来あらゆる選挙において同党の勝利が続くことになる。

それからのジョナサンは幸運に恵まれ、華々しい出世を果たすことになる。二〇〇五年、バイエルサ州知事ディエプレイエ・アラミエイェセイガがロンドンで逮捕された。ロンドン警視庁が銀行口座などで発見した不正取得資産三二〇万ドルにまつわるマネーロンダリング容疑である[52]。知事は保釈中に行方をくらまし、ナイジェリアに逃げ帰ったが、故国で政界の指導者たちと対立し、結局告発されて勾留されてしまう。このとき彼はまだ、知事として最後の任期である二期目を二年ほど務めただけだった。そのため、副知事であったグッドラック・ジョナサンが自動的に知事に昇格した。

首都アブジャで当時進行していた陰謀がなければ、これがジョナサンの出世のピークだったかもしれない（ちなみにナイジェリアの首都は、かつてはラゴスに置かれていたが、貧民があまりに増えたために、一九八〇年代に国の中心部に、低木の茂みを切り開いてアブジャという街が造られた）。二〇〇七年の選挙が近づくと、オバサンジョ大統領は、大統領の三選を禁じた憲法の修正をもくろんだ。しかしその企てが失敗に終わると、ナイジェリア政界の実力者、国民民主党の重鎮としての力を利用し、自分の後継者としてウマル・ヤラドゥアを同党の大統領候補に指名した。こうして、国民民主党の公認候補者名簿の一人目は決まったが、二人目にはぜひ、ニジェール・デルタ出身の州知事の名前が欲しかった。新たに結成されたＭＥＮＤが石油採掘地域を荒らし、利権政治システムの財源を脅かしていたからだ。しかしどの候補者も、ナイジェリア政界で出世していく過程であまりに多くの敵を作りすぎていた。また汚職にまみれており、その点をライバルから攻撃されやすくもあった。

ところがジョナサンは違った。政界では小物に過ぎなかったが、中折れ帽をかぶった公務員然とした姿や、イジョ人という血筋は、まさに二番目の候補者にうってつけだった。間もなく、ナイジェリアの短い民主主義の歴史の中でも不正がもっとも甚《はなは》だしかったとされる選挙が行われ、ジョナサンは副大統領に就任した。(53) すると今度は、ヤラドゥア大統領が病床に臥《ふ》した。ヤラドゥアの側近たちが政権を維持することに失敗すると、ジョナサンが大統領代行に就任し、ヤラドゥアの残りの任期を全うすることになった。

ジョナサンは副大統領時代、ヤラドゥアの側近たちから常に冷たくあしらわれていた。大統領代行に就任したあとでさえ、国民民主党の重鎮たちから、自分たちに刃向かう力もない手下、あるいは使い捨ての駒《こま》のように見なされていた。つまり、党の実力者や、彼らと組んで経済を支配している実業家にしてみれば、ジョナサン政権はきわめて居心地がよかった。そこで次回の選挙では、自分の地位を利用してでもジョナサン再選を支援することにした。ナイジェリアには、北部と南部の間で権力を持ち回りにする暗黙のルールがある。ヤラドゥアは北部出身だったが、その死で北部の政権掌握期間は短期間で終わってしまった。ここで南部出身のジョナサンを大統領にすれば、北部の権力者の怒りを買うおそれがある。しかし、それでもなお党の重鎮や実業家は、ジョナサンを支援した。

イーグル・スクエアの周囲では、曲芸師が側転を披露している。三か月後に迫った大統領選に出馬する国民民主党の候補者を決定するため、全国から三四〇〇名の代表者が集まっていた。国民民主党は圧倒的な力を有しているため、この場で選ばれた者が次期大統領になることは誰の目にも明らかだ。ニジェール・デルタに位置し、ポート・ハーコートを州都とするリヴァーズ州の知事ロティミ・アマエチは言う。「この州からは一人も大統領が出ていない。私たちにもチャンスが欲しいんだがね[54]」

国民民主党は、アフリカ最大の政党を自称しているように、権力や利権を主張して相対立する民族を無数に抱えている。だが、細かい相違を切り捨てて権力を持ち回りすることで、略奪者たちの支配権を持続的に確保している。この党の中に、良心的な議員やまじめな改革論者がいないわけではない。ただし、そうした人々は少数派だ。軍政時代にナイジェリア初の人権団体を設立し、二度投獄された経験を持つクレメント・ヌワンコによれば、「これは政党ではない」という。ヌワンコは、この党の候補者として国会議員選挙に出馬しようとしたが、党役員に必要な賄賂を支払えなかったために立候補できず、今では著名な政治アナリストとして活躍している[55]。「権力を手に入れ、権力についてくる金品の分け前を受け取るための組織だ」

夕闇が迫るころになると、護衛に囲まれ、ナイジェリア政界の大物たちがイーグル・スクエアのＶＩＰ席に集まってきた。巨大なスピーカーから、『この素晴らしき世界』を伸びやかに歌うルイ・アームストロングの声が響き渡る。やがて日が暮れ、蚊が増えてきた。北部、南部、東部、西部の代表者には、イスラム教徒も、キリスト教徒も、土着の神を信仰する者もいる。六種類の言語が飛び交うなか、不信感を抱きながら互いを見つめ合っている。この予備選では、北部出身の実業家で、かつて副大統領を務めたこともあるアティク・アクバカルも、国民民主党の指名獲得を目指して無謀にも立候補していた。しかしアクバカルの支持者たちは、現場の雰囲気からすでに、自分たちに勝ち目がないことに気づき始めていた。ジョナサンの勝利は最初から仕組まれていた。各代表は、ジョナサンに投票する見返りに、七〇〇〇ドルの賄賂を受け取っていた。ナイジェリアの平均年収のおよそ五倍にあたる額である。[56] 三四〇〇名の代表全員に賄賂を贈ったとすれば、ジョナサンの選挙費用は二四〇〇万ドル近くに及ぶことになる。しかもこれは、賄賂の最低額でしかない。高位の政治家ともなれば、さらに多くの額を要求することだろう。この予備選に至る数日の間に、アブジャでは強い通貨が大量にあちこちへと飛び交った。ドルとナイラの交換レートが変動したほどだ。

午後一〇時を過ぎたころに開票が始まった。夜空の下、党役員が各投票用紙に書かれた名前を読み上げる。「ジョナサン。ジョナサン。グッドラック・ジョナサン」午前六時を回ったころ、イーグル・スクエアの奥から勝者が現れた。彼を出迎えるように、コール&レスポンスを含む党の歌が響き渡る。「国民民主党は力なり!」予備選に勝利したジョナサンは手を振って応え、「あまりに長い間ナイジェリアの成功を妨げてきた過去の腐敗」と縁を切ることを誓った。

勝利が確定すると、ジョナサンの上級補佐官が海外の報道関係者をホテルに集め、報告を行った。そして、ジョナサンは自身が述べたとおり、「変革の推進者」になると告げた。ナイジェリアの時代遅れの政治システムに基づいて大統領に選ばれたが、やがてそうしたシステムを改革し、ナイジェリアの潜在能力を解放するだろう、と。実際、それらしい兆候はあった。ジョナサンは、北部出身の高名な教授アタヒル・ジェガを選挙委員会の責任者に任命した。こうして行われた二〇一一年四月の選挙は、重大な不備があったものの、前回の選挙に比べれば改善が見られるものとなった。ただし、南部出身のキリスト教徒が大統領職を奪ったことで北部に憤懣が広がり、三日間にわたる暴動が発生した。この暴動で八〇〇人が死亡している[57]。

　間もなく公約された改革が始まった。発電所が民営化され、汚職官吏の手から離れたことで、ナイジェリアのひどい電力不足が緩和される可能性が高まった。しかし、ナイジェリアのイメージが改善に向かいつつあったとしても、その功績がジョナサンにあったとは言いがたい。むしろ称賛されるべきは、主要野党の指導者でラゴス州知事に就任したババトゥンデ・ファショラだろう。彼は道路を建設し、警察の腐敗を取り締まり、ラゴス市民に納税を促すことで、ラゴスを市民が誇りに思えるような街に変える取り組みを始めた。また、ナイジェリアが南アフリカを抜いてアフリカ最大の経済大国になったことも、イメージアップにつながったのだろう。

　そもそもジョナサンにはカリスマ性がなかった。ヤラドゥアのような深い判断力もなければ、戦術家として優れていた戦争の英雄オバサンジョのような威厳もない。そのためジョナサンが政権を掌握し続けるには、略奪システムを広く開放するしかなかった。ジョナサン政権下では、ナイジェリアの水準から見てさえ信じられないほどの規模で、汚職や横領が横行した。

　ナイジェリアの資源レントは巨額だ。鉱業の場合、政府が手に入れられるレントは利益のわずか数パーセントでしかない。だが石油になると、一般的に収入の六五〜八五パーセントが、企業に採掘権を提供した政府のものになる[58]。近年では、ナイジェリア政府の年間石油収入は、二〇〇億ドルから六〇〇億ドルに及ぶ（石油価格の変動やデルタ地帯の治安により左右される）[59]。六〇〇億ドルというのは二〇一一年の数字だが、これは、世界有数の高収益企業であるエクソンモービルが同年に記録した利益の一・五倍に相当する。だが毎年、驚くほどの割合の金額がそこから行方不明になっている。腐敗の実態を数値化するのは難しいが、ジョナサン政権下で窃盗や横領が加速度的に増えているようだ。

蔓延する汚職を食い止めようとしている人々もいる。「流れに逆らって泳いでいるので疲労困憊《こんぱい》している」二〇一〇年八月、改革派のある閣僚はそう言うと、控えめにこうつけ加えた。「汚職との戦いはうまくいかないだろう」

改革の指導的立場にあるのが、カノの名家出身の銀行家ラミド・サヌシだ。サヌシはヤラドゥア政権時代に中央銀行総裁に任命され、度重なる不正行為で機能しなくなった金融システムの刷新を委任された。当時、ナイジェリアの外貨準備高は、政治家の散財により危機的な額にまで減少していた。そこでサヌシは、中央銀行の力を最大限に行使して外貨の減少を食い止めた。

ジョナサン政権下に入り、手に負えないほど略奪が横行し始めると、サヌシはさらなる行動に出た。NNPCが絡む詐欺行為により、毎月国庫から一〇億ドルが流出していることを証明する報告書をまとめたのだ。NNPCとは、アンゴラにおけるソナンゴルのように、略奪システムの主要機関として利用されている国有石油企業である。[60] サヌシが二〇一四年初めにこの報告書を発表すると、ジョナサンは彼を中央銀行から追放し、支配層の腐敗を抑制する力を有する数少ない機関の独立性を奪ってしまった。しかし、ジョナサンの手が及ぶのもそこまでだった。サヌシはその後、地元カノで首長に任命された。北部のイスラム教社会ではきわめて影響力の大きな地位である。

蝶ネクタイを好んで身につけているサヌシは、小柄だが力強い感じのする男だ。彼は、ナイジェリア全土で頻発している暴動や紛争の遠因は石油腐敗政治にあると考えている。北部で活動している過激派組織ボコ・ハラムの野蛮なテロ行為も例外ではない。サヌシは言う。「資源の不平等分配と暴力事件との間には、はっきりとしたつながりがある。政治システムがまったく悪くないと言うつもりはないが、いちばんの問題はインフラが整備されていないことだ。だから工業化も進まず、雇用も生まれない[61]」経済不振のせいで、ボコ・ハラムのような過激派の理念がますます受け入れられるようになる。だが、この経済不振に対処するのは不可能に近い。その一方で、略奪システムはフル回転している。「ボコ・ハラムなど、国中にはびこる暴力行為を見て、政治家はこの国のあり方を見つめ直さないといけない。日和見《ひよりみ》主義的な民族優遇政治がこの国のシステム全体を危険にさらしていないか、考えてみる時期なのではないだろうか？」

資源レントを浪費し続けるジョナサン政権下で、ボコ・ハラムの活動は活発化した。ちなみにボコ・ハラムとは、「西洋の教育は罪」を意味する。遠く離れた北東部の拠点から活動範囲を広げ、北部一帯の都市を襲撃しては村落を焼き払い、数千人の死者を出している。この地域の若者は、オランダ病により倒産した繊維製品工場の労働者のように仕事もなく、将来に希望が持てず、続々とボコ・ハラムの一員となっていく。やや誇大妄想の気がある指導者アブバカル・シェカウは、長くまとまりのない動画をインターネット上に投稿し、今では世界的に有名なイスラム聖戦士の一人となった。コーランの教えを好戦的に解釈し、支配層の腐敗撲滅をスローガンに掲げている。

デルタ地帯の武装勢力同様、やがてボコ・ハラムは、エリートの集まる首都アブジャにまで手を広げ、自動車爆弾で攻撃をした。ただし、北部で行っているテロ行為に比べれば、まだ大した規模ではない。だが、腐敗や予算の横領で弱体化した政府軍では、銃で武装したゲリラ兵にはとても太《た》刀《ち》打ちできない。二〇一四年四月には、チボクという村がボコ・ハラムの奇襲部隊に襲われ、二〇〇名以上の女子生徒が拉致された。石油漬けになったナイジェリア政府にもはや、市民を守るといったごく基本的な義務さえ果たす能力がないことは、誰の目にも明らかだ。本稿執筆時点では、二〇一五年二月に選挙が予定されているが、ジョナサン再選を予想する声が多く、市民は不安を抱えている（実際には三月に選挙が行われた。この選挙でジョナサンは敗北し、ムハンマド・ブハリが大統領に就任した）。

ナイジェリアで起きていることは、アフリカ人に生まれつき具《そな》わっている性向や考え方によるものではない。評論家の中には、好き勝手な民族論を主張する者もいるが、イギリスの国会議員にも、国会で質問する権利を売ろうとする議員がいる。アメリカの国会議員が自分の選挙区への助成金を勝ち取ろうとするのも、利益誘導システムにきわめて似ている。どこの国でも主要都市ではロビイストが活躍し、既得権益を守るために政界に大金を注ぎ込んでいる。となると、腐敗した資源国家と、代議員制により統治されていると主張できる国との違いとは何だろうか？　それは、官公庁の腐敗が日常的なものと見なされるか、スキャンダルとされるかの違いである。あるいは、立法機関や警察や裁判所などの国家機関が権力者の手先となっているか、恣意《しい》的な権力濫用を阻止しているかの違いだと言える。

ナイジェリアの敏腕政治アナリスト、クレメント・ヌワンコは、アブジャの脇道沿いにあるシンプルなオフィスでこう語っていた。「イギリスやアメリカでも、これほどの腐敗を許容する政府があったとしたら、きっと同じことが起こる。でも、イギリスやアメリカには監視機関がある。ナイジェリアの国民は、まだ意見の相違を乗り越えていない。だから、この状況を変えることができるとか、この怖ろしい権威に対抗できるということに気づかない。現状に甘んじているんだ。それに、この国の人は相違を悪い方向に利用する。民族とか、宗教とか、地域とか。それを利用して利益を守ろうとする。仲間を呼び集めてね。そうすると、国民全体のためにはならない」

数々の受賞歴を持つナイジェリアの作家チヌア・アチェベは、一九八三年にこう記している。「ナイジェリアの問題の原因は、単に指導層の失敗にある。基本的には、ナイジェリア人の性質に何ら悪いところはない。ナイジェリアの土地にも、気候にも、水にも、空気にも、そのほか何を取っても悪いところなどない。要は、指導者がその責任に応え、真の指導者にふさわしい模範的な人間になろうと努力する意思も能力もないことにこそ、問題がある[62]」

ナイジェリアの病弊に対する卓越した分析である。アチェベのほかの著作を読むと、私が略奪システムの首領たちと話をしたときに再三感じていた妙な違和感が、うまく表現されている。

先に登場したニジェール・デルタの将軍は、授業料を支払うために人を拉致したと述べていた。シェルのムティウ・スンモヌは、自分の会社が故国に損害を与えているにもかかわらず、ナイジェリアの窮状を涙ながらに語っていた。マヌエル・ヴィセンテは、フトゥンゴがアンゴラの石油で利益をため込んでいる証拠を突きつけられながらも、ルアンダに広がる飢餓を嘆いていた。コンゴの大統領ジョゼフ・カビラは、コンゴに蔓延する暴力事件の責任の一端が自身の影の政府にあるにもかかわらず、こう述べていた。「虐殺後の村ほど悲惨な光景は見たことがない。あの光景は絶対に記憶から消せない[63]」こうした人物たちも、彼らに従う何千という人々も、略奪システムが引き起こす苦悩を感じ取るだけの共感能力はあるのだ。しかし彼らはどうやら、こうした同情よりも、このシステムを維持したいという欲求を優先させることができる。略奪システムにつぶされる無数の人々に加わるぐらいであれば、システムを動かす側にいたいのである。

アチェベの詩『ハゲワシ』は、ジョスやコンゴ東部、コナクリの国立競技場で発生した残虐行為の加害者のことを述べているのかもしれない。この加害者にも、犠牲者と同じように、母や弟や恋人がいるはずだ。アチェベが描くハゲワシは、溝に落ち、水を吸って膨れ上がった遺体の目を突いた後、連れ合いの体に頭をもたせかける。詩はその後、ベルゲン＝ベルゼン強制収容所の将校の描写へと移る。この将校は、強制収容所での一日の仕事を終え、帰宅する途中で店に立ち寄る。

チョコレートを手に取る
家で父親の帰りを
待っている
幼い子供のために……

アフリカの資源産業をホロコーストと比較するのはばかげているかもしれない。だがアチェベは、人間の精神についてより幅広い視野を持とうとしているように思える。人間は、残虐な行為にかかわったその同じ日に、家族を愛することもできるのだ。権力を行使する人が、石油や鉱物資源の取引の負の側面を理解しつつあるということは、アフリカの資源国家にとっては希望と言えるかもしれない。だが略奪システムに加担している人々は、それだけの人間性しか持ち合わせていないとも言える。

［原注］

（1）二〇一三年五月にポート・ハーコートで、著者がアンキオ・ブリッグスに行ったインタビューによる。

（2）Judith Burdin Asuni, 'Understanding the Armed Groups of the Niger Delta,' Council on Foreign Relations,

September 2009, www.cfr.org/nigeria/understanding-armed-groups-niger-delta/p20146.

（3）UN Office on Drugs and Crime, 'Transnational Trafficking and the Rule of Law in West Africa: A Threat Assessment', July 2009, www.unodc.org/documents/data-and-analysis/Studies/West_Africa_Report_2009.pdf.

（4）Christina Katsouris and Aaron Sayne, 'Nigeria's Criminal Crude: International Options to Combat the Export of Stolen Oil', Chatham House, September 2013, www.chathamhouse.org/sites/files/chathamhouse/public/Research/Africa/0913pr_nigeriaoil.pdf.

（5）二〇〇三年のナイジェリア選挙に関する移行監視グループの最終報告書による。以下に引用されている。'Nigeria's 2003 Elections: The Unacknowledged Violence', Human Rights Watch, June 2004, www.hrw.org/reports/2004/nigeria0604/nigeria0604.pdf.

（6）Patrick Naagbanton, 'On the Denouement of Soboma George（Part 1）', Sahara Reporters, 31 August 2010, http://saharareporters.com/2010/08/31/denouement-soboma-george-part-1.

（7）IRIN, 'Nigeria: Shell Evacuates Oil Platforms After Fresh Attacks', 16 January 2006, www.irinnews.org/report/57816/nigeria-shell-evacuates-oil-platforms-after-fresh-attacks.

（8）Asuni, 'Understanding the Armed Groups of the Niger Delta'.

（9）二〇〇九年一〇月三日にジョモ・グボモが発表した声明文 'Statement by Farah Dagogo, Out-Going Commander of MEND' による（著者が所有）。

（10）'World Report 2013', Human Rights Watch, Nigeria chapter, www.hrw.org/world-report/2013/country-chapters/nigeria.

(11)この虐殺について公表された報告には、たとえば以下がある。'Nigeria: Protect Survivors, Fully Investigate Massacre Reports', Human Rights Watch, 24 January 2010, www.hrw.org/news/2010/01/22/nigeria-protect-survivors-fully-investigate-massacre-reports.

(12)Senan Murray, 'Profile: Joshua Dariye', BBC, 24 July 2007, http://news.bbc.co.uk/2/hi/africa/6908960.stm.

(13)'Biography', Plateau State, www.plateaustate.gov.ng/?ContentPage&secid=55&sub_cnt=sectionpage&sub_cntid=155.

(14)Philip Ostien, 'Jonah Jang and the Jasawa: Ethno-Religious Conflict in Jos, Nigeria', Muslim-Christian Relations in Africa series, August 2009, www.sharia-in-africa.net/media/publications/ethno-religious-conflict-in-Jos-Nigeria/Ostien_Jos.pdf.

(15)二〇一〇年一月にカドゥナで、著者が北部のあるキリスト教指導者に行ったインタビューによる。

(16)二〇一〇年一月にジョスで、著者がプラトー州元職員に行ったインタビューによる。

(17)著者は二〇一三年にナイジェリアに戻った際に、ジョナー・ジャンへのインタビューを求めたが、このときも面会には応じられないと言われた。

(18)US Embassy in Abuja, 'Nigeria: Jos Riots Not/not Caused by Outsiders from Niger and Chad', cable, 19 December 2008, WikiLeaks, www.wikileaks.org/plusd/cables/08ABUJA2494_a.html.

(19)Ostien, *Jonah Jang*.

(20)ウィルブロス、パナルピナ、ＫＢＲの贈賄については、アメリカ司法省（www.justice.gov）や証券取引委員会（www.sec.gov）との和解文書に詳しく記されている(ウィルブロスについては www.justice.gov/criminal/fraud/fcpa/cases/willbros-group.html、パナルピナ／シェルについては www.justice.gov/opa/pr/oil-servi

ces-companies-and-freight-forwarding-company-agree-resolve-foreign-bribery'、ＫＢＲ／ハリバートンについては www.justice.gov/opa/pr/kellogg-brown-root-llc-pleads-guilty-foreign-bribery-charges-and-agrees-pay-402-million を参照)。

(21) 'Global Enforcement Report 2012', TRACE International, www.traceinternational.org/data/public/GER_2012_Final-147966-1.pdf.(訳注：リンク切れ、以下のサイト参照。http://www.traceinternational.org/about-trace/publications/#GER2012.)

(22) 二〇一三年七月一七日にロンドンで開かれた *Energy Venture Partners Limited v. Malabu Oil and Gas Limited* 裁判における、高等法院グロスター判事の判決による（著者が所有）。

(23) 'Safe Sex in Nigeria', *The Economist*, 15 June 2013, www.economist.com/news/business/21579469-court-documents-shed-light-manoeuvrings-shell-and-eni-win-huge-nigerian-oil-block; 'The Scandal of Nigerian Oil Block OPL 245', Global Witness, November 2013, www.globalwitness.org/library/scandal-nigerian-oil-block-opl-245-0.

(24) Emilio Parodi and Oleg Vukmanovic, 'Large Part of Eni's Nigerian Oil Deal Cash Went on Bribes - Italian Prosecutors', Reuters, 1 October 2014, www.reuters.com/article/2014/10/01/eni-nigeria-investigation-idUSL6N0RW40720141001.

(25) 二〇一三年一〇月に著者がチップ・ミンティ（デヴォン・エナジーの広報担当者）と交わしたメールによる。

(26) 二〇一三年一二月に著者がコイエ・エドゥに電話で行ったインタビューによる。

(27) 二〇一三年一〇月に著者がボード・グラ・ペーダスン（スタトイルの広報担当者）と交わしたメールによる。

(28) 'China Sonangol's Secret License', Africa Energy Intelligence, 8 July 2009, www.africaintelligence.com/AE

M/oil/2009/07/08/china-sonangol-s-secret-license,65100549-GRA.

(29)たとえば、以下を参照。Dino Mahtani, 'Nigeria Vows to Investigate $90m Oil Deal', *Financial Times*, 31 October 2006; Kate Linebaugh and Shai Oster, 'Cnooc Pays $2.27 Billion for Nigerian Oil, Gas Stake', *Wall Street Journal*, 10 January 2006, http://online.wsj.com/articles/SB113680307278841473.

(30)この話を裏づけるナイジェリア紙の報道もある。それによれば、ＯＰＬ２５６の持分の九五パーセントはチャイナ・ソナンゴルが取得した。残りの五パーセントは、ナイジェリアン・ペトロリアム・ディヴェロップメント・カンパニーが保有している。これは、国有のナイジェリアン・ナショナル・ペトロリアム・コーポレーションの子会社である。以下を参照。Hamisu Muhammad, 'Most Indigenous Oil Blocks Not Producing - Report', Daily Trust, 19 March 2013, http://allafrica.com/stories/201303190385.html.

(31)二〇一三年一〇月に著者が元大統領補佐官に電話で行ったインタビューによる。

(32)二〇一四年一月に著者がナイジェリアの元高官に電話で行ったインタビューによる。

(33)'Who's Who: Dr Andy Uba', *Africa Confidential*, 5 June 2014, www.africa-confidential.com/whos-who-profile/id/2603/Andy_Uba. このプロフィールによれば、ウバは「チャイナ・ソナンゴルの株式を多数保有している」というが、それを証明する企業資料を見つけることはできなかった。

(34)二〇一三年九月に著者が石油産業の専門家に電話で行ったインタビューによる。

(35)Ike Okonta and Oronto Douglas, *Where Vultures Feast: Shell, Human Rights, and Oil*（Brooklyn: Verso, 2003), 134.

(36)たとえば、以下を参照。Adewale Maja-Pearce, 'Remembering Ken Saro-Wiwa', in *Remembering Ken Saro-Wiwa and Other Essays*（Lagos, Nigeria: New Gong, 2005).

(37) たとえば、以下を参照。Okonta and Douglas, *Where Vultures Feast*, 58.

(38) Royal Dutch Shell, 'Shell Settles Wiwa Case with Humanitarian Gesture', press release, 8 June 2009, www.shell.com/global/aboutshell/media/news-and-media-releases/2009/shell-settlement-wiwa-case-08062009.html.（訳注：リンク切れ、以下のサイト参照。http://www.shell.com.ng/aboutshell/media-centre/news-and-media-releases/archive/2009/saro-wiwa-case.html.）

(39) Dino Mahtani and Daniel Balint-Kurti, 'Shell Gives Nigerian Work to Militants' Companies', *Financial Times*, 27 April 2006.

(40) A US diplomatic cable, 'Militants Ask Mittee for Help for Villagers Wounded in Rivers Conflict; Some Villagers Killed in JTF Attacks', 24 September 2008, WikiLeaks, https://wikileaks.org/plusd/cables/08LAGOS374_a.html. この情報によれば、当時のシェルのアフリカ担当責任者アン・ピカードは、ニジェール・デルタにおける統合特殊部隊の攻撃作戦の詳細を知っていた。この攻撃では、民間人の犠牲者も出たと報道されている。著者がこの情報に対するコメントをシェルに求めると、広報担当者はこう答えた。「シェルのカントリーチェアマンは、操業を行っている国の政府職員と定期的に会合を開き、ともに懸念を有する問題を協議しています。この問題については、何ら不都合な点はありません。こうした会合の場で、弊社の施設の安全に関する問題を話し合うことはよくあります。ナイジェリアでは特にそうです。しかし、弊社が提出したわけではない資料の内容についてはコメントしかねます」以上は、二〇一三年七月に著者がナイジェリアのシェルの広報担当者プレシャス・オコロボと交わしたメールによる。

(41) 著者は、デルタ地帯の武装グループとシェルとの結びつきについて、ナイジェリアとロンドンの同社の広報担当者にコメントを求めた。以下はそのコメントの抜粋である。「ＳＰＤＣは、一部の契約について現地の業者に発注する方針をとっていますが、その場合でも、透明な審査プロセスに基づいて実施しています。ＳＰＤＣは武装グループには発注していません。それは、シェルの一般事業原則に反します。ＳＰＤＣの契約者は、現地の契約者も含め、すべて厳密な総合的デュー・ディリジェンスを行った後に、契約者としての登録、契約発注、契約更新をしております」

(42)著者がメールで送付した質問状に対し、二〇一三年七月にシェルが返送してきた回答による。

(43)Shell briefing notes, 'Global Memorandum of Understanding', April 2013, http://nidprodev.org/index.php/programmes/current-projects/global-memorandum-of-understanding-gmou-deployment.

(44)二〇一〇年八月と二〇一三年四月にポート・ハーコートで、著者がニジェール・デルタの仲介人に行ったインタビューによる。

(45)著者がメールで送付した質問状に対し、二〇一三年七月にシェルが返送してきた回答による。

(46)二〇一三年四月に著者がシェルの元従業員に行ったインタビューによる。

(47)二〇一三年四月にワリで、著者がハリマン・オヨフォに行ったインタビューによる。

(48)Ben Amunwa, 'Dirty Work: Shell's Security Spending in Nigeria and Beyond', Platform, August 2012, http://platformlondon.org/wp-content/uploads/2012/08/Dirty-work-Shell%E2%80%99s-security-spending-in-Nigeria-and-beyond-Platform-August-2012.pdf.

(49)地域開発への支出規模についてシェルに問い合わせると、以下のような回答があった。「弊社では毎年集計を行っています。二〇一二年には、ＳＰＤＣとＳＮＥＰＣｏ［ナイジェリア沖合の石油プロジェクトを運営しているシェルの子会社］とで、地域の社会的・経済的な開発課題への対応に向け、一億三二〇万ドルを直接投資しました。これは、安全確保のための予算とは別です。了解覚書にかかわる年間予算は、地域との合意に基づいて決められ、地域に委任されています。ちなみに申し上げておきますと、この了解覚書にかかわる取り組みに加え、シェルは二〇一二年の事業において、法律の定めるところに従い、ニジェール・デルタ開発委員会に一億七八〇〇万ドルを超える資金を提供しました」著者がメールで送付した質問状に対し、二〇一三年七月にシェルが返送してきた回答による。

(50) Aaron Sayne, 'Antidote to Violence? Lessons for the Nigerian Federal Government's Ten Percent Community Royalty from the Oil Company Experience', Transnational Crisis Project, February 2010, http://crisisproject.org/wp-content/uploads/2011/09/Antidote-to-Violence-Niger-Delta-Report-no.1.pdf.

(51) 二〇一三年五月にポート・ハーコートで、著者がニジェール・デルタの活動家に行ったインタビューによる。

(52) 'Nigeria Governor to Be Impeached', BBC News, 23 November 2005, http://news.bbc.co.uk/2/hi/africa/4462444.stm.

(53) たとえば、以下を参照。'Nigeria: Presidential Election Marred by Fraud, Violence', Human Rights Watch, 26 April 2007, www.hrw.org/news/2007/04/25/nigeria-presidential-election-marred-fraud-violence.

(54) Tom Burgis, 'Jonathan Wins Nigerian Ruling Party Primary', *Financial Times*, 14 January 2011.

(55) 二〇一三年四月にアブジャで、著者がクレメント・ヌワンコに行ったインタビューによる。

(56) 二〇一三年五月にラゴスで、国民民主党に近いある資本家と同党のベテラン政治家に著者が行ったインタビューによる。

(57) 'Nigeria: Post-Election Violence Killed 800', Human Rights Watch, 17 May 2011, www.hrw.org/news/2011/05/16/nigeria-post-election-violence-killed-800.

(58) 'Fiscal Regimes for Extractive Industries: Design and Implementation', International Monetary Fund, 15 A

ugust 2012, www.imf.org/external/np/pp/eng/2012/081512.pdf.

(59) ＩＭＦ四条協議のナイジェリア関連の報告書に見られる複数年の石油収入データによる。www.imf.org/external/country/nga.

(60) William Wallis, 'Nigeria Bank Governor Alleges Oil Subsidy Racket', *Financial Times*, 12 February 2014, www.ft.com/cms/s/0/6c4aea72-93cd-11e3-a0e1-00144feab7de.html#axzz3F0fTN4qv.

(61) 二〇一二年一月にロンドンで、フィナンシャル・タイムズ紙のウィリアム・ウォリスと著者がラミド・サヌシに行ったインタビューによる。

(62) Chinua Achebe, *The Trouble with Nigeria* (London: Heinemann, 1983), 1.

(63) François Soudan, 'Portrait: Joseph Kabila', *La Revue*, July/August 2006, quoted in Jason K. Stearns, *Dancing in the Glory of Monsters: The Collapse of the Congo and the Great War of Africa* (New York: PublicAffairs, 2011), 311.

第8章

新たな富裕層

2008年、長くジンバブエ大統領の座に居座り続けたムガベは危機に直面していた。これまでのように圧倒的勝利を収めることができず、第1回投票で対立候補に敗れてしまったのだ。対立候補の支持層を弾圧し、力ずくで決選投票を回避して大統領の座にしがみついたムガベだったが、地域の指導者たちから、野党と連立政権を樹立することを約束させられる。支持基盤を固め、治安部隊を強化するために資金が必要となったムガベは同年、国内のダイヤモンド産地マランゲに軍隊を送り込み鉱山を制圧した。2013年、マランゲでは労働者が劣悪な環境で働かされていた。この地で操業していたのは、ムガベの秘密警察とつながりがあるといわれている、中国のクイーンズウェイ・グループだった。

ロバート・ムガベは深刻な問題を抱えていた。ムガベが大統領に就任した当初は比較的豊かだったジンバブエに、今では飢餓が蔓延している。コレラも急速に広まりつつある。通貨はほとんど価値がなくなってしまった。しかし、その年に八四歳になる大統領にとって喫緊《きつきん》の問題は、政治的なものだった。二〇〇八年三月に行われた選挙で、ムガベや、ムガベが所属するジンバブエ・アフリカ民族同盟愛国戦線（ZANU‐PF）は、いつもと変わらない戦術を採用した。アフリカ解放の英雄としてムガベの業績を高らかに謳い上げるとともに、反体制派を脅し、投票を不正に操作するのである。だがこの大統領選では、いつものように圧倒的な勝利を収めることができなかった。第一回投票で、対立候補のモーガン・ツァンギライに敗れ、第二位に甘んじてしまったのだ。ツァンギライは、組合運動を通じて頭角を現し、野党の党首にまで上り詰めた元鉱山労働者だった。だが結局ツァンギライは、決選投票を辞退した。自分の支持者に対する政府の弾圧が強まったからだ。ムガベはこうして選挙に勝利したが、それが不正によることは誰の目にも明らかだった。そのためムガベは地域の指導者たちから、野党と連立政権を樹立するよう迫られた。ムガベの伝記を記したハイディ・ホランドはこう記している。「ロバート・ムガベの世界は、自分は全能であるという錯覚から生まれた(1)」白人支配が終了した一九八〇年以来、徐々に権力を自身に集中させてきたムガベは、もはや権力の一部を手渡さなければならなくなった。

かつては考えられなかったことだが、ＺＡＮＵ－ＰＦ党内からもムガベ退陣を求める声が高まっていた。そのため、ムガベに今いちばん必要なのは、彼の政権基盤である治安部隊に忠誠を誓わせるための現金だった。連立政権を樹立する際、ＺＡＮＵ－ＰＦは治安機関の要職は獲得したが、財務大臣の座はツァンギライ率いる民主変革運動（ＭＤＣ）に譲っている。国庫に直接手を出せなくなったムガベは、予算外で資金を確保できる手段を探した。早く見つけないと手遅れになってしまう。

ジンバブエのモザンビーク国境にそびえる高山帯の近くに、チアザと呼ばれる町がある。一〇月二七日の夜明け直後、この町の住民はヘリコプターの回転翼の激しい音を耳にした。やがて五機の軍用ヘリコプターが騒々しい音とともに現れ、弾丸と催涙ガスをまき散らした[2]。軍用トラックから吐き出された八〇〇名の兵士が、山中に逃げ込んだ人々を追い、アサルトライフルを無差別に発砲した。こうしてノー・リターン作戦が始まった。

チアザ住民にとって不幸だったのは、そこにいまだ手のつけられていない世界最大級のダイヤモンドの宝庫があったことだ。その町のマランゲ地区の住民は何十年もの間、家の土壁にきらきら輝くかけらがあったとしても、まるで気に留めなかった。一九九〇年代にはデビアスがこの土地を試掘に来たが、すぐに興味を失ってしまった。だが二〇〇六年ごろから現地の村人たちが、マランゲ地区に沖積《ちゅうせき》ダイヤモンドがあふれていることに気づき始めた。地殻内部の火道《かどう》で形成された後に原岩から外れ、地表に堆積《たいせき》したダイヤモンドである。やがてマランゲ地区の平原に、一攫《いっかく》千金を狙う者があちこちから集まってきた。彼らは昼間はダイヤモンドを選り分け、夜は低木の茂みにしつらえたねぐらで寝た。間もなく採掘者の間で、死者がダイヤモンドをもたらすという迷信が生まれた。地面が崩れそうなところに誤って足を踏み入れると、その人は落下して命を落としてしまうかもしれない。だが、そのようなことがきっかけで、新たなダイヤモンドのたまり場が見つかることがあるのだ。

ムガベは、白人地主から土地を強制的に接収し、繁栄していた経済の崩壊を招いた。中央銀行が発表したインフレ率は、二〇〇万パーセントを超えた（これでもデータが操作されていたという）。そんなジンバブエにおいて、ダイヤモンドはドルやランド（南アフリカの通貨単位）を稼ぐ格好の手段となった。ダイヤモンド・ブームが勢いを増すにつれ、南アフリカやレバノンの商人や密輸業者が現れるようになったからだ。警察でさえ容赦なく分け前を要求した。ムガベにとっても、しばらくはこうして自由に採掘させておくほうが都合がよかった。ピーク時には、あたりの平原で三万五〇〇〇人の採掘者が働いていたという[3]。しかし、やがて状況が変わった。ツァンギライが首相になり、財務大臣職がＭＤＣの手に渡ると、ムガベの影の政府はもはや直接国庫から略奪することができなくなった。そこでムガベは、ダイヤモンドの産地に目を向けた。

軍部隊は三週間にわたりマランゲ地区を攻撃した。死んだ二一四名の採掘者の遺体の多くは、共同墓地に埋められた。生き残った者は、兵士用のテントを張り、兵士のために歌まで歌うよう命じられた。このノー・リターン作戦の後、マランゲ地区で一〇〇名以上に及ぶ聞き取り調査を行ったヒューマン・ライツ・ウォッチの調査員は、こう結論づけた。「マランゲ地区は、刑事罰を科されない無法地帯と化した。現在ジンバブエに広がる混乱と絶望の縮図がここにある」

間もなく、ムガベの治安部隊と関係のある無名の企業に、マランゲ地区のダイヤモンドの採掘権が与えられることになった。④ムガベにとって、ダイヤモンドの産地をわがものにするということは、ＭＤＣの支配下にある財務省から資金を枯渇させることにもつながる。その結果、ジンバブエ経済を再生させるというすでに難しい仕事がほとんど不可能になり、ＭＤＣの支配政党としての地位を揺るがすことができる。二〇一二年、ジンバブエのダイヤモンドは世界の供給量の九パーセントを占めていた（カラット換算）。その埋蔵量は二億カラットとも推定され、世界的に見てもロシアに次ぐ量を誇る。⑤公式統計によれば、このダイヤモンドの輸出で、二〇一〇年から二〇一二年までに八億ドルの収入を生み出しているという。しかし、国庫に入っているのは、そのうちのわずか一〇パーセント程度に過ぎない。現地で操業している複数の鉱業企業の株式を、政府がかなり保有しているにもかかわらずである。⑥連立政権で財務大臣を務めたＭＤＣの敏腕戦略家テンダイ・ビティは、誰もが考えていることを口にした。「これらの収入がどこへ行ったのかと考えると、どこかにパラレル政府があるのかもしれない⑦」

このパラレル政府が、コンゴのジョゼフ・カビラ率いる影の政府やアンゴラのフトゥンゴのように、ジンバブエの天然資源をもとに帳簿外の資金を確保したのだ。二〇一三年の選挙が近づくと、ムガベは二〇〇八年の失敗を繰り返さない決意を固めた。ダイヤモンドの産地を掌握し、それを利用して再び絶対的な権力をつかむ計画を進めたのである。

二〇一三年七月、選挙が行われる数日前に、私はクリスマス・パスの丘を越え、ダイヤモンドの採掘場があるマランゲ地区のほこりっぽい平原へと向かった。途中には、新たに造られた集落だあった。かつて採掘地域のあたりに住んでいた人々が、強制的にそこへ移住させられたのだ。昔ながらの村や放牧地から、孤立したみすぼらしい土地へ立ち退きを命じられた住民は、収入も減り、子供を学校へ通わせることもできなくなってしまっていた。採掘地域の入り口に設置された検問所では、混乱を避けるため、外国のダイヤモンド商人のふりをした。いぶかしげな目で見られることさえ我慢すれば、問題もなく通過できた。

幹がすらりと伸びたゼブラウッドの木が岩の間にまばらに生え、ロングホーン牛にわずかばかりの日陰を提供している。採掘区域の外れには、造りかけの建物があった。そこで私は鉱山労働者から、熱狂的なダイヤモンド・ブームの話を聞いた。ある労働者は、透明で高品質な五カラットのダイヤモンドを見つけたが、たった一〇〇〇ドルで手放してしまったことを悔しそうに語ってくれた。当時は、その何倍もの価値があることを知らなかったらしい。乱痴気騒ぎの話もあれば、暴力事件の話もあった。ジンバブエ国民の平均収入は急速に減少しつつあるが、それに比べると鉱山労働者は、たとえ兵士に賄賂を渡したとしても、かなりの収入を稼げるという。しかし、ダイヤモンドによる利益がこの地に還元されている形跡はほとんどない。私が話を聞いている場所のそばには舗装道路が走っているが、この道路もいきなり途切れ、あとは土を踏み固めた道が通っているだけだ。

名字を明かさないという条件で、トライモアという人物が話をしてくれた。彼はノー・リターン作戦の数か月前に、首都ハラレから、ダイヤモンドの産地となっている故郷の村に帰ってきた。何も見つけられない日もあるが、七〇〇ドルもの大金を儲けられる日があるかもしれないからだ。以前は警官とよく喧嘩や口論になったが、軍に支配され、鉱業企業が経営に乗り出したあとの状況に比べれば、大したことではなかったという。

トライモアの話によると、ある日、兄が村の掃除をしていると、ある鉱業企業に雇われた民間の警備員が目の前に現れた。警備員は、兄が掃除ではなく違法採掘をしていたのではないかと主張し、ある場所へ連行した。その場所とは、マランゲ地区の住民が口にするのもはばかる、ダイヤモンド・ベースと呼ばれる施設である。当時この施設は、トライモアの村の近くにあった（その後、丘の上に移設され、眼下の住民を監視するようになった）。ダイヤモンド・ベースには、兵士や憲兵が駐在している。この中で行われていることについては、怖ろしい話が広まっていた。熱い灰の上を転がされる、二人で殴り合うよう命じられる、といった話だ。この地区のある人権活動家は言う。「あの施設では何でもありだ。第一、記録がない。あそこから出てこなかった人も大勢いる」

トライモアは前方をじっと見つめながら、ダイヤモンド・ベースで兄が過ごした最後の数時間について突き止めた事実を話してくれた。容赦なく殴打され、口からも尻からも血を流しながら死んだという。

トライモアが話をやめた。聞こえるのは、近くで作業をしているレンガ職人のコテの音だけだ。トライモアはＭＤＣを支持している。私たちが話をしているこの作りかけの建物は、反体制派のためのバーになるのだという。やがて、この建物の所有者がやって来た。シュアー・ムディワというエネルギーの塊のような恰幅《かっぷく》のいい男だ。ムディワは明るくふるまっていたが、危険な仕事に携わっていた。今回の選挙で、この地区のＭＤＣの国会議員として再選を目指していたのだ。昨日も、無認可の集会を開いた罪で逮捕されていた。

ムディワの話では、ダイヤモンド・マネーがＺＡＮＵ－ＰＦの選挙運動資金になっているのではないかという。選挙直前のそのころは、ＭＤＣ支持者の多くが、ムガベの命運も間もなく尽きると強く信じていた。ムディワは、実際にそうなれば、ＭＤＣはあらゆる鉱業企業との契約を破棄するつもりだと語った。

しかし彼らは、敵の力を甘く見過ぎていた。連立政権でＭＤＣが確かな実績を上げられなかったせいで、自由に投票させてもＭＤＣの得票数は落ちていたかもしれない。しかしＺＡＮＵ－ＰＦには、政権を有権者の気紛れに任せるつもりなど毛頭なかった。地元の選挙監視団の報告によれば、大都市や町で、ＭＤＣの支持者七五万人以上が有権者名簿から削除されていたという。[8] ＭＤＣは名簿を検証することもできなかった。それだけではない。投票用紙が一〇〇万枚以上余分に印刷された。投票日にはおよそ三〇万人が投票所から追い出された。また、二〇万人が何らかの〝援助〟を受けて投票した。[9] その結果、ムガベは圧倒的な勝利を収めた。六一パーセントの票を獲得したのだ。しかし、不正に操作された投票数は、ムガベとツァンギライとの得票差九四万票を大きく上回っている。ツァンギライはこの結果について「大規模な不正」だと主張したが、仇敵《きゅうてき》にまんまと出し抜かれたことは否定できなかった。

ＺＡＮＵ－ＰＦが国会で三分の二の議席を確保したと主張している以上、シュアー・ムディワは議席を維持できなかったに違いない。私は、ムディワが最後の選挙遊説《ゆうぜい》に慌ただしく出かける前に、マランゲ地区で操業しているあまり知られていないある企業について尋ねてみた。その企業は、私が聞いた話では、ムガベの秘密警察である中央情報機関（ＣＩＯ）と関係があるらしい。するとムディワは言った。「中国軍とＣＩＯの会社だ。ダイヤモンドを売買している」

その企業の名前は、シノ・ジン・ディヴェロップメントという。クイーンズウェイ・グループ系列の会社である。

マランゲ地区で起きたあの残虐な事件は、アフリカのダイヤモンドを巡る悲惨な歴史の一幕に過ぎない。一八六〇年代、後に南アフリカとなる地域の中心部でダイヤモンドが発見された。これがダイヤモンド採掘産業の始まりである。冷えたマグマにより形成された地殻内部の火道には、古代以来人類を魅了してきた結晶化した炭素の塊が含まれている。一九三〇年代まで、世界に流通しているダイヤモンド原石はすべて、南アフリカが独占的に供給していた。その後、アフリカ南部のほかの地域（ナミビアやアンゴラ、コンゴ）、次いで西アフリカでもダイヤモンドの鉱床が発見された。

過去数十年の間に、ロシアやカナダ、オーストラリアも重要なダイヤモンド供給源になったことで、ダイヤモンド取引の世界は拡大した。しかしアフリカはいまだに、世界のダイヤモンド原石供給量の優に半分以上を占めている。[10] 中でも有名なダイヤモンドは、権力の象徴とされる品々を優美に飾っている。たとえば、三〇〇〇カラット以上もある過去最大規模の原石カリナンからカットされたダイヤモンド「偉大なアフリカの星」は、イギリス王室に伝わる宝物の一つである王笏《おうしゃく》に取りつけられ、ロンドン塔に保管されている（多くのアフリカのダイヤモンド同様、カリナンも口実をつけてアフリカから持ち出された。一九〇五年に南アフリカで発見されると、イギリス国王エドワード七世への贈り物としてイギリスに送られたのだ。この際、表向きは厳重に警備された蒸気船で運ぶことになっていたが、これは強奪を防ぐためのおとりでしかなく、現物は書留郵便で送られた）。有名なアフリカのダイヤモンドの中には、競売で何千万ドルもの値がつけられ、個人の所有になったものもある。一部は、ワシントンの国会議事堂とホワイトハウスとの間にあるスミソニアン博物館に収蔵されている。

だがアフリカのダイヤモンドは、その美しさとは対照的に、きわめて醜い活動のために利用されてきた。過去数十年の間にダイヤモンドは、アフリカの二つのきわめておぞましい戦争の資金源となった。

ソ連が崩壊して冷戦が終結すると、アフリカで行われていた代理戦争の様相も一変した。代理戦争の当事者たちは、これまでは米ソ両大国の一方から財政支援を受けていた。ところがこれからは、武器を購入するための資金源をどこかに求めなければならない。そこでアンゴラでは、ジョゼ・エドゥアルド・ドス・サントス率いる政府軍が沿岸部を支配した。当時アンゴラでもっとも原油を産出していたのは海岸沿いの飛び領土カビンダだったうえ、沖合にも新たな油田が開発されつつあったからだ。一方、ジョナス・サヴィンビ率いる反政府勢力ＵＮＩＴＡは、アンゴラ内陸部に点々と散らばるダイヤモンドの鉱床に目をつけた。ＵＮＩＴＡは一九九〇年代、ダイヤモンドの売買を通じて年間七億ドルもの資金を手に入れていた。こうして資金を確保した両者は、和平をもたらすはずだった一九九二年の選挙結果をサヴィンビが拒否したのをきっかけに、残虐な軍事行動をさらに加速させた。その結果、百数十万人が命を落とし、大都市はすべて破壊された(11)。

一九九八年、国連はＵＮＩＴＡのダイヤモンド売買に対して制裁を科した。しかしダイヤモンドは、密輸にきわめて適している。まずまずの原石一つが、鉄鉱石数トン分の値で売れる。そのため、この制裁のせいで売買が多少面倒になったものの、ＵＮＩＴＡのダイヤモンド輸出が減ることはなかった。アンゴラの国境を越えて持ち出してしまえば、あとは、コンゴやザンビアのダイヤモンドだと言えばそれですむ。そこからアントワープなど、原石取引の中心地に持ち込まれ、そこでまた売買される。相手は主にデビアスだ。デビアスは当時、ダイヤモンド原石の世界取引の八〇パーセントを支配していた。[12]カットされ、研磨され、装飾され、ダイヤモンドは最終的に、裕福な人や美しい人の耳や薬指を飾って長い旅を終えることになる。

やがて、ダイヤモンドによる利益のせいでアフリカ人の命が犠牲になっていることが知れ渡ると、こうしたダイヤモンドは「紛争ダイヤモンド」と呼ばれるようになった。シエラレオネでは、隣国リベリアの武装勢力の首領チャールズ・テーラーの支援を受けた統一革命戦線（ＲＵＦ）が、軍事作戦において相手の手足を切断する蛮行を繰り返した。ＲＵＦには、権力や富以外のいかなる大義名分もなかった。一九九一年の結成以来、少年兵を含むこの武装勢力が目的としていたのは、シエラレオネのダイヤモンド産地を支配し、原石をリベリアに流して海外へ輸出することだけだった。こうしてこの国では、政府軍、反政府勢力、ナイジェリア主導の地域軍が、互いに暴虐や略奪の限りを尽くす争いが一〇年にわたり続いた。その間ダイヤモンドは、内戦の資金源となった。二〇〇〇年、国連はアンゴラの場合と同じように、シエラレオネからのダイヤモンドの輸出を禁止した。しかしダイヤモンドは、テーラー率いるリベリアを経由して海外へ流出した。実際、公表されたリベリアのダイヤモンド輸出額は、国内のダイヤモンド産出額を大幅に上回っている。[13]銃弾の跡だらけのシエラレオネの首都フリータウンのある弁護士は言う。「奇妙な話ですが、ダイヤモンドがなければ、この国がこれほど搾取《さくしゅ》されることも生活状態が悪化することもなかったと思います」[14]

二〇〇〇年のイギリス軍の介入をきっかけに、シエラレオネ内戦は終焉《しゅうえん》した。アンゴラでもそれから二年後、ジョナス・サヴィンビが政府軍に殺害され、一九七五年の独立以来初めて持続的な平和が訪れた。それを機に、資源産業においてもっとも傑出《けっしゅつ》した価値を持つダイヤモンドが両内戦で悪用されていたことが問題視されるようになった。そこで二〇〇二年、天然資源と紛争との絆を断ち切るための国際的なシステムが初めて生まれた。

　きっかけを作ったのは、NGO団体グローバル・ウィットネスである。同団体がダイヤモンドと紛争とのつながりを調査・公表すると、世界各国で怒りの声が上がった。それを受け、デビアスは紛争ダイヤモンドを購入しないと宣言したが、国際社会はそれだけでは満足せず、さらなる共同行動を求めた。こうして生まれたのが、キンバリー・プロセス認証制度である。その名称は、一八七〇年代に最初の採掘ブームの舞台となった南アフリカの鉱山都市にちなんでいる。これは、あらゆる原石に原産地証明書をつけることで、UNITAやRUFなどの武装勢力が、直接あるいは隣国などを通じて世界市場にダイヤモンドを売ることを防ぐシステムである。政府、運動組織、採掘企業、取引企業をつなぐこのシステムは、自主的な取り組みに過ぎず、参加すれば手間もかかる。しかし参加する政府や組織は増え、今ではダイヤモンド取引の九九・八パーセントがこのシステムのもとで行われている[15]。

　キンバリー・プロセスは紛争ダイヤモンドの流れを食い止める役目を果たしているが、欠点がないわけではない。たとえば、このシステムの主な標的は反政府勢力であり、各国政府はルールに違反していても認可される場合がある。これでは、キンバリー・プロセス認証に伴う価値が損なわれてしまうおそれがある。しかし現状では、ムガベの治安部隊がマランゲ地区で行ったような残虐行為を働いても、政府をブラックリストに載せることはできない。二〇一〇年、キンバリー・プロセスはジンバブエのダイヤモンドを認可することで合意した。するとグローバル・ウィットネスは、この決定に憤慨し、自ら設立に尽力したこのシステムからの脱退を表明した。同団体の創設メンバーの一人、シャーミアン・グーチは言う。「キンバリー・プロセスはダイヤモンド・ロンダリング

の共犯者となった。これでは汚れたダイヤモンドが、きれいなダイヤモンドと区別できなくなってしまう」(16)

また、ダイヤモンド産業が模範的に管理されていたとしても、資源産業の最下層の仕事に頼ってばかりいると、浮き沈みの激しい経済変動に悩まされることになる。この点では、鉄や銅や原油など、より価値の低い鉱物資源に頼っている国と事情は変わらない。たとえばボツワナは、輸出の四分の三をダイヤモンドが占めている。だが、資源が豊富なアフリカの国にしては珍しく、内戦を引き起こすこともなければ、大規模な汚職にまみれることもなかった。その理由としては、人口が二〇〇万人程度と国の規模が小さいこと（アフリカ本土にある国で、これ以上に規模が小さい国は数か国しかない）、それに、ほぼ同種の民族で構成されていることが挙げられる。また、アフリカ南部諸国の中では早い一九六六年に独立を勝ち取り、二つの巨大ダイヤモンド鉱山が発見されるころにはすでに機能的な社会制度を構築していたおかげで、政府はデビアスと有利に取引を進めることができた。その結果ボツワナは、ほかのアフリカ諸国よりもはるかに高い生活水準と平和を享受することになった。政府はさらに、デビアスに資本参加し、同社のカッティング事業や研磨事業の一部をボツワナに移転させた。資源経済から工業経済への移行を進める取り組みの一環である。しかし二〇〇八年、世界的な金融危機によりダイヤモンドの需要が激減すると、ボツワナは自国の経済の脆弱《ぜいじゃく》さを思い知らされた。毎年世界のダイヤモンド売上の半分を占めていたアメリカが不況に陥り、ダイヤモンド価格は一気に下落した。

二〇〇九年三月、ボツワナの大統領イアン・カーマは、私の質問に答えて言った。「間違いなくわが国は、巨大な課題に直面しています。そのいちばんの理由は、一九七〇年代にダイヤモンドを発見して以来、ダイヤモンドなどの鉱物資源収入に頼りすぎていたことにあります[17]」

私はそのころ、デビアスが所有するボツワナ南部のジュワネン鉱山を訪れた。そこは世界一優良と言われるほどのダイヤモンド鉱山だが、その場の光景は一変していた。数週間前には、ボツワナの前大統領がハリウッドでパーティを開催していた。スーパーモデルのヘレナ・クリステンセン、女優のシャロン・ストーン、バーレスクダンサーのディタ・フォン・ティースなど、きらびやかな面々を招き、ボツワナのダイヤモンド産業の再生を促そうとしたのだ[18]。しかし、ジュワネン鉱山の姿は、パーティ会場の様子とは似ても似つかないものだった。鉱山の周囲に広がっていた仮設集落の粗末な住居は、すっかり空《から》になっていた。世界経済が復調し、ダイヤモンド需要が回復するまで、鉱山の操業を停止する決定をデビアスが下したからだ。強い酒やモロコシビールを許可なく販売しているもぐり酒場《シビーン》には、陰鬱《いんうつ》な雰囲気が漂っていた。五二歳の靴職人エドウィン・ファラディは言う。「おれは子供のころ、ここに来た。だがもう自分の村に帰るよ[19]」

銅、金、天然ガスなど、どのような資源を扱うにせよ、腐敗した政府には、その資源を資金に替える仲介者が必要になる。しかしダイヤモンド産業は、特に閉鎖的で複雑だ。ダイヤモンドは、長期契約を結んで売買されるか、非公開の競売で売買される。しかもその価値は、屈折光の美しさや、ピンクや黄の色合いに応じて決定される。そのため、ダイヤモンド取引を牛耳る人間は、アフリカの資源ビジネスにおいてもっとも力のある人物と見なされる。イスラエルのダイヤモンド取引所を創設した人物を祖父に持つダン・ゲルトラーは、コンゴでキャリアをスタートさせ、ローラン・カビラに軍資金を提供する見返りにダイヤモンドの独占権を手に入れた。ベニー・スタインメッツは、家族が運営していたダイヤモンド事業を拡大し、デビアス最大の取引相手となるまで会社を発展させた。内戦後のシエラレオネのダイヤモンドをティファニーに提供する取引もまとめている。それを考えれば、ギニア大統領の妻に賄賂を贈った事件で、同国における数十億ドル規模の鉄鉱石採掘権を失ったことなど、大した問題ではない（スタインメッツのマーケティング戦略には奇抜なものもある。Ｆ１ドライバーのルイス・ハミルトンによれば、「車に本物のゴージャス感」を添えるためと称して、レーシングカーのハンドルにダイヤモンドをちりばめたこともある）[20]。

アフリカのダイヤモンド産業における第三の重要人物は、レフ・レヴィエフだ。レヴィエフもスタインメッツやゲルトラー同様、イスラエルの億万長者である。ちなみにイスラエルは、ベルギーやインドとともに、ダイヤモンド取引の三大中心地を形成している。しかしレヴィエフはほかの二人と違い、ダイヤモンド事業を手掛ける家系に生まれ育ったわけではない。ソ連時代のウズベキスタンでユダヤ人の両親のもとに生まれ、一〇代のころにイスラエルへ移住した。裕福ではなかったが、野心だけは人一倍あった。「六歳になるころから、自分がいずれ金持ちになることはわかっていた」という。学校を卒業すると、ダイヤモンド取引の道に入り、カッティングや研磨の技術を学んだ[21]。しかし当時、最高の原石を手に入れられるのは、デビアスが特別に認定した〝サイトホルダー〟（ダイヤモンド商社から直接原石を購入する権利を持つ会社）だけだった。レヴィエフはこうした会社の中に強引に分け入り、デビアスに戦いを挑んだ。まずはロシア、次いでアンゴラで、デビアスを通さず当局に直談判した。これほど大胆な挑戦を試みた者はかつて誰もいなかった。レヴィエフのこの行動により、ダイヤモンド産業におけるデビアスの一強支配が崩れることになる。

レヴィエフがアンゴラにやって来た一九九〇年代半ばには、内戦は最終段階に入っていた。レヴィエフは、アンゴラのダイヤモンドを購入する会社を共同設立するとともに、ダイヤモンドの採掘有望地と目されていたカトカの持分一八パーセントを獲得した。カトカのあたりはかつて反政府勢力に支配されていたが、採掘が始まる一九九八年には政府が取り戻していた。そこは後に世界有数のダイヤモンド鉱山へと発展する。[22]

レヴィエフは、デビアスを押しのけて成功を収めた。今やレヴィエフが運営するカッティング・研磨事業は世界最大規模に達している。[23] そのほか、アンゴラやナミビアなどの鉱山経営から、ロンドンのボンド・ストリートやニューヨークのマディソン街の宝飾店経営まで、そのビジネスはダイヤモンド取引の全分野に及ぶ。またレヴィエフは一九九六年、テルアビブに上場している巨大多国籍コングロマリット、アフリカ・イスラエル・インベストメンツの経営権を獲得した。この企業は、ビキニ販売から、アメリカのガソリンスタンド経営、パレスチナ自治区におけるイスラエル人入植地の建設まで、幅広いビジネスを手掛けている。[24] さらに、ユダヤ教原理主義ハバッド派の熱心な信奉者として、ロシアで学校や礼拝堂や児童養護施設を建設するなど、宗教理念の推進のために財産の一部を寄進してもいる。ロンドン北部の高級住宅地ハムステッドに、映画館やプールや装甲扉の玄関を備えた七〇〇〇万ドルの豪邸を所有し、二〇〇八年から九人の子供たちのうちの二人と妻とともに暮らしている。[25]

二〇〇一年にニューヨークで同時多発テロが発生すると、ニューヨーク・タイムズ・ビルディングやメトロポリタン生命保険会社タワーなど、マンハッタン中心部の不動産の安くなった株を買い集め、高級分譲マンションに改造する計画を立てた。だが、二〇〇七年に金融危機が勃発すると、アメリカ不動産市場の崩壊とともに、こうした不動産の価値は下落した。レヴィエフは不動産の買収のためにかなりの負債を抱えていたため、ある仕事仲間によれば、当時は「尻に火がついたようだった」という。結局レヴィエフは、ポートフォリオの一部を手放すことにし、二〇〇八年一一月、手持ちの不動産の中でもきわめて有名な不動産を売却する契約をまとめた。その不動産とは、ウォール街二三番地、ニューヨーク証券取引所の向かい側にある元ＪＰモルガン本社ビルである。買い手は、これを一億五〇〇〇万ドルで購入することに合意した。市場が急落していた当時にしてはかなり気前のいい額である。この取引をよく知るあるビジネスマンは言う。「あの不動産に一億五〇〇〇万ドル支払う理由がわからない。二〇〇八年一一月当時であれば、いくら楽観的に見積もっても、七五〇〇万ドルがせいぜいだろう」

この買い手とは、クイーンズウェイ・グループとアンゴラ国有石油会社との合弁会社、チャイナ・ソナンゴルである。徐京華の企業ネットワークが、ウォール街の一画を確保するとともに、アフリカのダイヤモンド事業に参入する手がかりを獲得するための一手段として、このような取引を行ったのだ。

レフ・レヴィエフは不動産事業で負債まみれになったが、クイーンズウェイ・グループには、二〇〇七年の金融危機を経験したあとでさえ、うなるほどの資金があった。当時はすでに、同グループ最初のアンゴラの油田で生産を始めていたうえ、ほかの事業も形になりつつあったからだ。チャイナ・ソナンゴルと仕事をしたという西欧のビジネスマンの話では、同社は毎月一億ドルもの経費控除後利益を生み出しているとのことだった。そこで同グループは、シンガポールの高級マンション事業や北朝鮮のオフィス開発計画など、不動産にも手を広げた。クイーンズウェイ・グループとフトゥンゴは、金融システムの陰で交わされた取引を通じ、アフリカの地下や海底深く眠る資源を現金に換えた。そしてその現金を、グローバル経済を牛耳るウォール街の中でも名声を誇る現物資産に換えたのだ。

レヴィエフの会社の発表によれば、チャイナ・ソナンゴルはウォール街二三番地のほかに、ニューヨーク・タイムズ・ビルディングやメトロポリタン生命保険会社タワーの株式も購入する予定だった。しかし不動産の記録を見ても、そのような取引が行われた形跡はない。また、裁判所の記録によれば、レヴィエフの不動産会社は、JPモルガン・ビルの売却の際に五〇万ドル値下げすることに同意している。「両者の重要な取引関係を保つため」だという[26]。

JPモルガン・ビルの取引は、クイーンズウェイ・グループとレヴィエフとの関係をはっきり示す一例に過ぎない[27]。二〇一一年五月レヴィエフは、アンゴラのダイヤモンド鉱山カトカの自身の持分一八パーセントを、二億五〇〇〇万ドルでチャイナ・ソナンゴルに売却した。この鉱山は、毎年数億ドルもの原石を産出している。こうしてチャイナ・ソナンゴルは、マンハッタンの不動産投資で苦境に陥っていたレヴィエフを救済することで、アフリカのダイヤモンド鉱山で持分を所有する最初の中国系企業となった。

二〇〇九年には香港で、徐京華とレヴィエフが楽しげに語らいながら食事をする光景が見られた。しかし両者の関係はやがて気まずいものになる。企業の記録を見るかぎり関係は続いているようだが、二〇一四年にレヴィエフの広報担当者は私にこう述べている。「レヴィエフ・グループは、徐京華氏や同氏と関連するいかなる企業とも合弁事業を行っていない」しかし徐京華はすでに、アフリカにおけるダイヤモンド事業を拡大し、ジンバブエのマランゲ地区にも手を伸ばしていた。

一九五〇年代の健全で陽気な音楽を背景に、選挙の広告ビデオが流れ始めた。ナレーションを担当する女性の声は、快活でなめらかだ。ジンバブエを始めとするアフリカ全土に光り輝く鉱石が散らばっている様子が、アニメで描き出される。しかしこの宝が、住民のために活《い》かされることはない。小さなプロペラ機がすべて奪い、飛び去ってしまう。その宝が生み出す数十億ドルという利益は、海外の企業のものになるのだ。ナレーターは言う。「世界一富に恵まれた大陸アフリカは、いまだに貧しいままです」それを解決するのが、資源産業の〝現地化〟だ。海外の鉱業企業の現地子会社の株式を現地の住民や政府が買い取ることができれば、収益が国外に流出するのを防げる。ジンバブエ全土に病院や学校ができていく様子が、アニメで表現される。

この広告ビデオは、ジンバブエの国営放送ＺＢＣがその直前に放映した番組と呼応している。それは、二〇一三年七月の選挙の投票日前にロバート・ムガベが開催した集会を紹介した番組である。大統領はあと数か月で九〇歳を迎えるほどの高齢でありながら、往年と変わらぬなめらかさと力強さで、長々と演説を行っていた。ＺＡＮＵ‐ＰＦの支持者は、党のシンボルカラーである黄と緑で身を飾っている（中には強制的に連れてこられた人もいるのだろう）。支持者が掲げる横断幕には「ジンバブエは売り物ではない」の文字が見える。司会者が「ジンバブエを売ろうとする者たちを倒せ」と叫び、欧米の支援を受ける野党ＭＤＣを非難している。

この集会の映像や広告ビデオは、ムガベが伝えようとする重要なメッセージを提示している。白人支配に終止符を打つ解放者の仕事は終わっていない。いまだ帝国主義勢力がジンバブエを抑えつけている、というものだ。

これは確かにもっともである。石油や天然ガス、鉱物資源を加工することなく輸出しているだけでは、アフリカの資源国家はいつまでもグローバル経済の底辺に縛りつけられたまま、工業化できない。アフリカ南部には、ニッケル、プラチナ、金、ダイヤモンドなど、鉱物資源が豊富にある。ジンバブエも例外ではない。それを考えれば、現地化のアイデアはきわめて理にかなっているように見える。ジンバブエでは独立後も、土地や鉱物資源といった経済的利益の再分配が進んでいない。ムガベ政権は、この国で事業を行う海外の鉱業企業に、現地子会社の株式の五一パーセントを現地の黒人に移譲するよう再三命令している。政府はこの政策を白人への復讐と考えているようだが、それでもその内容はおおむね南アフリカの黒人経済力強化（ＢＥＥ）政策にならったものだ。鉱業企業は住民に株式を購入する資金を貸与し、住民は将来の企業利益から受け取る配当でその購入代金の支払いを行うというものである。

南アフリカのＢＥＥ政策は結局、新たに黒人の富裕層を生み出し、アパルトヘイト時代に広まった不平等な経済構造を何も変えていないと批判された。だがジンバブエの現地化政策は、そのレベルにさえ到達しなかった。その理由として一つ言えるのは、政府当局者が、国を豊かにすることより、自分個人を豊かにすることを優先したからだ。わかりやすい例として、元保安相のソロモン・ムジュルを挙げよう。ちなみに彼の妻は、二〇〇四年にムガベ政権の副大統領に就任している。ムジュルは当時高まりつつあった中国の脅威をうまく利用した。ジンバブエ最大のプラチナ採掘企業インパラ・プラチナム・ホールディングスの現地子会社の責任者が漏らした話によれば、ムジュルが密かに同社に接触してきて、自分を同社の「現地パートナー兼保護者」にしてくれれば、同社の資産を狙っている中国から会社を守ると約束したという[28]。このような策略のために、一般のジンバブエ人どころか、支配者階級の人間にさえ、大規模な所有権の移譲が遅れることになったのである。

ムガベ大統領は長らく、ジンバブエの経済が崩壊したのは欧米の制裁のせいだと主張してきた。だが実際にはこうした制裁は、ムガベやその仲間の個人的な利益のみを対象にしている。確かにジンバブエの国有鉱業企業は、マランゲ地区の事業に出資していたことから、EUの制裁を受けた。ところが二〇一三年九月、EUはダイヤモンド取引の中心地であるベルギーの要請に屈し、この国有企業への制裁を解除し、ジンバブエ産ダイヤモンドのヨーロッパでの売買を許可した。それでもムガベは、これまでの主張を変えようとはしない[29]。その月の終わりにニューヨークで開催された国連総会で、ムガベはこう述べている。「われわれの平和な小国は、利益一点張りの強欲な大国に毎日脅かされている。諸外国やその資源を支配しようとする大国の欲求には限りがない[30]」

だが現実は違う。アンゴラの内戦時代、ジョゼ・エドゥアルド・ドス・サントスはアパルトヘイト時代の南アフリカを敵に回して戦った。だが結果的に、石油マネーを使って裕福な生活を送るエリート層がアンゴラを支配している。ムガベ政権の封建的な支配構造も、結局は自分がゲリラ兵を率いて打倒した白人の支配構造と何ら変わらない。支配層の肌の色が違うだけだ。

アフリカの資源国家ではたいてい、独立以前から石油産業や鉱業が根づいていた。新生国家が公共の利益を管理したり、恣意的な権力行使を制限したりする社会制度を整える機会を手に入れたのは独立以後である。一方、一九六九年に北海で巨大油田が発見されたとき、ノルウェーにもイギリスにも、石油マネーの破壊的な力を軽減する社会制度がすでに確立されていた。ナイジェリアのような国はそうではない。イギリスの植民地支配者が出ていく前から、シェルは石油を汲み上げていた。

私はある日の午後、アブジャにある互いの友人の家で、ナイジェリアの博識家フォラリン・グバデボ＝スミスに話を聞いた。グバデボ＝スミスは歯科医の資格を持っていたが、後にハーバード大学ケネディ行政大学院で研鑽《けんさん》を積み、ラゴス州の地方政府で働いたり、ナイジェリア＝アジア商工会議所を運営したり、センター・フォー・ポリシー・オルタナティヴズというシンクタンクを設立したりと、八面六臂《はちめんろっぴ》の活躍をしている。彼は言う。「イギリス人もほかの国の人間も、スペインの征服者と同じだ。植民地支配勢力は資源を略奪するシステムを作り上げた。そして立ち去るときに、そのシステムを次の指導者に引き継いだ。DNAのようにね。軍が引き継いで資源レントを手にしたところも多い。この構造を変えるのは信じられないほど難しいんだ。海外のパートナーもいまだに協力している。まるでウイルスのようだよ。植民地政府から独立後の支配者にうつっていく。この略奪システムは、国民のため、公益のために統治される社会とは正反対だ[31]」

天然資源を征服して政治的権力を強めていく、あるいは政治的権力を強めて天然資源を征服していくこのシステムの原型を作ったのは、セシル・ローズである[32]。ローズは一八七〇年代のダイヤモンド・ブームの際、現在の南アフリカ中心部の平原にやって来ると、一介の鉱山労働者からダイヤモンド取引の王者にまで出世した。デビアスを設立したのは、このローズである。さらに、ダイヤモンド産地の北で金が発見されると、ゴールド・フィールズという鉱業企業を設立した。この会社は現在も、世界有数の金採掘企業として、オーストラリアからペルーに至る鉱山で操業している。

ローズは、一八九〇年から一八九六年までケープ植民地の首相を務め、指揮下に私設軍を従えていたことからもわかるように、生粋《きっすい》の帝国主義者だった。協定や軍事力、二枚舌を駆使し、絶えず北へとイギリスの植民地統治と自身の企業利益の拡大を図った。ローズが支配していた最大の企業イギリス南アフリカ会社は、国王から政府に匹敵する権限を与えられていたという。地域の黒人住民は、ケープ植民地東部のコサ人（ネルソン・マンデラの出身民族）からローデシアのショナ人（ロバート・ムガベの出身民族）に至るまで、徐々に冷遇され、隷属させられていった。

ローズは、トランスヴァール共和国への侵攻に失敗して失脚し、一九〇二年に死去した。ビクトリア朝時代のイギリスで社会改革運動に奔走した偉大なジャーナリスト、W・T・ステッドは、セシル・ローズについてこう述べている。「現代世界の真の支配者として最近頭角を現しつつあるマネー王朝の初代国王だ[33]」この表現は、二〇世紀を超え、二一世紀に至ってもなお生き続けている。ニジェールでのアレヴァ、ナイジェリアでのシェル、コンゴでのグレンコア、そのほか同様の企業はみな、アフリカ諸国で圧倒的な力を振るい、独立前に存在していた帝国主義を再現している。私は以前、アフリカの二つの鉱業企業のベテラン幹部に、クイーンズウェイ・グループについてどう思うか尋ねてみたことがある。すると二人とも、ローズを引き合いに出した。ジンバブエの幹部は言う。「ローズの再来だ。（中略）巨大マフィアだよ」同グループが権力の中枢に入り込み、アフリカ全土に手を広げていくのを見てきたアンゴラの幹部は、こう語っていた。「誇大妄想の気がある。ローズみたいにまたアフリカを征服しようとしている」クイーンズウェイ・グループと取引をしたことがあるという西欧のビジネスマンも、言葉は違うが同じようなことを述べている。「かつて存在したような帝国主義的な会社だ。採掘権を持っているだけでなく、腐敗した政府の最上層部とコネがある。だから、望みのものを手に入れる権利を獲得できる」

新たな資源帝国の権力構造には、ローズの権力構造とは著しく異なる点が一つある。それは、最上層部に黒人がいるということだ。奴隷貿易時代から、アフリカを搾取する海外の大国にアフリカ人が手を貸していた事例は山ほどある。かつてイギリスが確立した帝国主義的戦略では、イギリス政府の言いなりになる黒人エリート層に権威を付与するという方法を採用していた。しかし現在のアフリカの資源国家では、現地の支配者が、石油企業の幹部や鉱業界の有力者、あるいは世界を股《また》にかける仲介者と対等の立場にいる。それどころか、かつての上位と下位が完全にひっくり返ってしまっている場合もある。フトゥンゴが権力と富を拡大する手段として利用しているソナンゴルが、かつての宗主国ポルトガルの銀行や公営企業の株式、あるいはポルトガルの公債まで保有しているのだ。EUが悪化したポルトガル経済の救済で合意した際には、ポルトガルの首相がルアンダを訪れ、同国政府はアンゴラからの投資を「きわめて好意的に」受け入れるつもりだと語っている。(34)

ローズが気づいていたように、天然資源で利益を上げるためには軍事力が必要になる。天然資源が眠る土地を守るため、それに現状の政治を維持するためだ。石油企業や鉱業企業は必ず民間の武装警備会社と契約して施設を守っている。傭兵たちはいまだに、資源マネーと引き換えに戦争に行く準備をしている。しかし最近では、本格的な私設軍を組織するのは常軌を逸《いっ》していると見なされることが多い。そこで二一世紀のローズを自称する者たちは、現地の治安部隊や武装組織と同盟関係を結ぶ。実際、徐京華率いるクイーンズウェイ・グループは、ロバート・ムガベの秘密警察と結託している。

ムガベ政権の中核にはジンバブエの治安部隊が、その治安部隊の中核には中央情報機関（CIO）がある。ムガベは一九八〇年、ジンバブエの白人最後の統治者イアン・スミスが退陣した後もこの機関を存続させ、その長官だったケン・フラワーを留任させた。当初は希望にあふれていたムガベ政権がやがて恐怖政治に移行すると、ＣＩＯはその中心的な役割を担うことになる。

陸軍参謀大学で教鞭《きょうべん》をとっていたこともあるジンバブエの治安問題の権威ノックス・チティヨは、こう記している。「ＣＩＯは、中核任務である情報収集とは別に、準軍事的な作戦にも従事しており、ジンバブエの暴力文化に深く関与している。情報を引き出すために拉致や拷問を行うことで有名だ」[35]ＣＩＯは、ジンバブエ国内に一万人もの人員を配置するとともに、海外にも諜報員や工作員を派遣し、文字どおり社会の隅々にまで監視の目を行き渡らせている。選挙時には、ＺＡＮＵ－ＰＦに反対する人々を脅迫し、支配政党に投票するよう有権者を誘導するという[36]。マランゲ地区の鉱山労働者は、ＣＩＯの職員らしい人間が近づいてくると、作業場で草を食《は》んでいる牛がいると言って互いに警告し合う。牛がそこまで来るのは食べものがない証拠であり、飢餓が迫っていることを意味する。そのため、危険を知らせる合図として使われているのだ。

ＣＩＯはムガベに直属しており、大統領官邸を通じて資金を供給される。ちなみに、大統領官邸の予算は議会審査の範囲外である。この秘密警察はまた、ロシアの情報機関やアンゴラの情報局長コペリパ将軍と同じように、副業を行っている[37]。実際、ＣＩＯに限らず、ジンバブエ軍も警察も、マランゲ地区のダイヤモンド採掘権を割り当てられた正体不明の鉱業企業と結びついている[38]。二〇〇八年のアメリカの外交電報にはこうある。「腐敗した計画ばかりが渦巻くこの国でも、ダイヤモンド・ビジネスの汚れようは群を抜いている[39]」

徐京華とＣＩＯとの取引は、ジンバブエに連立政権が誕生したあの選挙の前、二〇〇八年初めごろにさかのぼる。グローバル・ウィットネスが取得したＣＩＯの内部文書とされる資料によれば、二〇〇八年二月から毎月のように、徐京華の自家用機がハラレ空港に到着するようになった[40]。そしてジンバブエを訪問するたびに、軍やＣＩＯからダイヤモンドを購入していった。軍やＣＩＯは、ノー・リターン作戦でマランゲ地区を完全掌握する以前からすでに同地区に進出していたのだ。徐京華はそのダイヤモンドと引き換えに、ムガベの影の政府に資金を提供していた。先ほどのグローバル・ウィットネスの資料によると、徐が二〇一〇年初めまでにＣＩＯに支払った額は一億ドルに及ぶという。秘密警察が所属する政府機関の年間予算にほぼ匹敵する額である。徐はそのほか、日産のオフロード車を大量に提供している(41)。

ジンバブエの事情通のビジネスマン二人に聞いた話では、ジンバブエにおける徐京華の最大のビジネスパートナーは、ＣＩＯの責任者でムガベの腹心でもあるハピトン・ボニョングウェだという。しかし私が確認したかぎりでは、そのような関係が記録されている文書は見つからなかった。ただし、クイーンズウェイ・グループとＣＩＯとが関係していることを示す文書ならある。

徐京華は、よその企業がマランゲ地区で採掘したダイヤモンドを取引する一方で、自社で採掘を行うチャンスを手に入れた。ジンバブエ政府がシノ・ジン・ディヴェロップメントという企業に、マランゲ地区でダイヤモンドを採掘する権利を付与したのだ。これこそ、マランゲ地区の野党議員シュアー・ムディワが「中国軍とＣＩＯの会社」だと語っていた企業である。だがどうやら、中国軍とは直接的な利害関係はないらしい。おそらくムディワは、徐京華が武器取引を行っていることや中国情報機関と関係があることを噂に聞き、そう早合点してしまったのだろう。ところが、一部の企業はマランゲ地区からダイヤモンドを大量に産出していたが、シノ・ジンの鉱区ではまったく収穫がなかった。クイーンズウェイ・グループの弁護士の話によれば、シノ・ジンは結局「一カラットも」輸出できないまま、二〇一二年に採掘権を放棄したという(42)。それでもシノ・ジンは別の目的を達成したようだ。クイーンズウェイ・グループとＣＩＯとの間で取引関係を確立したのである。

二〇〇九年ごろからクイーンズウェイ・グループは次第に、全世界的な事業の拠点としてシンガポールを利用するようになった。同グループの企業ネットワークの頂点にある企業は、いまだ香港に登記されている。だがシンガポールであれば、香港とほぼ同じ程度に企業情報を秘密にできるうえ、同グループが中国やアフリカにとらわれない本格的な多国籍グループへと飛躍することも可能になるからだ。マランゲ地区がノー・リターン作戦で蹂躙《じゅうりん》されてから数か月後の二〇〇九年六月一二日、シノ・ジン・ディヴェロップメントがシンガポールに登記された。この企業には、ジンバブエに登記された同名の姉妹会社がある。そのジンバブエの企業がマランゲ地区のダイヤモンド採掘権を手に入れると、シンガポールの企業はジンバブエの企業に五〇〇〇万ドルを送金している[43]。この企業は両方とも、クイーンズウェイ・グループの主要人物とつながりがある。

例によってシノ・ジンの所有者も、金融システムの闇の中に紛れてわからない。シンガポールの会社には二人の株主がいる。どちらも、イギリス領ヴァージン諸島に登記された企業である。この租税回避地では所有者を明らかにする必要はないが、署名者はわかる。この署名者が誰かの代理で署名を行っているのでなければ、少なくともある程度は当の企業に影響力を持つ人間であり、その一部あるいは全部を所有している可能性が高いと言える。

シノ・ジンの株式の七〇パーセントを保有している一方の企業の署名者は、羅方紅である。徐京華の主要パートナーで、そのほか数十のクイーンズウェイ・グループ企業の株式を保有している人物だ。一方、残りの三〇パーセントの株式を保有している企業の署名者は、クイーンズウェイ・グループ関係者に新たに名を連ねることになったマシンバ・イグナティウス・カンバである。住所欄には、ハラレ中心部にあるチェスター・ハウスの七階と記されている。(44) 二〇一三年七月の選挙の数日前、私はこのハラレの住所にカンバを訪ねた。ジンバブエにおけるクイーンズウェイ・グループのビジネスパートナーがムガベの秘密警察の一員であるという話が、本当かどうか確かめたかったからだ。カンバについては、ジンバブエの報道機関はＣＩＯの一員だとしているだけだったが、野党はＣＩＯの管理局長だと述べていた。(45)

　ハラレのビジネス街は、緑に覆われた郊外の静かな通りより活気があるが、喧噪《けんそう》に満ちたラゴスやルアンダに比べると、ずいぶん落ち着いている。ハラレの主要バスターミナルからさほど遠くない、ロバート・ムガベ・ロードから一ブロック入ったところに、チェスター・ハウスはある。コンクリート造りの殺風景な高層オフィスビルだ。みすぼらしい受付で来訪者名簿に名前を書いていると、エレベーターが故障していて使えないと言われたので、私はらせん階段を上っていった。下のほうの階のエントランスの表示を見ると、そのあたりのオフィスは教育文化省が使っているようだ。やがて七階に到着した。カンバがシノ・ジンの登記書類に記していた住所だ。しかしそこへ行く前に、とりあえず上の階も見てみることにした。この建物にＣＩＯの人間がいるのならば、上の階を利用している組織と関係があるかもしれないからだ。案の定、九階と一〇階には、ジンバブエ労働組合会議（ＺＣＴＵ）の本部が置かれていた。

　ＺＣＴＵは、モーガン・ツァンギライが野党の党首になる前に率いていた組織だ。本部の壁に飾られた変色したぼろぼろの組合活動家の写真を見ると、この組織が反政府活動を積極的に行ってきたことがわかる。下の階で何が行われているのかと私が尋ねると、ある活動家が教えてくれた。「六階と七階にはＣＩＯの人間がいる。こちらが引っ越してもついてくるんだ」つまりカンバは、労働組合の活動を密かに見張るために設けたＣＩＯのオフィスを、クイーンズウェイ・グループとの取引における公的な住所として利用していたのだ。

ＣＩＯは、残忍な行為を平気で行う集団だ。しかし私は、そんな考えを必死に頭から追い払いながら階段を下りていった。階段の吹き抜けから七階のオフィスに通じるエントランスには、「ゼルゴールド・インヴェストメンツ　公認金融会社」と書かれた青と黄の表示板がある。私はエントランスから中へ入り、最初のドアを開けて頭を突っ込んだ。中を見ると、真新しい白漆喰《しっくい》の壁に囲まれた部屋に家具がまばらに配置されている。体格のがっしりした身なりのいい男が机に向かい、受話器に向けて怒鳴っている。もう一人、やはりスーツとネクタイ姿の男がこちらをびっくりしたように見るので、私はマシンバ・イグナティウス・カンバを捜していると告げた。

男は動揺していた。「どの会社の？」

「シノ・ジンです」

男は、シノ・ジンのオフィスは数ブロック先の別の通り沿いにあると教えてくれた。その場の雰囲気から、長居はできないことは明らかだった。

二日後、男が教えてくれたシノ・ジンのオフィスへ向かった。受付でカンバに会いたいと告げると、「ここは中国の会社です。それに管理職は会議中です」という答えが返ってきた。ここは結局、マランゲ地区のダイヤモンド採掘権を取得したシノ・ジン・ディヴェロップメントのオフィスではなかった。ジンバブエでクイーンズウェイ・グループの綿事業を運営している同名の別会社のオフィスだったのだ。自分が探しているシノ・ジンのオフィスの場所を尋ねると、外へ出て通りをまっすぐ進み、老朽化した国営電気会社メガワット・ハウスの本社を過ぎたところにあるという。言われたとおりに行くと、角張った堂々たる二〇階立ての建物、リヴィングストン・ハウスにたどり着いた。白人統治時代に建てられた当時は、市でいちばん高かった建物だ。アフリカで行方不明になり、一八七一年にイギリスの探検家スタンリーに発見されたことで有名なスコットランドの宣教師、リヴィングストンにちなんで命名された（このときにスタンリーが発した「リヴィングストン博士でいらっしゃいますか？」は流行語になった）。現在この高層ビルには、ジンバブエには存在する意味もない腐敗行為防止委員会などが入っている。ビルの所有者は、市の反対側にあるもう一つのオフィスビルや、結婚式場として人気がある郊外のホテルを購入したのと同じ組織、すなわちクイーンズウェイ・グループである。(46)

リヴィングストン・ハウスのロビーは、クイーンズウェイ・グループが所有するアンゴラの高層ビル、ルアンダ・ワンのロビーに劣らないほど立派だった。三階のエントランスでようやく私は、シノ・ジンの公式ロゴを見つけた。コカ・コーラの現地支社の向かい側にある。受付に入ると、木々の茂みを見渡せる人工芝で覆われた巨大なバルコニーが見える。そこで案内を請うと、幹部は七階にいるという。私はエレベーターで七階へ行き、壁に抽象画が掛かった設備の整ったオフィスに入った。しかし、物腰の上品な秘書の話では、幹部たちはみな一日の仕事を終えて帰宅してしまったらしい。私はメモを残すことにし（結局返事はなかった）、ついでに徐京華がこのオフィスに来たことがあるかどうか秘書に尋ねてみた。すると秘書は微笑んでこう答えた。「現れては消えてしまいます」

私は蒸し暑い陽気の中、香港の人工の峡谷の底を歩いていた。薄汚れた安アパートや、竹の足場に囲まれた荒れ果てた建物の間に、光り輝く摩天楼《まてんろう》が林立している。二〇一四年五月のある月曜日の午前のことだった。にぎやかな通りで販売されている新聞の一面には、ベトナムで発生した抗議運動の記事が掲載されている。中国が、領有権問題の争点となっている海域に石油掘削装置を設置したからだ。中国は自国の権益を主張し、周辺海域で挑発行動を続けていた。やがて私は、九年前の思い出の場所を通り過ぎた。当時、香港コンベンション＆エキシビション・センターで世界貿易機関（ＷＴＯ）の首脳会議が開かれており、韓国の農民がグローバル化に反対するデモを行っていた。それを報道していたときに近距離から催涙ガスを一斉発射され、私は地面に倒れ込んだのだった。

間もなく私は、目的地にたどり着いた。クイーンズウェイ八八番地にある複数のタワーが立ち並ぶ複合施設、パシフィック・プレイスである。情緒豊かな照明に彩られた、高級ブティックが並ぶ一階のショッピングモールを抜け、タワーの間にある緑豊かな中庭に上がった。この施設で働く国際的な銀行家が高級コーヒーショップにたむろしている。香港の企業登記簿によれば、チャイナ・ソナンゴルや中国国際基金、そのほかさほど名前の知られていないクイーンズウェイ・グループの種々雑多な企業が、ここにあるトゥー・パシフィック・プレイスの一〇階に登記されている。鏡面仕上げの湾曲したガラス板でできた、施設内で最大のタワーである。

広々としたロビーの壁には、一九四〇年代風のしゃれたスタイルで、小さな絵がいくつも描かれている。手提げかばんを持つビジネスマン、ゴルフをする男性、小さな犬を連れて歩く女性、マリリン・モンローのようにスカートをはためかせている女性などの絵だ。大理石と鏡だけでできたエレベーターで一〇階へ行くと、ガラスのドア越しにチャイナ・ソナンゴルのロゴが見えた。

中に入ると、左側に待合室があり、アフリカ人女性をかたどった膝ほどの高さの黒い石の彫像がある。インターホンを押すと、眼鏡をかけた青いブラウスの女性が中へ招き入れてくれた。私が自己紹介をしようとすると、また別の女性が現れた。小柄で丸顔、黒髪をボブカットにし、黒いブラウスに黒いパンツという姿である。その女性が私の身元を尋ねてきたので、自分はフィナンシャル・タイムズ紙の記者であり、チャイナ・ソナンゴルが登場する本を執筆しているところだと説明した。女性は二人とも礼儀正しく笑みを浮かべていたが、明らかに気まずい雰囲気が漂っていた。

私は、中国国際基金、創輝国際発展、大遠国際発展など、ここを登記住所にしているクイーンズウェイ・グループの会社名を並べ立てた。さらに、羅方紅の名前も挙げた。羅はこのオフィスを住所として登録している。黒服の女性は、それらの会社については何も知らないと述べた。それではと私は、チャイナ・ソナンゴルについて尋ねた。同社のロゴが、私たちのいるすぐそばの壁に描かれている。だが彼女は、ウェブサイトを見てくれとしか言わない。これまで無数のメールを送ったが、一度も返事を受け取ったことがないと訴えると、またメールを送ってくれと言う。質問に答えられる人がオフィスにいないのかと尋ねると、自分は〝上級職〟ではなく、今は管理職もいないと述べ、私が来る場所を間違えたのではないかと言う。管理職の誰かにメモを残しておいていいかと尋ねると、それはできないとのことだった。連絡を取れる人物の名前を教えてくれないかと言うと、それも断られた。彼女に名前を尋ねると、それも拒否された。私は仕方なく、近くに山と積まれていたパンフレットを指差した。そこには、中国国際基金の社内ニュースレターである『ＣＩＦスペース』もある。女性が先ほど何も知らないといった会社だ。それをもらえないかと頼むと、女性は「お渡しできません」と言い、こう続けた。「もうお帰りになられたほうがよろしいかと」私が外に出ると、背後で扉が閉まり、女性は姿を消した。私はもう一度インターホンを押し、徐京華について尋ねようとしたが、受付係は「何もお答えできません」と言うばかりだった。

クイーンズウェイ八九番地にあるリッポー・センターの四四階にあるオフィスにも足を運んだが、対応はまったく同じだった。クイーンズウェイ・グループは最近、この巨大なジェンガのような建物に一部の企業の登記住所を移していた。だがここでは、オフィスの中へ入ることさえできなかった。

しかし私は、徐京華の携帯電話の番号を入手することに成功したため、繰り返しその番号に電話をかけた。たいていは、呼び出し音が鳴り続けるか、香港にいないことを伝えるメッセージが流れるだけだった。しかし二度だけ徐京華が電話に出た。私は、徐に関する本を執筆する予定だと告げた。だが強いなまりのある英語で、一回目は食事中、二回目は会議中だと言われた。どちらのときも、徐のほうからあとでかけ直すと言っていたが、電話がかかってくることはなかった。私が知るかぎり、徐京華がインタビューに応じたことは一度もない。

クイーンズウェイ・グループの人間で私と話をしてくれた人物に、チャイナ・ソナンゴルの法務部長ジー・キン・ウィーがいる。私たちは二〇一四年にメールを交換した。私はその中で、クイーンズウェイ・グループの活動について五二項目に及ぶ質問をした。すると、チャイナ・ソナンゴルの署名入りの手紙が添付されたメールが返ってきたが、返答があったのは四項目だけだった。「弊社には秘密保持契約があります。また、民間企業にはプライバシーを要求する合法的な権利もあります。そのため、これ以上の情報を提供することはできません。また、中傷的な意見が発表された場合には、弊社には法的救済を求める権利があります」さらに手紙の文章はこう続いていた。「弊社は上場企業ではありません。そのため、上場企業と同じような形で弊社の商取引をすべて公開する法的な義務はありません」[47]

徐京華は絶えず動き回っている。その自家用ジェット機が数日以上動かないでいることはまずない。二〇一四年前半の数か月だけでも、香港、シンガポール、モーリシャス、マダガスカル、モルディブ、アンゴラ、ジンバブエ、インドネシア（チャイナ・ソナンゴルが天然ガス田の持分を所有している）、北京に飛んでいる[48]。

ローズの場合と同じように、アフリカでの徐京華の事業はどこまでも広がり続けている。たとえばシエラレオネでは、ダイヤモンドを資金源とした内戦で疲弊した国土に、ようやく平和が根づこうとしている。その大統領アーネスト・バイ・コロマは二〇一三年一二月、南アフリカで行われたネルソン・マンデラの告別式からの帰途、アンゴラに立ち寄った。そして、クイーンズウェイ・グループが所有する黄金の高層ビル、ルアンダ・ワンでディナーと赤ワインを楽しみながら、ある協議を行った。公式声明によれば、「中国の大物実業家にして中国国際基金の副会長である徐氏と、シエラレオネの主要なインフラ開発事業について、実りある協議を行った」という[49]。写真を見ると、コロマは徐の話に熱心に耳を傾けている。いつものように眼鏡をかけ、黒いスーツに身を包んだ徐京華は、目の前のテーブルに携帯電話を置き、確認リストの項目にチェックを入れているような仕草をしている（一年前に撮られた別の写真では、徐が見守るなか、シエラレオネ政府と中国国際基金と中国鉄建との間で合意された了解覚書にコロマが署名している。ダイヤモンド事業から漁業に至る幅広いさまざまなプロジェクトに関する覚書である。ちなみに中国鉄建とは、従業員数二四万人を誇る中国の巨大国有企業である）[50]。

クイーンズウェイ帝国は、アフリカの油田、鉱床、ダイヤモンド産地を越え、新たな地域にも手を広げつつある。そのための布石なのか、チャイナ・ソナンゴルは、かつてクレディ・アグリコルの幹部として資源産業を担当していた銀行家アラン・ファネを招き入れた。クレディ・アグリコルは、チャイナ・ソナンゴルに数十億ドルもの融資を手配したことのあるフランスの銀行である。ファネはチャイナ・ソナンゴルの最高経営責任者に就任し、シンガポールの本社から運営を行った（だが二〇一四年七月、同社はファネが辞職したという短い声明を発表している）[51]。しかし、いくら表面上は普通の会社を装っても、徐京華が密使として主な活動に携わっている事実は変わらない。

二〇一三年九月、徐京華はシェイク・アハメッド・ビン・サイード・アル＝マクトゥームとドバイでの調印式に出席した。この人物は、石油資源の豊富なアラブ首長国連邦を構成する首長国の一つ、ドバイの政府王家の重要人物である。この調印式でチャイナ・ソナンゴルは、原油を処理する石油精製所を建設する契約をまとめた。ドバイの公式声明によれば、「最新鋭の精製所」だという[52]。また二〇一四年五月、徐京華は北京で開かれた別の調印式に出席した。今回同席したのは、モスクワ市の副市長マラト・フスヌリンと中国鉄建の副社長、扈振衣《フー・ジェンイー》である。徐京華は中国国際基金を代表し、モスクワに新たな地下鉄線を建設する事業に合意した。副市長のフスヌリンはこのとき、ウラジーミル・プーチン率いる訪中団の一人として北京を訪れていた。プーチンはこの二か月前、ウクライナで親ロシア派大統領が失脚したのを受けてクリミアを併合した。それを受けて欧米各国は、プーチン周辺の人間やロシアの石油産業に制裁を科していた。つまりクイーンズウェイ・グループは、アフリカでの戦略をそのままロシアにも応用したことになる。天然資源が豊富な、汚職にまみれた政権が、欧米から非難を受け、国際的な制裁を科されたときを狙って近づいたのである。

クイーンズウェイ・グループに最初に目をつけ、そう命名したのは、アメリカの議会調査チームである。そのチームの一員であるアメリカの研究者J・R・メイリーは、徐京華の企業帝国について実に豊富な知識を持っている。クイーンズウェイ・グループが今後どうなると思うか尋ねると、メイリーはこう語った。「クイーンズウェイの企業帝国が崩壊したとしても、徐京華をトップに押し上げた戦略や手段まで消えるわけではない。徐は豊富なコネを持っている。不安定な国のエリート層に近づく術を知っている。しかしそれよりも重要なのは、法執行機関の手の届かないところで密かに行動する方法を知っているということだ。徐がやらなくても、ほかの誰かがやる。システムがもうできあがっているからね。こうした投資家は、身元を明かさないまま企業を設立することができる。海外の投資家の行動など気にしない国でビジネスを軌道に乗せることもできる。そして悲しいことに、彼らの犠牲になりそうな国はいくらでもある。資源が豊富にある政情不安定な国がね[53]」

シノ・ジンは、「商業的な発展が見込めない」としてジンバブエのマランゲ地区のダイヤモンド採掘権を放棄した。二〇一三年当時のハラレの鉱業界の噂では、同社はマランゲ地区のほかの鉱区やそのほかの採掘地に目をつけているという。クイーンズウェイ・グループの顔とも言える中国国際基金は、ムガベの秘密警察に資金を提供したことを否定しているが[54]、徐京華はハラレへの出入りを続けている。

ロバート・ムガベが不正選挙で勝利を収め、すでに三三年間にわたり掌握している権力を再び完全掌握してから八か月後の二〇一四年四月のことである。アメリカ財務省は、徐京華が持つ七つの名前を特定国籍業者リストに加えた。同時に、ジンバブエのシノ・ジン・ディヴェロップメントもリストに登録した（ただし、シンガポールの同名会社はリストに加えられていない）。このリストは、アメリカの制裁を受ける国の支配者が所有・管理している企業、あるいはその代理で活動したり、その利益のために活動したりしている人物や企業が対象となる。リストに加えられた人物や企業は、アメリカ企業とのビジネスが禁じられ、アメリカ国内の資産は凍結されることになる。一方中国政府は、こうなる以前からすでに、クイーンズウェイ・グループとの間に距離を置こうとしている。ハラレの中国大使館は二〇〇九年、「中国政府は、中国国際基金という名称の企業の事業とは何の関係もない」と述べている[55]（クイーンズウェイ・グループでさえ、その代表として世界中を飛び回り、契約をまとめている徐京華との関係を覆い隠そうとしている。チャイナ・ソナンゴルの弁護士は、徐京華は同社の「顧問」に過ぎないと述べている[56]）。

しかし中国企業は、クイーンズウェイ・グループのおかげで、アフリカの資源国家で次から次へと契約を獲得している。というのはアメリカ当局が、制裁リストにチャイナ・ソナンゴルを加えようとしないからだ。その理由は、アンゴラの石油事業における同社のパートナーに、アメリカの大手石油企業も含まれているからにほかならない。徐京華は今もチャイナ・ソナンゴルを代表して世界中を飛び回り、取引をまとめ続けている[57]。

「私たちが成し遂げたことは、もう元には戻せない」マフムード・ティアムは、ギニアの鉱業大臣としての仕事を終えてニューヨークに戻る準備をしていたころ、そう語っていた。このような見解は、今にして思えばばかばかしく思えるかもしれない。ティアムが参画した軍事政権のあと、選挙で選ばれた政権が、ティアムが支援していた徐京華やベニー・スタインメッツを追い出してしまったからだ。しかしある意味では、ティアムの言っていることは正しい。アフリカの資源取引を牛耳る徐京華の支配的地位は今後も続くかもしれないし、資源国家の気まぐれな政策の犠牲となり、突如として終わりを告げることになるかもしれない。だが略奪システムは、姿の異なるさまざまな管理者のもとで生き続けている。レオポルド二世、セシル・ローズ、モブツ、ムガベ、欧米の石油・鉱業企業の無数の幹部、そして新たに現れた中国企業の実業家たちへと引き継がれている。彼らは表向きは敵対しているが、いずれも天然資源から利益を手にしている。その資源の呪いは、数億人ものアフリカ人を苦しめている。

植民地時代のヨーロッパの帝国や冷戦時代の超大国は姿を消し、資源の宝庫であるアフリカ大陸に新たな支配の形が生まれている。アフリカに生まれた新たな帝国を支配するのは、もはや国家ではない。何ら国民に責任を負わず、影の政府を通じて国土を支配するアフリカの政治家、彼らを世界の資源経済と結びつける仲介者、企業秘密を盾に汚職を行う東西の多国籍企業、この三者の連合勢力が、アフリカを支配している。私たちは、携帯電話で話をしているとき、車に給油しているとき、恋人に指輪をプレゼントしているとき、コンゴ東部の母親のこと、ルアンダのスラム街の住人のこと、マランゲ地区の鉱山労働者のことを考えようとはしない。私たちが目を背けているかぎり、略奪システムは今後も生き続ける。

［原注］

（1）Heidi Holland, *Dinner with Mugabe: The Untold Story of a Freedom Fighter Who Became a Tyrant* (London: Penguin, 2008), 159.

（2）ノー・リターン作戦の詳細については、以下による。'Diamonds in the Rough: Human Rights Abuses in the Marange Diamond Fields of Zimbabwe', Human Rights Watch, June 2009, www.hrw.org/sites/default/files/reports/zimbabwe0609web.pdf.

（3）同前。

（4）以下を参照。'Diamonds: A Good Deal for Zimbabwe?', Global Witness, February 2012, www.globalwitness.org/library/diamonds-good-deal-zimbabwe.（訳注：リンク切れ、以下のサイト参照。https://www.globalwitness.org/ja/reports/diamonds-good-deal-zimbabwe/）

（5）Kimberley Process data, www.kimberleyprocess.com/en/zimbabwe; Bain and Company, 'The Global Diamond Report 2013', www.bain.com/publications/articles/global-diamond-report-2013.aspx.

（6）財務大臣テンダイ・ビティは、二〇一二年一一月一五日に二〇一三年度版予算白書を公表した。それによれば、過去二年の間に、マランゲ地区で採掘を行っている企業一〇社は、合計八億ドル分に及ぶ輸出を行ったという。政府は、そのうちの大規模な企業数社の株式を五〇パーセント保有しているため、その配当があるはずであり、そのほか税金や鉱区使用料も受け取れるはずである。だが実際には、輸出額の一〇パーセント程度に相当する八一〇〇万ドルしか国庫に入っていない。'2013 National Budget Statement', Ministry of Finance and Economic Development, www.zimtreasury.gov.zw/122-2013-national-budget-statement.（訳注：リンク切れ、以下のサイト参照。http://www.zimra.co.zw/index.php?option=com_phocadownload&view=category&id=15:budget-statements&download=379:2013-national-budget-statement&Itemid=112.）

（7）'Chinese Firm Not Paying Diamond Proceeds to Zimbabwe: FM', AFP, 17 May 2012, https://ph.news.yahoo.com/chinese-firm-not-paying-diamond-proceeds-zimbabwe-fm-180120647--finance.html.（訳注：リンク切れ、

以下のサイト参照。https://sg.news.yahoo.com/chinese-firm-not-paying-diamond-proceeds-zimbabwe-fm-180120647--finance.html.)

(8)たとえば、以下を参照。Andrew England, 'Zimbabwe Opposition Challenges Mugabe Landslide', *Financial Times*, 9 August 2013, www.ft.com/intl/cms/s/0/0a3e2d74-0108-11e3-8918-00144feab7de.html.

(9)'Zimbabwe Electoral Commission: 305,000 Voters Turned Away', BBC News, 8 August 2013, www.bbc.com/news/world-africa-23618743.

(10)キンバリー・プロセスが記録した公式産出統計によれば、二〇一二年にアフリカのダイヤモンド産出国一六か国は、世界のダイヤモンド産出額一二六億ドルのうち、七五億ドル分を産出した。キンバリー・プロセスの各国報告書から著者がまとめたデータによる。www.kimberleyprocess.com/en/documents.

(11)'A Rough Trade', Global Witness, 1 December 1998, www.globalwitness.org/library/rough-trade.

(12)同前。

(13)たとえば、以下を参照。UN Security Council, 'Report of the Panel of Experts Appointed Pursuant to Security Council Resolution 1306 (2000), Paragraph 19, in Relation to Sierra Leone', December 2000, www.un.org/sc/committees/1132/pdf/sclet11951e.pdf.

(14)以下に引用されているフリータウンの弁護士デズモンド・ルークの言葉による。Martin Meredith, *The State of Africa* (London: Simon and Schuster, 2006), 566.

(15)キンバリー・プロセスのデータによる。

(16)'Global Witness Leaves Kimberley Process, Calls for Diamond Trade to Be Held Accountable', Global Witness press release, 5 December 2011, www.globalwitness.org/library/global-witness-leaves-kimberley-processcalls-diamond-trade-be-held-accountable.

(17)二〇〇九年三月にハボローネで、著者がイアン・カーマに行ったインタビューによる。

(18)'Julianne Moore and A Diamond Is Forever Hosted a Private Pre-Oscar Dinner to Celebrate Diamonds in Africa', De Beers press release, Los Angeles, 21 Februrary 2009, www.diamondintelligence.com/magazine/magazine.aspx?id=7733.

(19)Tom Burgis, 'Hard Times Ahead as Diamonds Lose Their Sparkle for Botswana', *Financial Times*, 12 March 2009, www.ft.com/intl/cms/s/0/be8c680c-0ea7-11de-b099-0000779fd2ac.html.

(20)Formula One, 'Diamond-Encrusted Steering Wheels for McLaren', press release, 12 May 2010, www.formula1.com/news/headlines/2010/5/10764.html.

(21)Zev Chafets, 'The Missionary Mogul', *New York Times*, 16 September 2007, www.nytimes.com/2007/09/16/magazine/16Leviev-t.html?scp=1&sq=%22Lev%20Leviev%22&st=cse&_r=0.

(22)Christian Dietrich, 'Inventory of Formal Diamond Mining in Angola', in *Angola's War Economy*, ed. Jakkie Cilliers and Christian Dietrich（Pretoria: Institute for Security Studies, 2000）.

(23)Phyllis Berman and Lea Goldman, 'Cracked De Beers', Forbes, 15 September 2003, www.forbes.com/forbes/2003/0915/108.html.

(24)二〇一四年一月ノルウェーは、レヴィエフのアフリカ・イスラエル・インベストメンツおよびその建設子会社ダニヤ・セブスに八一〇〇億ドルの石油基金を投資することを禁止した。「エルサレム東部の入植地建設を通じて、戦争や紛争により個人の権利が著しく侵害される状況を助長しているため」だという。この禁止措置は最初、二〇一〇年に課されたが、二〇一三年の八月にいったん解除されていた。アフリカ・イスラエル・インベストメンツはノルウェーの決定に遺憾の意を示している。以下を参照。'Norway's $810 Bln Fund Excludes Two Israeli, One Indian Firm,' Reuters, 30 January 2014, www.reuters.com/article/2014/01/30/norway-sovereignwealthfund-idUSL5N0L417M20140130.

(25) Anna Davis, 'Inside the £35m Hampstead Home of Diamond Billionaire,' *London Evening Standard*, 8 January 2008.

(26) 二〇一一年六月一日、ニューヨーク州ニューヨーク郡の最高裁判所で行われた *Richard A. Marin v. AI Holdings（USA）Corp et al.* 裁判の被告が提出した棄却申し立てを参照。このマリンという人物は、アフリカ・イスラエルＵＳＡが、同社の不動産投資の価値が下落したのを受けて呼び寄せたベテラン投資家、アフリカ・イスラエルＵＳＡとは、レフ・レヴィエフが経営権を握るアフリカ・イスラエル・インベストメンツのアメリカ支社である。マリンは、解雇された二〇一一年に同社を告訴したが、この裁判は示談で解決している。

(27) マンハッタンの不動産取引やカトカのダイヤモンド鉱山取引のほか、レヴィエフの会社は、クイーンズウェイ・グループのある上場企業の少数株を購入している。その企業は繰り返し社名を変更しており、本稿執筆時点での社名は南南資源である。中国における石炭採掘権をいくつか所有しているという。

(28) US Embassy in Harare, 'Zimplats Ceo on Chinese Interest In Platinum Sector, Internal Goz Politics,' cable, 2 August 2005, WikiLeaks, 1 September 2011, http://www.wikileaks.org/plusd/cables/05HARARE1088_a.html. この外交電報には、インパラ・プラチナムの現地子会社ジンバブエ・プラチナムの最高経営責任者グレッグ・セボーンと大使館職員との会話が記されている。その中でセボーンが、ムジュルが接触してきたと述べている。

(29)Adrian Croft, 'EU to Lift Sanctions on Zimbabwe Diamond Mining Firm', Reuters, 17 September 2013, www.reuters.com/article/2013/09/17/zimbabwe-elections-eu-idUSL5N0HD2FE20130917.

(30)Lesley Wroughton, '"Shame, Shame, Shame" Mugabe Tells US and Britain', Reuters, 26 September 2013, www.reuters.com/article/2013/09/26/un-un-assembly-mugabe-idUSBRE98P12A20130926.

(31)二〇一三年四月にアブジャで、著者がフォラリン・グバデボ＝スミスに行ったインタビューによる。

(32)Martin Merediths, *Diamonds, Gold, and War: The British, the Boers, and the Making of South Africa*（New York: PublicAffairs, 2007）. ローズの人生や、アフリカ南部の鉱物資源や領土を巡る紛争については、公正な見地から記されたこの書籍を参照した。

(33)前記（32）の四七五ページ。

(34)Peter Wise, 'Portugal Appeals to Angola for Funds', *Financial Times*, 17 November 2011, www.ft.com/intl/cms/s/0/9c1f123e-1132-11e1-ad22-00144feabdc0.html.

(35)Knox Chitiyo, 'The Case for Security Sector Reform in Zimbabwe', Royal United Services Institute, September 2009, www.rusi.org/downloads/assets/Zimbabwe_SSR_Report.pdf.（訳注：リンク切れ）

(36)たとえば、以下を参照。'The Elephant in the Room: Reforming Zimbabwe's Security Sector Ahead of Elections', Human Rights Watch, June 2013, www.hrw.org/reports/2013/06/04/elephant-room. ソクワネレなどジンバブエの人権団体も、ＣＩＯの選挙不正を立証している。

(37)コペレパ将軍のダイヤモンド事業については、たとえば、以下を参照。'Angola Investigates Top Generals in "Blood Diamonds" Case', Maka Angola, 3 March 2012.

(38)たとえば、以下を参照。'Diamonds: A Good Deal for Zimbabwe?'

(39) US Embassy in Harare, 'Regime Elites Looting Deadly Diamond Field', cable, 12 November 2008, WikiLeaks, 8 December 2010, www.wikileaks.ch/cable/2008/11/08HARARE1016.html.

(40) 'Zimbabwe: Financing a Parallel Government?', Global Witness, June 2012, www.globalwitness.org/sites/default/files/library/Financing_a_parallel_government_Zimbabwe.pdf.

(41) 徐京華は、非合法武器取引にも関与していたと記されている。この取引を通じてムガベは、コートジボワールの大統領ローラン・バグボに武器を提供した。バグボは二〇一〇年後半に行われた選挙での敗北を認めず、内戦になりかねない政治危機を引き起こしていた。以下を参照。Jon Swain, 'Mugabe Secretly Arms Ivory Coast's Usurper President', *Sunday Times* (London), 23 January 2011, www.thesundaytimes.co.uk/sto/news/world_news/Africa/article519387.ece.

(42) 'Update Following Financing a Parallel Government Report', Global Witness, 30 October 2012, www.globalwitness.org/library/update-following-financing-parallel-government-report.

(43) シンガポールに登記されたチャイナ・ソナンゴルの子会社チャイナ・ソナンゴル・インターナショナルの法務部長ジー・キン・ウィーの二〇一四年四月のメールによれば、シンガポールのシノ・ジン・ディヴェロップメントは「実際のところ休眠会社」だという。この会社がシンガポール政府に提示した二〇一一年二月一八日付の報告書には、以下のように記されている。二〇〇九年一一月一六日に同社のジンバブエの口座に五〇〇〇万ドルを移し、その後登記されたジンバブエのシノ・ジン・ディヴェロップメントにこれを委託したという（報告書は著者が所有）。採掘権については、たとえば以下を参照。Takunda Maodza, 'Chiadzwa: President on Fact-Finding Mission', *The Herald*, 16 June 2011, www.herald.co.zw/chiadzwa-president-on-fact-finding-mission/.

(44)企業文書を見ると、カンバはシンガポールのシノ・ジン・ディヴェロップメントの取締役に指名されている。カンバは、イギリス領ヴァージン諸島に登記されたストロング・アチーヴ・ホールディングスという企業の公認署名人とされており、同社は上記シンガポールの会社の株式の三〇パーセントを保有している。カンバの取締役職については、シンガポール企業登記所に提出された二〇〇九年のシノ・ジン・ディヴェロップメントの年次報告書などを参照（コピーを著者が所有）。カンバがイギリス領ヴァージン諸島のストロング・アチーヴ・ホールディングスの署名人であることについては、二〇〇九年六月一二日にシンガポール企業登記所に提出されたシノ・ジン・ディベロップメントの基本定款を参照（コピーを著者が所有）。

(45)'Zimbabwe: Financing a Parallel Government?'

(46)二〇一三年にチャイナ・ソナンゴルのウェブサイトに記載されていた内容によれば、同社はハラレのハイランズ・パーク・ホテル、バード・ハウス、およびリヴィングストン・ハウスを所有している。二〇一四年六月、アメリカのジンバブエ関連制裁対象人物・組織リストに徐京華とシノ・ジン・ディヴェロップメントが加えられると、上記のウェブサイトから、チャイナ・ソナンゴルが所有するジンバブエの資産の記述は削除された。

(47)Tom Burgis, 'China in Africa: How Sam Pa Became the Middleman', *Financial Times*, 8 August 2014, www.ft.com/intl/cms/s/2/308a133a-1db8-11e4-b927-00144feabdc0.html. チャイナ・ソナンゴルはこの手紙の中で、「文脈を離れた形で」本文を引用しないよう著者に要求している。手紙の全文は以下を参照。*Financial Times*, www.ft.com/chinasonangolresponse.

(48)徐京華が使用しているエアバスのジェット機の登録記号は、ＶＰ－ＢＥＸである。これは、'Zimbabwe: Financing a Parallel Government?' など、複数の情報による。公的な飛行計画データを利用して、このＶＰ－

ＢＥＸのフライトを追跡した。

(49)Sierra Leone's State House Communications Unit, 'President Ernest Koroma Receives Red Carpet Welcome in Angola', statement, 11 December 2013, http://cocorioko.info/?p=2618.

(50)Sierra Leone Presidency, 'Big Boost for President Koroma — as Chinese Consortium Signs MoU', statement, statehouse.gov.sl, 8 September 2012, www.statehouse.gov.sl/index.php/useful-links/550-big-boost-for-president-koromaas-chinese-consortium-signs-mou; 中国鉄建の従業員数は以下による。*Forbes*, www.forbes.com/companies/china-railway-construction.

(51)'Resignation of Group CEO', China Sonangol, undated and added to website in July 2014, www.chinasonangol.com/news_and_events.html.

(52)Government of Dubai, 'Dubai to Set Up Crude Oil Refinery Project: MoU with China Sonangol International to Address Dubai's Increasing Energy Requirements', press release, 25 September 2013.

(53)二〇一四年二月に著者がＪ・Ｒ・メイリーに行ったインタビューによる。メイリー（かつてはＪ・Ｒ・ワーナーと名乗っていた）は、クイーンズウェイ・グループを初めて調査したメンバーの一人である。この研究者たちが、同じ香港の住所に登記されている企業のネットワークを見つけ、クイーンズウェイ・グループと命名した。以下を参照。Lee Levkowitz, Marta McLellan Ross and J. R. Warner, 'The 88 Queensway Group: A Case Study in Chinese Investors' Operations in Angola and Beyond', US-China Economic and Security Review Commission, 10 July 2009, http://china.usc.edu/App_Images/The_88_Queensway_Group.pdf.（訳注：リンク切れ、以下のサイト参照。http://origin.www.uscc.gov/sites/default/files/Research/The_88_Queensway_Group.pdf.）

(54)グローバル・ウィットネスが'Zimbabwe: Financing a Parallel Government?'を公表した後、クイーンズウェイ・グループの鉱業・インフラ部門を担う中国国際基金は、弁護士を通じてグローバル・ウィットネスに声明文を送った。それにはこうある。「中国国際基金は、秘密警察への送金に関与したことはない。中国国際基金がジンバブエ政府に資金を提供したのは、合法的なビジネス上の理由による」声明文はまた、シノ・ジン・ディヴェロップメントは、ジンバブエから「一カラットの」ダイヤモンドも輸出できなかったと述べている。「同社が関与した鉱山は商業的な発展が見込めないため、もう操業していない」声明文はさらにこう続く。「ジンバブエに利益を留めるために設置されたカッティング工場も同様に、もう稼働していない」'Update Following Financing a Parallel Government Report', Global Witness, 30 October 2012.

(55)'Embassy Says China Int'l Fund Ltd a HK Firm', Xinhua, *China Daily*, 30 December 2009, http://www.chinadaily.com.cn/china/2009-12/30/content_9249034.htm.

(56)二〇一四年三～四月に著者がジー・キン・ウィー（チャイナ・ソナンゴル・インターナショナルの法務部長）と交わしたメールによる。

(57)同前。

エピローグ　共犯

イースト・ロンドンの私の家のすぐ近くにカフェがある。店頭の黒板には「倫理的に調達された有機栽培のコーヒー豆を使用しています！」とチョークで記されている。ここは、ボブ・マーリーの息子ローハンが設立した企業のコーヒー豆を使用しており、その企業は、中央アメリカのジャマイカやエチオピアから豆を仕入れているという。また、通りの先にあるスーパーを見ると、袋詰めされたナツメヤシにはイスラエル産、ぶどうにはチリ産という表示がある。一方、宝飾店や携帯電話販売店では、商品に使用されている宝石や金属の原産地表示はない。炭酸飲料を販売する店でも、缶に使用されているアルミの原産地は明示していない。住居を販売している不動産会社を訪ねても、配電網に使われている銅や、キッチンのステンレス鋼の原料となる鉄の原産地はわからない。ガソリンスタンドで販売されているさまざまな等級のガソリンや軽油についても同じだ。現在では、あらゆる大陸から来た商品が、複雑に絡み合うグローバル経済の供給プロセスを通じて渾然一体《こんぜんいったい》となっている。そのためこのイースト・ロンドンの目抜き通りで、アフリカの天然資源はいわば〝匿名〟で販売されている。ロサンゼルスのショッピングモールでも、ローマのブティックでも事情は変わらない。さらに、私たちの年金基金は、こうした天然資源を扱っている企業の株式に投資されている。その投資を通じて私たちは、石油産業・鉱業の巨大企業の利益を享受しているのだ。

だがアフリカから来るのは、市民にとって望ましいものばかりではない。望ましくないものがやって来ると、大騒ぎになる。たとえば移民だ。アフリカの移民には、政治難民もいれば、貧困に耐えきれず捨て身でやって来る者もいる。彼らは、哀れなほど粗末な船でヨーロッパを目指して地中海に乗り出し、毎年数百名が命を落とす。二〇一四年末、イタリア政府は移民の捜索救助活動を打ち切ると発表した。この活動により、年間一五万人もの命が救われてきたにもかかわらずである（そのため、密入国請負業者が粗末な船にいっそう多くの渡航者を詰め込むようになったという話もある）。しかしその一方で、アフリカの原油は産油国の腐敗や貧困の原因となっているのに、それを運ぶタンカーが移民と同じルートを航行しても、まったく問題視されることがない。また、伝染病の問題もある。二〇一四年七月、アメリカの人道支援活動家二人がリベリアでエボラウイルスに感染し、治療のためアメリカに帰国した。その際、共和党の大統領候補の一人ドナルド・トランプがツイッターにこう記した。「エボラ患者をアメリカに入れるな。現地で最高レベルの治療をすべきだ。それでなくともアメリカにはもう十分すぎるほど問題がある！」ニューズウィーク誌も、表紙にサルの写真を載せ、アフリカの野生動物の肉が密輸されると、アメリカにウイルスが広がるおそれがあるという、およそありえない内容の記事を掲載している[1]。だが、アフリカの富を先進国に流す略奪システムのせいでアフリカ諸国が弱体化し、ウイルスに対処できないでいることを指摘する論調はほとんどない。その年の一〇月までにエボラ出血熱により、ギニア、リベリア、シエラレオネで五〇〇〇人が想像を絶する恐るべき死を遂げた。いずれも、戦争や独裁から脱け出そうとしている国々である。この三か国ではいずれも、資源の呪いがウイルスの蔓延を助長している。この呪いが、医療サービスを崩壊させ、市民を守る政府の力をむしばんでいるのだ。しかし、欧米諸国はアフリカのダイヤモンドやボーキサイトや鉄鉱石の輸入を禁止すべきだ、という話は聞いたことがない。

実際、先進国におけるアフリカの資源の需要は増すばかりだ。商品価格の急騰で、ナイジェリアやアンゴラ、コンゴなどの資源国家で収入が増えると、石油・鉱業企業は未開拓地の開発に気前よく資金を注ぎ込むようになる。東アフリカで新たに発見された天然ガス田には、アラブ首長国連邦の全埋蔵量どころか、アメリカの埋蔵量に匹敵する天然ガスが存在すると推定されている。[2] 鉱業企業は地下をさらに深くまで掘り進め、アフリカの内陸全域を試掘している。今やアフリカには、原油の産出や試掘が行われていない国は五か国しかない。[3] こうした新たな発見とともに、資源取引がもたらす腐敗効果はさらに広まっている。それを示す兆候はすでにある。

数年前の一二月のある日の晩、私はネカのライブを見にロンドンのクラブへ行った。ネカとは、今いちばん勢いのあるナイジェリアの若手ミュージシャンだ。私はラゴスで彼女のライブを見たほか、二、三度会ったことがある。ニジェール・デルタ出身のネカは、石油がもたらす住民の苦難を歌う。そんな歌の中に『ＶＩＰ』という曲がある。この場合のＶＩＰとは「Vagabond in Power（権力の座にあるならず者）」の略である。その歌詞にはこうある。

おまえは私の心を打ち砕く
私の魂を葬り去る
私の子供を苦しめる

アフリカを苦しめる
権力の座にあるならず者
おまえは私の心を打ち砕く

ネカは『ＶＩＰ』を歌う前に、シェルなど欧米に拠点を置く多国籍資源企業が、ナイジェリアを日々腐敗させている事実を聴衆に説明した。そして、説明の最後にこうつけ加えた。略奪されているアフリカ諸国すべてについて言えることだ。「自分には関係ないと思わないで」

［原注］

（1）Gerard Flynn and Susan Scutti, 'Smuggled Bushmeat Is Ebola's Back Door to America,' *Newsweek*, 21 August 2014, www.newsweek.com/2014/08/29/smuggled-bushmeat-ebolas-back-door-america-265668.html.

（2）US Geological Survey quoted in 'Equity in Extractives,' Africa Progress Panel, 2013, http://africaprogresspanel.org/wp-content/uploads/2013/08/2013_APR_Equity_in_Extractives_25062013_ENG_HR.pdf.

（3）'Show Us the Money', *Economist*, 1 September 2012, www.economist.com/node/21561886.

謝辞

私がアフリカに配属されている間、および本書の執筆を行っていた三年間にお世話になった人々には、言葉にはできないほど感謝している。

マイケル・ホルマン、アーロン・セイン、グレッグ・マリノヴィッチ、アントニー・ゴールドマン、ジョリオン・フォード、テッド・ジョージは、草稿を読み、私の仮説に異議を唱え、誤りを指摘してくれた。そのほか数十名が気前よく知恵を貸してくれたが、事実や判断の誤りがあるとすれば、それはすべて私の責任である。宿を提供し、雑談に楽しげにつきあってくれた人は数多い。ヨハネスブルグのマリノヴィッチ家の人たち（グレッグ、レオニー、リュック、マデリーン）、エド・ブラウン、ジョイ・ブレイディ、ラゴスのインカ・イブクン、トル・オグンレシ、リチャード・アケレレ、ボゴビリ地区の人々、現地の記者団の仲間たち、アブジャのジョー&ジリアン・ブロック、ハラレのイザベラ・マタンバナゾといった人々である。また、アラゴア・モリスはニジェール・デルタを案内してくれた。トイイン・アキノショとビスマルク・レワネは、ナイジェリアの石油産業や経済に関する調査を支援してくれた。パウラ・クリスティーナ・ホキ、リカルド・ソアレス・デ・オリヴェイラ、ラファエル・マルケス・デ・モライスには、アンゴラの謎を解説してもらった。ダヴィド&ソフィー・カリンガとパトリシア・スティスには、コンゴ東部で道案内をしてもらった。そのほか数えきれない人々（多すぎて名前を記すこともできない）が、人を紹介してくれたり、手がかりや助言を与えてくれたりした。ナイジェリアのゲイブリエル・バワ、ゲイブリエル・アキニエミ、ジモー・アフディネ、ジョージ・アニには、車を整備する仕事以外にさまざまなことで面倒をかけた。ネカは、歌詞を掲載することを快く許可してくれた。

また、フィナンシャル・タイムズ紙のアフリカ各支局のさまざまなメンバーと仕事をする機会に恵まれた。彼らには、かつておごったビール以上に世話になった。ディノ・マフタニはいつも二歩先を行く男だった。マシュー・グリーンはほとんど一人で、苦労しながら紛争の歴史をまとめていた。ナイロビのカトリーナ・マンソン、ハラレのトニー・ホーキンス、ヨハネスブルグのアンドリュー・イングランド、ラゴスのサン・ライスは、本書に関して支援を頼むと、いつも喜んで引き受けてくれた。アンゴラのデイヴィッド・ホワイトは意気軒昂《けんこう》な仲間だった。ヨハネスブルグのリチャード&ファティマ・ラッパーは、実に陽気な同僚だった。アレック・ラッセルは当初は南アフリカ、次いでロンドンで、私をいつも鼓舞してくれた（そのすばらしい家族ソフィー、マンゴー、ネッドも）。アフリカに心酔しているウィリアム・ウォリスは、同紙の特派員となるチャンスを私に与え、以来尽きることのない洞察力と笑いを提供してくれた。

アフリカ配属時代、およびそれ以後の調査報道チーム時代の記事を再利用することを認めてくれたフィナンシャル・タイムズ紙には、心から感謝している。「問題は……」が口癖の同紙調査報道部の編集者クリスティン・スポーラーは、実に切れのいい判断を示してくれた。それがなければ、本書に掲載した記事の多くは日の目を見なかっただろう。ディミトリ・セヴァストプロ、シンシア・オマーチャ、ヘレン・トーマス（私の直接の上司である）は、協力者としてすばらしい活躍をしてくれた。同紙の弁護士ナイジェル・ハンソンは、いつも冷静で上機嫌だった。どれだけ頑張っても、あの上機嫌を打ち負かすことはできないだろう。ライオネル・バーバーとジョン・ソーンヒルは、本書の内容を最後まで支持してくれた。アラン・ビーティには経済取引や市場について、ジエームズ・キンジには中国について私の認識を正してもらった。クエンティン・ピールは私の行動を冷静に見守ってくれた。ほかにも、その才能や根気、勇気や友情に感謝したい記者、ニュース編集者、編集長、編集補佐、研究者、編集助手が無数にいて、ここにはとうてい書ききれない。まさにフィナンシャル・タイムズ紙ならではである。しかし本書は、私個人の責任で執筆したものであり、同紙における私の仕事とは切り離して考えていただきたい。

クイーンズウェイ・グループについて誰よりも詳しいJ・R・メイリーは、私のしつこい問い合わせにも快く答えてくれた。そのほか、数多くのジャーナリスト、研究者、活動家たちが、クイーンズウェイ・グループのジグソーパズルのピースを提供してくれている。パトリック・スミスなど、アフリカ大陸の歴史を記してきたアフリカ・コンフィデンシャル誌の方々にも世話になった。石油・資源産業の中にも、誠実な人物は大勢いる。言い争いも含め、私と話をしてくれた人の中には、本書で名前を挙げた人もいれば、挙げていない人もいる。彼ら全員に謝意を述べたい。

また、王立文学協会のノンフィクション新人賞であるジャーウッド賞や作家財団が提供してくれた資金のおかげで、路頭に迷うことも、飛行機のチケットの手配に困ることもなかった。ハーパーコリンズのマーティン・レッドファーンとパブリックアフェアズのクライヴ・プリドルは、この拙《つたな》い原稿を受け取り、みごとな形に仕上げてくれた。本書を出版することができたのは、二人の数多くの優秀な同僚のおかげだ。エージェント会社タイバー・ジョーンズのケヴィン・コンロイ・スコットと、現在はコンヴィル＆ウォルシュに移籍したソフィー・ランバートは、当初から私のアイデアに賛意を表明してくれた。ソフィーの何ものにも代えがたい熱意と知性が本書を育んでくれたと言っても過言ではない。

私の両親は、私が旅に出かけるたびに不安を感じていただろうが、それを口に出すことは決してなかった。両親こそ私の支えである。その点では、このうえなく非凡なきょうだい、キャサリン、ジョー、フェリシティも同じだ。本書を書き始めたころ、私はカミーラ・カーソンと知り合ったが、本書を書き終えるころには私の妻になっていた。彼女は、私が迷っているときも執筆しているときも、いつも私を笑顔にしてくれた。彼女をいつまでも愛している。

最後に、ここに名前を挙げられなかった人々に最大の感謝と称賛を捧げたい。その大半はアフリカ人だ。彼らは、ほかの人なら秘密にしておきたがることも、勇気をもって語ってくれた。そんな話をすれば重大な危険を冒すことになるにもかかわらずである。彼らの言葉が正しく読者に伝わることを切に願っている。

解説

中原圭介（経済アナリスト）

かつて江沢民が国家主席だった時代に、中国の市場経済化が待ったなしで進むなかで、国有企業の民営化が凄まじいスピードで行われた。そのとき、国有企業の膨大な資産を引き継いだのは、大半が共産党の高級官僚だった。このことが、中国が汚職国家となる原点であったといえるだろう。共産党の高級官僚は自らがトップを務める企業の利益を追求するために、特権をふるいながら汚職にのめり込んでいくことになった。あらゆる産業の分野で彼らの息のかかった既得権益集団が形成される土壌が形づくられていき、官僚と資産家、あるいは官僚と業者の癒着が常態化し、腐敗と汚職を急増殖させていったのである。

中国の汚職や不正は、他国と比べてもスケールが大きい。国有銀行や国有企業の元幹部たちのなかには、千億円単位の汚職や横領を働いた者もおり、当局に拘束される前に海外へ逃亡してしまっているケースも珍しくはない。もちろん、千億円ものお金を海外に持っていくことはできないので、タックスヘイブンで幾重にもつくられたペーパーカンパニーを介して、汚職や不正によって蓄積した富が海外に流れていったと考えるのが妥当だろう。

二〇一〇年に北京大学が「中国における富の集中」の調査結果を発表したが、その内容が衝撃的だったのは今でも覚えている。全人口の一％でしかない高級官僚、共産党幹部、彼らの権力を利用して巨富を得た事業家たちが、民間総資産の四〇％超をすでに手に入れているといった驚くべき内容だったからだ。

この調査結果が表している格差は、二〇一一年に「ウォール街を占拠せよ」のデモが行われた格差大国であるアメリカをはるかに上回るものとなっている。アメリカでは格差や貧困の拡大によって、多くの国民が二〇一六年の大統領予備選挙では既存の政治家たちにNOを突きつける結果となっているが、共産党一党独裁である中国でも、習近平体制は格差拡大による社会不安に神経を尖らせ、汚職官僚の摘発に躍起になっているのだ。

中国における富の略奪システムがアフリカの天然資源国よりもたちが悪いのは、国民（住民）から税金を徴収したうえで成り立つ予算から、巨額のお金が汚職や不正によって略奪されているという点である。アフリカの天然資源国では、支配階級が国民から税金を集める必要がないため、何をやるにしても国民の同意を取り付ける必然性がない。これに対して中国では、国民の同意が大前提であるにもかかわらず、その関係自体を破棄してしまっているのだ。

汚職大国である中国では、全国各地のインフラ建設が汚職の舞台となっており、総建設費の三割程度は賄賂に消えているといわれている。当然のことながら、賄賂に消える分の金額は、いわゆる「おから工事（豆腐渣工程）」として反映されることになる。「おから工事」とは、明らかに強度や耐久性が不足している材料を使用した手抜き工事のことを指している。中国全土ではそのような手抜きのインフラづくりが連綿となされてきたというわけである。

「おから工事」が最大の被害をもたらしたのは、二〇〇八年の四川大地震だろう。このときは、約九万人もの死者・行方不明者を出した。中国では道路、橋梁、鉄道、ダム、学校などのインフラで予期せぬ災害がたびたび起きるが、実際のところ、その多くは手抜き工事に起因する人災に置き換えられるべきものである。

読者の記憶にも残っていると思うが、二〇一一年に中国の高速鉄道が浙江省温州市の高架橋で日本では絶対に起こり得ない追突事故を引き起こした。あの事故は中国の脆弱な交通インフラの一端を暴露したといえるだろう。しかし、温州市のような沿岸部のインフラはまだマシなほうだ。中国では内陸部へ行けば行くほど、脆弱なインフラが広がっているのだ。道路が突然陥没したり、橋が落ちたりするのは、決して珍しいことではない。

上海、北京、深圳など大都市におけるインフラは、いわば海外向けのショーウインドーなので、それを決して中国全体の建設レベルと受け取ってはいけないだろう。むしろ、それらの大都市のほうが例外中の例外だと思ったほうがいい。そのようなわけで、アフリカの国々で中国が建設している天然資源を運ぶ交通インフラは、果たして本当に大丈夫なのだろうかと考えてしまう。たとえば、耐用年数が四〇年ともいわれる橋梁が二〇年で崩落してしまうこともあるのではないだろうか。

いずれにしても、中国の汚職官僚たちは自国で略奪システムを構築し、そのシステムを通して蓄えた富を秘匿性の高いタックスヘイブンに隠すテクニックを身に付けるようになった。その意味では、今のアフリカの天然資源国における略奪システムは、中国の高級官僚によってつくられた汚職システムが修正されて、アフリカに輸出されたものであると考えても差し支えないかもしれない。

かつてはフランスやポルトガルなどの旧宗主国の資源企業が、アフリカの資源ビジネスに深く食い込んでいた。その当時にも、汚職のネットワークはできあがっていたのだが、今のようには手が込んでいなかった。そのため、資源企業が当局の調査を受ければ、汚職をした人物や金額、契約内容まで突き止められてしまう可能性が高かったのである。

そこでアフリカの支配階級にとっては、中国のクイーンズウェイ・グループないし徐京華なる人物のテクニックが価値あるものとなっていったのだろう。その手法は本書にも書かれている。

クイーンズウェイ・グループはアフリカの天然資源国の支配階級と合弁会社（実質的には、ペーパーカンパニーに近い）をつくる。その合弁会社が中国の国有銀行から融資を受け、天然資源国のインフラ建設にその資金を充てる。合弁会社は天然資源国が中国に売却する石油などで得た利益で、中国の国有銀行に借金の返済をする。こうして、合弁会社は融資と返済を仲介するだけで、過分な利益（手数料）を吸い上げ続けることができるというわけだ。

もちろん、合弁会社の過分な利益は、株主であるクイーンズウェイ・グループやアフリカの支配階級の持つ企業に還元されている。しかしながら、この資金の流れを辿ることは不可能に近い。タックスヘイブンが幾重にも絡んでおり、その秘匿性に調査は阻まれてしまうからだ。「パナマ文書」によってタックスヘイブンという言葉が改めて注目されているが、その秘匿性の一端が明らかになったのは、あくまでも内部からの情報流出であったということに留意する必要があるだろう。

いまや潤沢な資金を持つにいたったクイーンズウェイ・グループは、海外の石油メジャーなど多国籍企業から直接、アフリカの資源権益を購入するようになっている。汚職のネットワークをアフリカに輸出するだけでなく、そのネットワークで蓄えた莫大な資金力で欧米の多国籍企業に堂々と対抗するようになってきているのだ。外部から見れば、実質的な所有者が誰ともわからない企業が中国が使用する大量のエネルギー資源を手当てしているというのだから実に驚くべきことだと思う。

アフリカにおいて政府が天然資源から得る収入は、汚職の蔓延により権力の中枢にいる人々だけに富を蓄積させている。その結果として、権力者たちの最大の目的は、天然資源に関する既得権益を守ることとなり、激しい権力闘争によって独裁政治を生み出す土壌が形づくられていった。そのような背景によって、教育関連の予算が削られる一方で、軍事予算が膨らみ続けている。権力者を批判する者は、治安当局に拘束され、処刑される場合も珍しくない。

アフリカ一の経済大国であるナイジェリアでも、政府の収入の八〇%を石油が占めているため、この権益を獲得するために激しい権力争いが行われている。二〇一四年秋までは原油価格が高止まりしていて、ナイジェリアの経済成長率は順調に右肩上がりを続けていくことができていた。そのあいだ、権力者たちは略奪システムのなかで、自らの資産を膨らませることができたに違いない。

それにもかかわらず、ナイジェリアの失業率は高まり続け、若者の失業率は債務危機の後遺症に苦しむギリシャやスペインを凌駕していたのだから、「資源の呪い」は実に恐ろしい。同国では若者たちの怒りや悲しみ、絶望感などが充満し、職がない若者の有力な就職先が過激派組織となっている。悲しいことに、彼らは日々の生活するために、国家に対するテロの手先となっているのだ。貧困がテロを生み出している構図は、アフリカ全体でも中東でも共通しているというわけだ。

中国はアフリカの経済を発展させるといって資源開発を次々と進めているが、今のところアフリカの人々にはその恩恵はまったく及んでいないという事実がある。エネルギーを輸出するためにつくられた交通インフラは人々のために役立っていないどころか、むしろ、安価な中国製品が大量に流入するルートとなり、現地の工業化を著しく妨げてしまっているのだ。さらには、そのインフラ建設費のコストの三割程度は汚職によって消えてしまっているという。

アフリカの資源国は植民地時代と何も変わっていない。天然資源の略奪システムは独立後の支配者に引き継がれ、中国や欧米の企業は新しい支配者に協力しながら、略奪の分け前を手にしているのだ。世界銀行やＩＭＦまでがアフリカの経済発展を支えるために資源関連の融資を実行しているが、現実には多くの職員や関係者がすでに汚職のネットワークに取り込まれてしまっている。アフリカの国々で汚職により蓄えられたお金は海外のタックスヘイブンに逃げていく一方なので、資源開発によってその国の人々の生活が豊かになるということはないだろう。

そのうえ、天然資源関連の産業は国内に雇用を生まないため、人々のあいだに大量の貧困が発生しているという事実を忘れてはならないだろう。たとえば、石油の輸出で有名なアンゴラでは、石油が同国の輸出収入の一〇〇％近くを生み出しているにもかかわらず、石油関連産業は同国民の雇用の一％も生み出していない。インフラの建設では、中国は融資をするだけでなく、労働者も大量に供給しているからだ。そのせいで、アンゴラの人口の半数が国際的な貧困ラインである一日一・二五ドル未満（現在の基準は一日一・九〇ドル以下）の生活をしている。

だからこそ、アフリカの天然資源国では二〇〇〇年以降、天然資源価格の高騰により政府の収入が増大していたにもかかわらず、未だに最貧国からなかなか抜け出せていないというわけだ。これらの国々の国民生活が向上するためには、教育水準を高めるのと併行して、製造業の育成に努めていくのが必要不可欠な条件となるに違いない。アフリカを「資源の呪い」から解き放つべき、偉大な指導者が現れることを期待したい。

装丁　泉沢光雄
カバー写真　Universal Image Group ／アフロ
翻訳協力　株式会社リベル、中平信也

トム・バージェス　Tom Burgis

『フィナンシャル・タイムズ』の調査報道特派員。2006 年より南アフリカのヨハネスブルグとナイジェリアのラゴスを拠点に特派員として取材活動を続けてきた。2013 年、鉱物資源国、アンゴラとギニアの汚職の実態を暴いた報道でフィナンシャル・タイムズ・ジョーンズ・モースナー記念賞を受賞。同年、王立文学協会のジャーウッド賞ノンフィクション部門も受賞し、本書の取材のための資金を得る。2016 年、本書で第 77 回アメリカ海外記者クラブ賞の国際報道ノンフィクション図書部門最優秀賞を受賞。現在はロンドン在住。

山田美明　Yoshiaki Yamada

翻訳家。東京外国語大学英米語学科中退。訳書に『動物たちの武器』ダグラス・J・エムレン（エクスナレッジ）、『大戦前夜のベーブ・ルース』ロバート・K・フィッツ（原書房）、『史上最大のボロ儲け』グレゴリー・ザッカーマン（CCC メディアハウス）などがある。

喰《く》い尽《つ》くされるアフリカ
欧米《おうべい》の資源略奪《しげんりゃくだつ》システムを中国《ちゅうごく》が乗《の》っ取《と》る日《ひ》

2016 年 7 月 31 日　第 1 刷発行

著者　トム・バージェス
訳者　山田美明《やまだよしあき》
発行者　加藤　潤

発行所　株式会社　集英社
〒 101-8050 千代田区一ツ橋 2-5-10
電話　編集部　03-3230-6141
読者係　03-3230-6080
販売部　03-3230-6393（書店専用）

印刷所　大日本印刷株式会社
製本所　株式会社ブックアート
ISBN978-4-08-781613-6　C0098